Peter Köpf

# Stoiber

EUROPA VERLAG

PETER KÖPF

# STO!BER

## Die Biografie

Europa Verlag
Hamburg · Wien

Die Deutsche Bibliothek – CIP-Einheitsaufnahme

Ein Titeldatensatz für diese Publikation ist bei
Der Deutschen Bibliothek erhältlich

Erstausgabe

Lektorat: Aenne Glienke
Umschlaggestaltung: Kathrin Steigerwald, Hamburg
Foto: Karl-Bernd Karwasz
Satz: H & G Herstellung, Hamburg
Druck und Bindung: Wiener Verlag, Himberg bei Wien
ISBN 3-203-79144-7

Informationen über unser Programm erhalten Sie beim
Europa Verlag, Neuer Wall 10, 20357 Hamburg
oder unter www.europaverlag.de

# Ein Kandidat für Deutschland?

Ein Zauderer wie sein Vorbild Franz Josef Strauß ist Edmund Stoiber nicht, das hat er bewiesen. Strauß schwor 1979, lieber wolle er Ananas in Alaska züchten, als Bundeskanzler werden. Wenig später war er Kandidat der Union, überrumpelt hatten ihn Friedrich Zimmermann und Edmund Stoiber, damals Generalsekretär der CSU. Als Zimmermann die Botschaft verkünden ließ, hatte Strauß seiner Kandidatur noch gar nicht wirklich zugestimmt. Entschieden hatten andere, für ihn.

Stoiber dagegen packt zu. Er hat seine Lehren aus dem Debakel gezogen. Außerdem hat er aus jahrzehntelangen politischen Erfahrungen gelernt. Wer zu früh kommt, weiß er, den bestraft das Leben. Oder, wie Helmut Kohl zu sagen pflegte: Den frühen Vogel frißt die Katz'. Da ist Schweigen Gold.

»Wir gehen nicht aus Bayern weg«, schwört seine Ehefrau Karin. Regierungssprecher Friedrich Wilhelm Rothenpieler warnt schon vor der Frage, bevor sie gestellt wird. Und Stoiber selbst? Präsident beim FC Bayern wäre ein Traumjob, ließ er wissen, als er nach einer Alternative zum »schönsten Amt«, dem des bayerischen Ministerpräsidenten, gefragt wurde; aber Uli Hoeneß brauche sich keine Sorgen zu machen. Arzt wäre er gern geworden, teilte er ungefragt anläßlich des Besuchs der Universitätsklinik Großhadern mit, Juraprofessor vor Studenten, Fußballprofi im Interview mit dem Sportreporter einer Boulevardzeitung, Pilot bei anderer Gelegenheit. Nur eines wolle er nie und nimmer werden, schwor er 1997 in erster Linie dem Bundeskanzler: Regierungschef der Bundesrepublik Deutschland.

Dürfte ein Staatsanwalt Stoiber gegen sich selbst in den Zeugenstand rufen, der Angeklagte würde zweifellos einer uneidlichen Falschaussage überführt. Aber was hätte er auch sagen sollen, damals, als Helmut Kohl auf dem Kanzlerstuhl saß wie der ewige König von Deutschland? Hans-Dietrich Genscher war schon 1995 »ganz sicher«, daß Stoiber sprungbereit sei. Nachdem Stoiber Kohls erklärten Nachfolger Wolfgang Schäuble abqualifiziert hatte (»Der bringt es nicht«), fühlte sich Theo Waigel genötigt, das warnende Beispiel Strauß zu bemühen: »Für dieses Jahrhundert sollten wir genug gelernt haben.«

Die Zeiten haben sich geändert. Wer sonst könnte 2002 für die Union antreten? An Wolfgang Schäuble ist der Kelch – unfreiwillig – vorübergegangen, die neuen Führungskräfte der CDU hatten vom ersten Tag im Amt an mehr Mühe mit der Vergangenheit als Pläne für die Zukunft. Deutschlands Wirtschaftsbosse hielten im Juli 2000 nicht viel von der neuen CDU. Weder Angela Merkel als Parteivorsitzender noch Friedrich Merz als Fraktionschef trauten sie laut einer Umfrage des Instituts für Demoskopie Allensbach zu, der Union ein klares Profil zu geben. Nur 33 Prozent der 600 befragten Topmanager hielten Merkel für eine geeignete Kanzlerkandidatin, dagegen setzten 52 Prozent auf Stoiber. Profil besäße er, und wenn die CDU ihm folgte, hätte es die ganze Union. Helmut Kohl hielt ihn schon »für alle politischen Ämter qualifiziert«, bevor die Deutschen deutlich machten, daß sie das von Kohl nach mehr als 16 Jahren des Regierens nicht mehr glaubten. Selbst Bayerns DGB-Vorsitzender Fritz Schösser hält ihn für eine »Lichtgestalt« und belegt damit einmal mehr, wie atomisiert die Opposition in Bayern ist, seit Stoiber an der Isar regiert – das Land und auch die Partei.

»Mir wird immer unterstellt, ich sei vom Ehrgeiz zerfressen«, wiegelt Stoiber denn auch jede weitere Frage zu dem Thema ab. »Wenn man in die Politik geht, kann man nichts berechnen. Es ergibt sich, oder es ergibt sich nicht.« Vielleicht doch Kanzler? »Natürlich ist ein Ministerpräsident prädestiniert dazu, weil Regierungserfahrung schon hilfreich ist.« Als Regierungssprecher Rothenpieler zusammenzuckt, fügt er hinzu: »Aber ich kenne auch meine Grenzen.« Rothenpieler komplettiert später: »...und strebe das Amt nicht an.«

Einer wie Stoiber ist jedoch fest davon überzeugt, nahezu jedes Amt ausüben zu können. Aber das hat er in letzter Zeit auffallend selten geäußert. Im Jahr 2000 sagte Stoiber allerdings auch nicht mehr, daß er nicht Bundeskanzler werden will.

# 1

## Kindheit unterm Wilden Kaiser: »Mein Vater war nicht präsent«

Im Juni 1995 drohten im Freistaat die schlimmsten Alpträume Wirklichkeit zu werden: »Wird Bayern von einem Rheinländer regiert?« fragte die Münchner *Abendzeitung* besorgt. Das Land war erschüttert. Zwei Männer waren sich zufällig auf dem Landesmusikfest begegnet. Theo Fuchs, Kirchenvorstand in Dormagen, hatte auf seiner Rückreise vom Gardasee in Füssen haltgemacht, um ein bißchen bayerische Kultur zu schnuppern, bevor er wieder linksrheinische Luft atmen mußte. Da kam ganz unerwartet der Ministerpräsident persönlich vorbei. »Was fällt Ihnen zu Dormagen ein?« sprach Fuchs ihn unbekümmert an. Edmund Stoibers Stimme kämpfte gegen die Blasmusik an: »Dort bin ich geboren.«

So jedenfalls vernahm es Fuchs, und nach seiner Heimkehr erzählte er einem Redakteur der örtlichen Zeitung von seinem Urlaubserlebnis. Der druckte die Sensation prompt, wenn auch nur auf Seite 2: Bayerns Chef ein Dormagener! Zugetraut hätten es ihm, dem »Stoiba«, manche, und vielleicht, mutmaßten viele, machte er darum immer so ein Geheimnis um seine Familie. Zwar wählte ihn und die CSU zu dieser Zeit wieder deutlich mehr als die Hälfte der Bayern, aber sah er etwa aus wie einer der Ihren? Groß und blond statt untersetzt und braunhaarig wie sein Mentor. Da nagen bis heute Zweifel in so mancher weißblauen Brust.

Der Rheinländer Fuchs freute sich unterdessen, und kein Zweifel regte sich bei ihm über die Aussage des Regierungschefs. Er wußte schließlich schon lange, daß Stoibers Mutter, Elisabeth Zimmermann, aus seiner Heimatstadt stammte. Seine Familie und die Zimmermanns kannten sich. Fuchs hatte noch Stoibers Großvater mütterlicherseits, der einst Mälzermeister in der Aktionbrauerei gewesen war, mit der Angel an den Rhein radeln sehen. Und dann hatte ihm auch noch seine Tante bestätigt, daß, wenn sie sich richtig erinnere, der Edmund in Dormagen geboren sei.

Ist er nicht!

Nach bayerischer Lesart waren solche Spekulationen ohnehin irrelevant, denn in Bayern und insbesondere nach Meinung des die dortige Staatspartei repräsentierenden Ministerpräsidenten ist ja das Blut, das in den Adern fließt, für die Staatsangehörigkeit entscheidend. Und das ist bei Edmund Stoiber bayerisch. Gäbe es in Bayern eigene Ausweise, das zuständige Amt in Wolfratshausen, wo Stoiber seit 1978 wohnt, müßte ihm einen ausstellen.

Sein Vater, Edmund Georg Stoiber, wurde wie seine anderen neun Geschwister im oberpfälzischen Schwarzenfeld, »im Haus direkt neben der Kirche geboren«, wie sich Fanni Haseneder, die Tante des Ministerpräsidenten, erinnert. Fünf davon hießen Stoiber und waren alle älter als Edmund Georg. Dann starb der Vater, und die Mutter heiratete den Geschäftsführer des Unternehmens ihres verstorbenen Mannes namens Max Haseneder. Er führte die Baderei fort, für deren Betrieb dem Großvater der Titel eines »königlich bayerischen approbierten Baders« – eine Art Arzt, der kleine chirurgische Tätigkeiten ausführen und Zähne ziehen darf – verliehen wurde. Die Neuvermählte gebar weitere vier Kinder.

Edmund Georg Stoiber suchte wie viele sein Glück in der Fremde und zog Mitte der dreißiger Jahre nach abgeschlossener Lehre als Bürokaufmann ins Rheinland. Dort traf er auf Elisabeth Zimmermann, die »kühle Blonde aus dem Rheinland«, wie es später in der Familie hieß. Irrtum! Denn selbst in ihren Adern floß reinstes bayerisches Blut, genauer: Oberpfälzer Blut. Die Familie Zimmermann stammte aus Nabburg, nur zehn Kilometer entfernt von Schwarzenfeld im heutigen Landkreis

Schwandorf, und auch sie hatte die Suche nach Arbeit gen Westen getrieben.

Edmund Stoiber (jun.) war das dritte Kind von Edmund Georg und Elisabeth Stoiber, geborene Zimmermann, aus der Oberpfalz. Für das blonde Haar hat Tante Fanni auch eine Erklärung: »Mutter hatte goldblonde Haare, die Großmutter väterlicherseits schneeweiße Haare, der Onkel, mein Mann, hat dieselben weißblonden Haare. Die haben fast alle Kinder geerbt.«

Ohne Zweifel und Einschränkung kann sich der bayerische Ministerpräsident also nicht nur per Geburtsurkunde, die mit Geburtsdatum vom 28. September 1941 in Oberaudorf ausgestellt wurde, als Oberpfälzer und damit Bayer fühlen. Sogar das andernorts übliche Jus soli würde ihn dank des Geburtsortes Oberaudorf als Bayern akzeptieren. Und getauft wurde der Bub auch, römisch-katholisch.

Stoiber ist also nicht »Halbbayer« *(Bild am Sonntag)*, sondern ein ganzer, ein Hundertprozentiger. Und doch spotten Journalisten wie Roswin Finkenzeller *(Frankfurter Allgemeine Zeitung)*, Stoiber wirke im Trachtenanzug wie ein Preuße, der sich in Bayern eingekleidet hat. Selbst enge Parteifreunde sind skeptisch und glauben deshalb betonen zu müssen, daß Stoiber »als Einheimischer anerkannt worden« sei, wie der Staudacher Toni, sein ehemaliger Weggefährte in der Jungen Union (JU), herausstreicht. Martin Erhard, SPD-Landtagsabgeordneter aus Stoibers Wahlkreis von 1970 bis 1978, spöttelt: »Wenn der sich gar so bayerisch gibt, dann sagen unsere Leut': Der is doch a Mischling.« Und als Stoiber, damals frischgebackener Landtagsabgeordneter, der SPD auf die »Schnauze« hauen wollte und Stoiber das als »bayerischen Kraftausspruch« bezeichnete, fragte der vormalige Geretsrieder SPD-Vorständler Paul R. Metz, ob er denn ein Bayer sei. Stoiber entgegnete lediglich, er habe nicht einen bayerischen, sondern einen volkstümlichen Ausspruch gewählt, an dem es im übrigen nichts zu revidieren gebe.

Das wäre die Chance gewesen, allen Zweiflern wirkungsvoll zu begegnen. Doch Stoiber glaubte offenbar selbst nicht an seine rein bajuwarischen Wurzeln. Oder er nutzt die Ungewißheit für sich aus: Wenn ihm in Aachen die Jecken den Orden wider den tierischen Ernst überreichen, wünscht er sich, daß seine »rheinländische Mutter« das noch erleben könnte. Wenn er in Sulzbach-Rosenberg die Arbeiter der Maxhütte beruhigen will, sagt er, die »Stoapfalz« sei tief in ihm drin, schließlich kämen ja seine Eltern von hier.

Souverän aber geht er damit nicht um. Weil es in Bayern noch immer viel Argwohn gibt, fühlt sich Edmund Stoiber offenbar nachhaltig genötigt, seinen Wählern zu zeigen, daß er wirklich einer von ihnen ist. Er paßt sich auffällig an, ganz wie ein Außenseiter. Und falls es auch der letzte noch nicht gemerkt haben sollte, nennt er sich selbst »Hundertfünfzigprozentiger«. Das kann man ihm in punkto Amtspflichterfüllung wohl ohne Wenn und Aber zubilligen: Anders als sein Mentor Franz Josef Strauß scheint Stoiber nicht in erster Linie von der Politik zu leben, sondern für dieselbe. Selbst Geburtstagslaudationes geraten ihm zu politischen Vorträgen, und Strauß meckerte schon mal: »Jetzt hör doch mit der Politik amoi auf.«

Die weitere Familiengeschichte der Stoibers ist »ein heißes Eisen«, wie es in der Verwandtschaft heißt, und niemand möchte darüber reden. Schon gar nicht der Ministerpräsident. Dabei will ihn niemand für das Leben anderer verantwortlich machen oder gar »in Sippenhaft nehmen«. Weil er das aber befürchtet, verhält sich Stoiber wie die meisten der sogenannten Nachkriegsgeneration, die über das Leben ihrer Väter lieber das Mäntelchen des Schweigens breiten.

Stoiber war der Jüngste, das Nesthäkchen, seine beiden Schwestern, Hannelore und Silke, ein paar Jahre älter. 1938 zog die Familie nach Brannenburg, wenig später nach Oberaudorf. Verantwortlich für diesen Umzug war die Arbeit des Vaters, von dem gesagt wurde, daß er – wie fast alle Männer – »im Krieg« sei.

Der Vater, erzählte Stoiber einer Lokalreporterin, sei 1945 in amerikanische Kriegsgefangenschaft geraten und nur durch eine waghalsige Aktion – er sei von einem Jeep gesprungen – »russischer Internierung« entkommen. »Eines Tages riefen dann meine Schwestern: ›Der Papa kommt!‹ Ich lief zum Fenster, wir wohnten im ersten Stock, und sah meinen Vater auf dem Radl die Ernst-Sachs-Straße heraufkommen. Ich gehörte zu den Privilegierten, mein Vater war nicht gefallen.« Das war 1948, und Stoiber hat seinen Vater an diesem Tag zum ersten Mal bewußt gesehen.

Stoibers Jugendfreund Josef Widmesser, mit dem er auch heute noch manchmal auf die Berge steigt, meldet Zweifel an, ob Edmund Stoiber die wahre Kriegsgeschichte seines Vaters überhaupt kennt: Edmund Stoiber sen. kämpfte nicht an der Front. Er war Angestellter der größten Münchner Baufirma dieser Zeit, Sager & Woerner, »ein kleiner Verwaltungsmann«, wie Widmesser glaubt. Diese Firma baute die Straße von Bayrischzell hinauf zum Sudelfeld, die sogenannte Queralpenstraße. Die NS-Organisation Todt stellte dazu die Bauarbeiter, und »auch der Reichsarbeitsdienst hat mitgebaut«, erinnert sich der frühere Bäckermeister und heutige Heimatpfleger Josef Obermayer, bei dem der Edi auf dem Schulweg oft noch eine Breze mitnahm. Auch »a Haufen Dachauer Häftlinge« seien droben gewesen, Zwangsarbeiter aus dem Konzentrationslager Dachau.

Die SS hatte am Sudelfeld ein Ferienheim, und die Anfahrt war sicher bequemer, nachdem die Straße fertig gebaut war (inzwischen ist dort eine Polizeischule untergebracht). Auf dem Hügel vis-à-vis dem SS-Heim, etwa einen Kilometer östlich vom Scheitel in 1123 Metern Höhe, entstanden in den Kriegsjahren Bunker, die bis heute stehen. »Des hat der Hitler baut«, sagt eine Bäuerin. »Von da aus wollten's auf alles schießen, was von Österreich herfliegt.« Die Flugabwehrstellungen samt Bunkeranlagen waren Teile der als Alpenfestung bekannt gewordenen Anlagen. Hier, in den Bergen, wollte Hitler Widerstand leisten, und wenn die ganze übrige (deutsche) Welt in Scherben läge. Gegen Ende des Kriegs raunte man im Tal, dort oben werde die Wunderwaffe gebaut. Das Sudelfeld – das Peenemünde der Alpen. Die Straße hinab nach Oberaudorf über Tatzelwurm wurde nie fertiggestellt. Die Urlauber fahren seit 1953 über die Inntal-Autobahn nach Oberaudorf – oder dran vorbei.

Edmund Georg Stoiber hatte frühzeitig auf die Nationalsozialisten gesetzt und war der Partei beigetreten. Stoiber hat dafür offenbar Verständnis: »Mein Vater stammte aus der armen Oberpfalz, die so wenig wirtschaftliche Chancen bot.« Als 15jähriger habe er »Mein Kampf« gelesen und den Vater verwundert gefragt: »Da stand doch alles drin, habt ihr das denn nicht gelesen? Da ist die ganze Zielrichtung doch vorgegeben.« Sein Vater habe darauf nur geantwortet: »Uns ist es wirtschaftlich schlecht gegangen, und wir haben gehofft.«

Die Mitarbeit an der Queralpenstraße und die Parteimitgliedschaft hatten Folgen: Stoibers Vater wurde von den Amerikanern interniert. Wie die meisten Nazis fühlte er sich unschuldig, vor allem aber gedemütigt. Erst Jahre später empfand er wie Millionen andere Deutsche Genugtuung. Es war 1954, und Helmut Rahn hatte die Deutschen wieder in den Kreis der siegreichen Nationen gebombt. Vater Stoiber saß damals im Wankdorfstadion und jubelte den Helden von Bern zu. Josef Widmesser erinnert sich noch lebhaft, wie oft der Vater den Buben von diesem Erlebnis erzählte. Vielleicht weckte er mit diesen begeisterten Berichten in seinem Sohn die Leidenschaft für den Fußball. In eben jenem Jahr schenkte er, der Anhänger des 1. FC Nürnberg war, ihm eine Eintrittskarte zum Spiel der Münchner Bayern gegen Ulm. Es ging 2:2 aus, und Edmund jun. war mit dem Fußballvirus infiziert. Schon während des Studiums versäumte er kaum ein Spiel des FC Bayern, wurde 1965 Mitglied und als Ministerpräsident Beirats-Vorsitzender des Fußball-Unternehmens. Bis heute fährt Stoiber lieber zum FC Bayern München, um ein Fußballspiel anzuschauen, als nach Bayreuth oder Salzburg, ein Konzert zu hören. Beides verspricht Aufmerksamkeit bei Wählern, aber das eine ist ihm Lust, das andere eher Last.

## Kriegsende: »Ein unglaubliches Erlebnis«

Eines Tages bogen amerikanische Panzer um die Ecke bei der Kirche, mitten in Oberaudorf. Ein SS-Mann, der den Konvoi aus dem Gebäude des heutigen Alpenhof beschoß, wurde verfolgt und liquidiert. Seine Leiche lag mehrere Tage lang auf dem Hohlweg zur Grundschule. Die Kinder haben die Amerikaner trotzdem in guter Erinnerung. Diese warfen ihnen ab und an Kaugummis oder Bonbons von ihren Wagen, bei den Jüngsten das beste Argument, um Vertrauen zu wecken. Auch der dreieinhalbjährige Edmund bekam damals etwas geschenkt, nachdem die Amerikaner eine Wiese unterhalb ihres Wohnhauses in der Laurentiusstraße 6 als Panzerstellplatz ausgewählt hatten: seine erste Schokolade. »Ein unglaubliches Erlebnis« nannte er das gegenüber dem *Oberbayerischen Volksblatt.* Leider wagte die Redakteurin nicht nachzufragen, was genau Eindruck machte, die Schokolade oder der Mann, der ihm diese Süßigkeit überreichte: Er war, wie man damals sagte, ein Neger.

In Stoibers Heimatdorf wird ein Geheimnis gehütet, bis heute winden sich die Oberaudorfer. Ja, sagt der alte Dorfschmied wissend, der gerade eine neue Orgel in die Dorfkirche einbaut, weil die alte nach Kroatien verkauft worden ist. »Ja, da war noch was, aber darüber red' i ned.« Er grinst. Von Schwarzhandel war zu hören? Kann sein. Es lag ja jede Menge Nazizeug herum, damals, in Oberaudorf: Schuhe, Konserven, Stiefel – das alles sei aber gleich nach dem Krieg vom kommissarischen Bürgermeister verteilt worden. Und was ist mit Gold, wie die *Bild*-Zeitung andeutete? Nix Genaues will man erinnern, bei der Sach' seien ja »Höhere« dabei gewesen, aus München und Rosenheim. Aber nachreden will keiner, auch der Dorfschmied nicht, das tut ein guter Katholik nicht!

Damals aber zerrissen sich die Oberaudorfer das Maul wegen der Geschichte. Als hätte es nicht gereicht, daß die Stoibers zugereist waren. Nun war der Stoiber sen. auch noch ein Schieber! Die Familie war damit in dem kleinen Nest stigmatisiert, und das muß auch der Bub zu spüren bekommen haben. Stoiber bestreitet das, in Verruf geraten sei die Familie nie, und auch er sei kein Außenseiter gewesen. »Ich war vielleicht ein bißchen zurückhaltend, und natürlich gaben die Bauernsöhne insgesamt den Ton an.« Aber er gibt zu, daß er später sehr schwer weggezogen sei aus Oberaudorf, offenbar ganz im Gegensatz zum Rest der Familie: »Ich war vielleicht am stärksten integriert in Oberaudorf.«

Heute ziehen sich die Alten unter den Einheimischen darauf zurück, nichts Genaues zu wissen. Das Verfahren sei ja auch eingestellt worden, merken sie an. Und überhaupt, was hat das mit Edmund Stoiber, unserem Ministerpräsidenten, zu tun? Gar nix! Und deshalb gibt's dazu kein weiteres Wort.

Stoiber selbst kneift die Augen zusammen, wenn er auf die Geschichte angesprochen wird: »Ja, mein Vater ist da völlig unschuldig in eine Sache hineingeschlittert, mit Freunden, die da irgendwelche Goldgeschäfte gemacht hatten. Wir Kinder haben das nicht so richtig mitbekommen, aber meine Mutter hat schon darunter gelitten.«

Gelitten hat die Familie in den ersten Jahren nach dem Krieg auch unter materieller Not. Edmund Stoiber erinnert sich daran, daß sein Vater »sehr lange arbeitslos« war. »Wir mußten uns natürlich einschränken. Mutter und Kinder erlitten damals Entbehrungen.« Die Mutter seines Schulfreundes »Bubi« Widmesser half ab und an mit Lebensmitteln aus, und sie tat das auch, weil Stoibers Mutter eine geachtete, überaus liebenswürdige Person war, die (im Gegensatz zum Vater) regelmäßig zur Kirche ging und nicht einmal Antipathien dadurch auslöste, daß sie keinen Dialekt sprach, sondern Hochdeutsch. Stoiber hat dafür eine einfache Erklärung: »Die bayerische Gesellschaft ist ja sehr tolerant.«

Daß der Vater in den ersten sieben Lebensjahren nicht oder kaum verfügbar war, hatte selbstverständlich auf die Entwicklung des Buben einen nicht unbeträchtlichen Einfluß, auch wenn Stoiber darauf verweist, das sei nichts Außergewöhnliches gewesen. »Bei den meisten in der Klasse waren die Väter nach dem Krieg nicht da. Dann kamen sehr viele Vertriebene, auch meist ohne Männer. Einen Vater zu Hause zu haben war Ende der vierziger Jahre eine Seltenheit. Deshalb habe ich das nicht als etwas Besonderes empfunden.«

Geradezu ergriffen für seine Verhältnisse kann Stoiber von zwei Kindern aus dem Breisgau erzählen, die mit deren Mutter und Oma in ihrem Haus einquartiert worden seien. Die Mutter habe hart gearbeitet, nachdem der Mann nicht aus dem Krieg zurückkam. Erst 1955 habe Adenauer ihn »herausgeholt, nach zehn Jahren Kriegsgefangenschaft. Da war ganz Oberaudorf auf den Beinen. Der hatte seine Kinder noch nie zuvor gesehen.«

Während sein Vater auf das Entnazifizierungsverfahren wartete, wurde der kleine Edmund in den einzigen Kindergarten der Umgebung geschickt: ins Dominikanerinnenkloster in Mühlbach, auf einer kleinen Anhöhe unmittelbar hinter der südlichen Ortsgrenze Richtung Kiefersfelden gelegen, mit fantastischem Blick auf den Wilden Kaiser. Nicht nur katholische, auch evangelische Kinder wurden hier betreut, und in den Sommern sogar schon wieder Urlaubsgäste aus dem Rheinland, die etwas hochnäsig auf die Bayernkinder herabschauten. Heute steht auf derselben Anhöhe das Caritas-Altenheim St. Peter, für dessen Bau Stoiber sich auf Wunsch von Schwester Gabriela persönlich bei Sozialminister Gebhard Glück eingesetzt hat.

Edmund Stoiber wurde als Kind fast ausschließlich von Frauen erzogen, von der Mutter und den beiden älteren Schwestern, sowie von den Nonnen des Klosters. Stoibers Spezl Josef Widmesser ist regelmäßig ausgebüxt, weil es ihm bei den Dominikanerinnen nicht gefallen hat. Dem kleinen Edi dagegen hat's anscheinend gefallen, er blieb immer den ganzen Tag. Ordensschwester Gabriela Pfänder führte dort seit 1929 ein strenges Regiment. »Sie verlangte absoluten Gehorsam, Folgsamkeit und Ruhe«, erinnert sich Jürgen Richter. »Sie hatte eine Ausstrahlung, daß man allein durch ihren Anblick Respekt haben mußte.« Es wurde Klavier oder Kasperltheater gespielt, und »wann immer es die Oberin für angebracht hielt«, wurde gebetet.

Stoiber wurde ein guter Katholik, aber nie päpstlicher als der Papst. Als 1995 in Bayerns Volksschulen die Kruzifixe abgehängt werden sollten, nachdem das Bundesverfassungsgericht eine Lanze für die Glaubens- und Gewissensfreiheit gebrochen hatte, galt Stoibers aufgeregter Protest auch nicht der Verteidigung des Katholizismus im speziellen, sondern der bayerischen Lebensart im allgemeinen. Zu der, das hat Stoiber intus, gehört das Kreuz; das bestimmte nicht nur die bayerische Volksschulordnung. Die Kruzifixe zu entfernen hatte bisher nur einer gewagt, Gauleiter Adolf Wagner, und auch dem hatten ein paar wackere Katholiken in Bayern widerstanden und sie wieder aufgehängt. So auch heute. »Die Kreuze bleiben hängen!« schwor Edmund Stoiber im *Bayernkurier.* »Natürlich mißachten wir die Entscheidung nicht«, versprach Stoiber zugleich. Aber wenn das höchste Gericht Urteile fälle, die das Volk nicht verstehe, ja sogar als Angriff auf sein Lebensgefühl ansehe, dann fände das nicht seine Zustimmung. Daß zum bayerischen Volk auch Menschen gehörten, die auf Kruzifixe verzichten wollten, konnte er sich offenbar nicht vorstellen.

Vielleicht liegt ja Peter Boehnisch gar nicht so falsch, der einmal lapidar schrieb: »Warum er so oft wie ein griesgrämiger Lehrer dreinschaut, weiß nur er allein. Vielleicht hatte er eine schwere Jugend.« Stoiber behielt seine Kindheit in guter Erinnerung. Zum achtzigsten Jubiläum lobte er den Kindergarten, der »allen Anforderungen moderner Pädagogik gerecht wird«. In ihren letzten Lebensjahren äußerte die Ordensschwester Gabriela Pfänder den dringenden Wunsch, »ihren Edi« noch einmal wiederzusehen. Jürgen Richter kümmerte sich darum: »Wenn du jetzt nicht bald kommst, ist sie tot«, drängte er. Und so schwebte am 26. Oktober 1991 der Hubschrauber des Ministerpräsidenten in Oberaudorf ein. Die Oberin war selig, und Richter erkannte ihren »Stolz, daß es jemand aus unserer Mitte so weit gebracht hat«. Als sie eineinhalb Jahre später gestorben war, kondolierte Stoiber und schickte ein Kranzgebinde. »Schwester Gabriela hat für mich seit meiner Kindheit zu den Menschen gehört, die Vorbild gegeben haben. Unter der Obhut von Schwester Gabriela durfte ich im Kindergarten des Klosters Mühlbach viele unbeschwerte Tage erleben und denke heute gerne an diese glückliche Zeit zurück.«

Trotz des außerordentlichen Lobes seiner Ganztags-Kindergartenzeit schrieb er 1976: »Wer den staatlichen Ganztagskindergarten zur Regel erheben möchte, schafft damit möglicherweise für einige bessere Chancengerechtigkeit, aber er baut die elterliche Gewalt entscheidend ab.«

Jürgen Richter ist stolz darauf, gemeinsam mit dem späteren Ministerpräsidenten in den Kindergarten gegangen zu sein. Er war als Flüchtlingskind aus dem Sudetenland in Oberaudorf gestrandet. Die Flüchtlinge, bekennt Josef Widmesser heute, die massenhaft auch in Oberaudorf Unterschlupf suchten, hatten keinen guten Ruf. Oft seien Mütter mit mehreren Kindern gekommen, und die Not war groß. Das änderte sich erst, als die Union das Wählerpotential erkannte und sie in Bayern zum vierten Stamm erhob. Stoiber machte keinen Unterschied, Richter war einer seiner besten Freunde. Vielleicht ist's der Erziehung geschuldet, der christlichen.

In der Volksschule zu Oberaudorf, nicht weit von der Kirche und dem Friedhof entfernt, führte diese Grundausbildung beim »Sohn des Kaufmanns Edmund Stoiber« zu einem befriedigenden Ergebnis: »Er ist fleißig und anständig. Seine Aufmerksamkeit im Unterricht stellt zufrieden.«

Stoibers Vater war zu diesem Zeitpunkt längst wieder zu Hause und haderte mit seinem Schicksal: »Er war verbittert«, bedauert der Sohn, »er hatte ein Jahrzehnt seines Lebens vergeudet: Krieg, Gefangenschaft, Aufbau einer Existenz mit Gelegenheitsarbeiten.« Für die Kinder hatte das immerhin den Effekt, daß sie Versäumtes nachholen konnten: »Er war zu dieser Zeit sehr viel zu Hause. Wir haben Pfeil und Bogen geschnitzt, Blockflöten gemacht und viel geratscht.«

Stoiber sen. versuchte mit diversen Jobs wieder auf die Beine zu kommen, weil es in dem »wunderschönen, bäuerlich strukturierten Ort« kaum Arbeit für einen technischen Kaufmann gegeben habe, wie Stoiber glaubt. Er fand nur »gering bezahlte und kleine Stellungen ohne Perspektive«, mal in Rosenheim, mal in Brannenburg bei der Wendelsteinbahn, bis die rationalisierten und dem Vater wieder kündigten. »Eine gute, gediegene, sichere wirtschaftliche Existenz«, sagt Stoiber, »hatten wir erst Mitte der fünfziger Jahre.« Vielleicht lag's auch daran, daß niemand den Mann beschäftigen wollte, an dem trotz des eingestellten Verfahrens der Ruch eines Kriminellen haften geblieben war.

Schließlich versuchte der Kaufmann, sich selbständig zu machen. Na ja, druckst eine frühere Nachbarin herum, der Vater habe als »Altmetallhändler« gearbeitet. Ja, Schrotthändler, nickt sie auf Nachfrage und beeilt sich zu betonen, daß das selbstverständlich überhaupt nichts Ehrenrühriges sei. Aber die Nase hat man sicher auch damals wie heute darüber gerümpft.

Daß er in ärmlichen Verhältnissen aufgewachsen sei, diese Legende pflegt Stoiber bis heute. Er zählte sich später gern zur »Leberkäsetage«, während er etwa die Mitglieder der rot-grünen Bundesregierung zur »Champagner- und Kaviaretage« rechnet. Das kommt an beim Wahlvolk, das nicht zu wissen braucht, daß auch Stoiber gelegentlich im Münchner Drei-Sterne-Restaurant von Eckart Witzigmann (»Aubergine«) aß, bevor der durch Kokainbesitz unangenehm auffiel.

Die Wahrheit ist: Stoibers Familie war in den ersten Jahren nach dem Krieg nicht vermögend. Es gab tatsächlich Mangel. Aber Stoibers hatten ein Dach über dem Kopf, sie wohnten in einem großen Haus am Waldrand, und sie mußten nicht um Essen betteln. Da war beispielsweise die Familie Gerhard Schröders schlechter dran: Die Mutter des jetzigen Bundeskanzlers war auf sich allein gestellt, ging putzen, brachte die Kinder allein durch, und ihr Sohn mußte früh in die Lehre statt zur Schule.

Vater Stoiber konnte, als er wieder in Freiheit war, seiner Familie eine relative Sicherheit und Annehmlichkeiten bieten. Josef Weilnhamer, der Dorfschmied, weiß, daß ein Schrotthändler gar nicht so schlecht lag: »Das war ein guter, ein sehr guter Verdienst damals. Eisen, Kupfer – das war damals sehr gefragt, nach dem Krieg.«

## Gymnasium: »Ich war privilegiert«

Es ging bergauf, wirtschaftlich, und daß es so schnell ging, war für Edmund Stoibers weiteren Weg von Bedeutung: In seinem Übertrittszeugnis nach der vierten Klasse standen nur die Noten gut und befriedigend, und Stoiber durfte aufs Gymnasium nach Rosenheim, wohin er jeden Tag mit der Bahn fuhr. »Darauf hat meine Mutter sehr gedrängt«, sagt Stoiber. Dort saß er zwischen den Söhnen von Ärzten, Diplomingenieuren, Studienprofessoren und Prokuristen, und es dürfte den Abiturienten mit

Befriedigung und Stolz erfüllt haben, daß sein Vater in der Schulchronik des Abschlußjahrgangs 1960/61 als »General-Bevollmächtigter« firmieren konnte. Er hatte längst wieder eine Anstellung bei einer Baufirma in München gefunden. 1961 zog die Familie weg aus Oberaudorf, der Vater wollte näher am Arbeitsplatz wohnen. Die Fahrerei war ihm zuviel geworden. Die inzwischen erwachsenen Kinder hatten davon allerdings nichts mehr. Manchmal frage sich auch Edmund Stoiber, wie das denn mit ihm als Vater so sei, erzählt sein Sprecher Friedrich Wilhelm Rothenpieler, dann antwortete er: »Das kenne ich ja aus eigener Erfahrung, mein Vater war ja auch nicht so präsent.«

Auf dem humanistischen Ignaz-Günther-Gymnasium lernte er als erste Fremdsprache Latein, dann Englisch und Altgriechisch. Stoiber bezeichnet die Schulzeit rückblickend als »Schlüssel meines Lebens, auch wenn ich es damals noch nicht begreifen konnte«. Und doch fügt er im nächsten Satz hinzu: »Ich war mir bewußt, privilegiert zu sein, sie besuchen zu können, denn sie eröffnete Chancen für das Leben.«

18 Buben saßen auf den Holzbänken der Klasse, kein einziges Mädchen. Nur in der Nachbarklasse fand sich eine Arzttochter, Traudlinde Markl, und Stoiber nannte sie gegenüber den Schülern seiner ehemaligen Schule einmal seine erste Liebe. Sie stieg immer in Brannenburg zu, und irgendwann besuchte er sie mit dem Fahrrad. Von ihr bekam Stoiber den ersten Kuß, aber nach dem Abitur, so erinnert sich Mitschüler Winfried Staudt, heiratete sie einen 30jährigen, worüber sich alle wunderten.

Aber nicht nur Mädchen durften selten aufs Gymnasium, auch Josef Widmesser, Stoibers Freund, mußte nach weniger als acht Jahren von der Schule, weil er auf dem Bauernhof der Eltern gebraucht wurde. Er hätte gern weiter gelernt. Neid? »Scho.« Aber Edmund habe ihn nie spüren lassen, daß er ein »Studierter« ist. Diese Freundschaft hielt, bis heute.

Die »Chancen für das Leben« nahm Stoiber damals offenbar selbstverständlich, um nicht zu sagen leichtfertig an. Die zweite Gymnasialklasse mußte er wiederholen. Die Leistungen verbesserten sich dadurch kaum. Klassenkamerad Winfried Staudt versucht das zu erklären: »Bei uns hat es als unfein gegolten, wenn man was gelernt hat.« Manchmal machte Stoiber die Hausaufgaben im Zug, »sei es aus Faulheit, Trägheit oder Begriffsstutzigkeit«. Offenbar war es dem Buben damals wichtiger, im Sommer im Freibad, dem Luegsteinsee, zu baden oder mit den Skiern aufs Hocheck zu fahren – »ohne Lifte«, wie er der *Abendzeitung* einmal schwor. »Als die aufkamen, fehlte das Geld.« Und am Samstag ging's zum Sportplatz neben der Hauptstraße, man kleidete sich in einem alten Tiroler Grenzhäusl um und kickte, bis es dunkel wurde – mit dem Seebacher Hans, den Brüdern Dietl, dem Hellmeier Hans und vielen anderen. Später trat Stoiber dem ASV Kiefersfelden bei, weil es in Oberaudorf noch keinen Verein gab. Als Schüler sei er durchaus erfolgreich gewesen, behauptet Stoiber. Daß er allerdings oberbayerischer Schülermeister gewesen sei und sogar das 1:0-Siegtor gegen Rosenheim geschossen haben soll, das glaubt dem Stoiber nicht einmal Josef Widmesser.

Doch auch diesen Mythos, den eines verhinderten Fußballstars, pflegt Stoiber, seit er die Bedeutung eines Amts bei einem großen deutschen Fußballmeister und die Wahlkraft von Millionen Fußballfans erkannt hat: »Eine Zeitlang«, durfte die *Bild am Sonntag* unwidersprochen drucken, »spielte Stoiber mit dem Gedanken, Profifußballer zu werden.« Woran es gescheitert ist? »Ich war nicht schnell genug.«

Als die Familie von Oberaudorf nach Waldram bei Wolfratshausen gezogen war, kickte er meistens in der Reserve des Ballclub Farchet (BCF) Wolfratshausen. »Er war ja im Training nie dabei, weil er in München studierte«, weiß der Kamerad Günter Eckel, »und deshalb war er nicht fest in der Mannschaft. So guat war er au ned.« Aber manchmal durfte er doch in der 1. Mannschaft ran. Günter Eckel umschreibt die Gründe so: »Sein Vater war damals Sponsor im Verein. Der hat ab und zu mal 500 Mark hergegeben, und des war viel damals, als ich 370 Mark im Monat verdient habe.«

Stoiber sen. machte inzwischen als Makler einer Bauträgerfirma gute Geschäfte; sie baute und verkaufte Häuser, meist Bungalows, wie sie damals Mode waren. »Der war scho besser betucht«, weiß Eckel. Der Verein, erst 1961 gegründet, hatte einen weiteren Sponsor: den Böckel Gustav. Der war Fuhrunternehmer und der Stiefvater von Karin Rudolf. Sein Haus lag nur 20 Meter vom Vereinsgasthaus entfernt, und wäre Edmund Stoiber öfter beim Training gewesen, hätte er seine künftige Frau vielleicht schon früher getroffen.

Gleichwohl, der Sport war tatsächlich ein zentraler Bestandteil im Leben des jungen Edmund Stoiber. Sein Lieblingsfach in der Schule war »eindeutig Turnen« gewesen, vor allem Völkerball und Hallenfußball. »Der Stoiber war ein guter Sportler und Schifahrer. Der war bullig beieinander, ein Kraftmensch«, erinnert sich Udo Meckel, der schräg hinter ihm saß. Als die Klasse zum ersten Skiurlaub in der Nähe von Kitzbühel weilte, ging Stoiber am letzten Tag nicht mehr mit auf den Berg. Damals mußte man sich noch Felle an die Ski kleben, dann mühsam aufsteigen, und wenn man dann einmal wieder abgefahren war, war der Tag vorüber. Am letzten Tag weigerte sich Stoiber, noch einmal aufzusteigen. Es war ihm offenbar zu anstrengend. Staudt: »Der war von Oberaudorf das Liftfahren gewöhnt.« Dort war schon unmittelbar nach dem Krieg eine der ersten Seilbahnen gebaut worden, und die Talstation lag nicht weit von Stoibers Haus in der Laurentiusstraße entfernt.

In der Schule hatte Stoiber nur vor dem Mathelehrer Josef Himpsel Angst. Johannes Mangels erklärt, warum es vielen so erging: »Der war über zwei Meter groß. Und er teilte die Schüler ein in Mathematiker und Nichtmathematiker.« Er und auch Stoiber gehörten zu den Nichtmathematikern. Doch das Rechnen und Zählen vernachlässigte Stoiber nicht ganz; er spielte mit Begeisterung Schafkopf. Der Klassenlehrer Karl Klingshirn bekannte sich einmal bei einem späteren Treffen zu einer Schwäche: Er habe zu Tobsuchtsanfällen geneigt, und wenn wieder einer bevorstand, dann verließ er die Klasse, um die Form zu wahren. Besonders schlimm sei es ihm dabei immer in seiner 9a gegangen, wie er sagte. »Wenn es soweit war«, habe er erzählt, »sah er in der vorletzten Reihe den Stoiber schon die Karten mischen.«

Auch Tischfußball stand hoch im Kurs. Mit dem Holzlineal als Schläger schossen sie Zehn-Pfennig-Münzen gegen den

»Ball«, eine Ein-Pfennig-Münze. Wenn einer das besonders geschickt machte, packte Stoiber seine Mitschüler am Pullover und rief laut: »Ruhm! Ruhm!« Das sei halt so eine Macke gewesen, besonders vom Edi, erinnert sich Mangels.

Von einer weiteren Eigenart des »blonden Edi« berichtet Udo Meckel: »Er hat immer mit einem Taschenmesser rumgespielt.« In der Klasse gab's eine Art von Mutprobe; einer legte die Hand auf den Tisch, der andere mußte mit dem Messer zwischen die gespreizten Finger stechen. Wer zuckte oder gar wegzog, hatte verloren. »Des war ganz sche brutal«, gibt Meckel zu.

Stoiber fiel nicht durch herausragende schulische Leistungen auf, vielmehr durch Streiche gegen seine Mitschüler. Als »armes Opfer des bösen Edmund« mußte offenbar Peter Wierer herhalten. Stoiber beschmierte sein schwarzes Sakko regelmäßig mit Kreide. Übel nahm ihm solche Streiche niemand. Alle loben das gute Verständnis der Schüler, sie hätten immer prima zusammengehalten. Eine Führungspersönlichkeit schien Stoiber damals nicht gewesen zu sein; er war nie Klassensprecher.

In die Abiturzeitung schrieben seine Kameraden, der Edi sei »reif für den Lebensborn. Als blonder blauäugiger Recke Favorit bei allen nordgermanischen Sommerfrischlerinnen, die er durch kernig-bayuwarische Sitten und Geräusche betört.« Gemeint war damit wohl eine besondere Gabe des Schülers, den Michael Skasa, der heutige Theaterkritiker und Kabarettist, in der »sportlich-trinkenden-bierig-schulterklopfenden Fraktion« einsortiert: »Der Edi beherrschte die Kunst des künstlichen Rülpsens wie kein anderer«, behauptet Skasa, »da war er unschlagbar.« Das dürfe man schon erzählen, findet Skasa, schließlich sei das in Bayern kein Vergehen.

Die Mutter hat die Entwicklung ihres Filius eher mit Sorge verfolgt. Sie war eine Verehrerin Konrad Adenauers, »der damals der Garant des politischen Aufbruchs Deutschlands war«, wie Stoiber meint. Josef Widmesser hörte mehrfach, wie sie ihm gut zuredete: »Der Konrad Adenauer ging auch auf ein humanistisches Gymnasium, und schau, der hat's zu was gebracht.« Auch Franz Josef Strauß ging auf ein humanistisches Gymnasium und erreichte dort mit 1,1 die beste Gesamtnote seit 1919 in

Bayern. Auch ihn pries die Mutter; sie war, so ihr Sohn, eine Anhängerin des damaligen Verteidigungsministers.

Der Vater versuchte den Sprößling mit traditionellen Methoden auf den richtigen Weg zu bringen. »Der hat ihn manchmal ganz sche daherg'watscht«, weiß Udo Meckel. »Ja«, bestätigt Stoiber, »da hat's schon die eine oder andere Ohrfeige gegeben. Aber die Mutter hat dann ausgeglichen.« Wenn Stoiber mit schlechten Noten nach Hause kam, beichtete er bei seiner Mutter, die um Verständnis beim Vater geworben hat. »Und dann war der erste Zorn schon verraucht.«

Die Politik spielte unter den Heranwachsenden keine große Rolle. Nicht einmal eine Klassenreise nach Berlin 1960 vermochte bleibende Eindrücke zu hinterlassen – weder die Zonengrenze und die Teilung der Stadt noch der Besuch des Berliner Ensembles, in dem gerade Helene Weigel die »Mutter Courage« gab, oder der Vopo im Bus, den die Schüler, weil einer seinen Ausweis vergessen hatte, so lange in die Irre trieben, bis er vollends den Überblick verloren hatte. Wichtiger als Politik war der abendliche Besuch der »Badewanne«, ein Jazzlokal, in dem immer eine Liveband auftrat.

Helmut Niedzballa glaubt dennoch behaupten zu können, daß Stoiber politisch schon interessiert gewesen sei, »aber eher rot«. Er stand als erster mit einer Jeans in der Klasse – nicht nur Ausdruck von Wohlstand damals, sondern auch von Auflehnung. Er soll, berichtet Udo Meckel, die Lehrer oft auch »mit eher linken Sprüchen« provoziert haben. Dementsprechend überrascht war Meckel, als er den Lebensweg seines Schulkameraden Edi verfolgte: »Ich hätte nie gedacht, daß der einmal bei der CSU landet.«

Ist er dann aber doch, und zwar recht früh: 1958, also siebzehnjährig, trat Stoiber in die JU ein, die Nachwuchsorganisation der Partei, die in Bayern gerade die SPD-Regierung von Wilhelm Hoegner abgelöst und durch die Regierung Hanns Seidel ersetzt hatte. Wer ihn »gekeilt« hat, weiß Stoiber nicht mehr. »Es ging nicht darum, mich politisch zu engagieren, es war ein Bekenntnis, aber keine aktive Mitarbeit. Es war nicht so wichtig wie Fußball.«

Auch als Student schloß er sich später der Mehrheit an, er meldete sich als Mitglied im Ring Christlich-Demokratischer Studenten (RCDS) an, der damals in Münchens Ludwig-Maximilians-Universität den Allgemeinen Studentenausschuß (Asta), die Studentenvertretung, beherrschte.

Ein Linker war Stoiber nie, nicht einmal als Jugendlicher. »Eher links« muß in Relation gesehen werden zur Partei, die Bayern schon in jenen Jahren regierte. Die CSU stand in der Tradition der Bayerischen Volkspartei (BVP), und deren ehemaligem Vorsitzenden Fritz Schäffer hatte die amerikanische Militärregierung unmittelbar nach Kriegsende jede politische Tätigkeit verboten, weil die BVP unter anderen Parteien Hitler zur Macht verholfen habe. Trotzdem ließ Schäffer wissen: »Am liebsten würde ich die Bayerische Volkspartei wieder begründen.« Weil das nicht ging, hieß die neue konservative bayerische Partei Christlich-Soziale Union (CSU), und Schäffer wurde stellvertretender Vorsitzender und Minister in Bonn.

Fast alle Spitzenfunktionäre der Bayerischen Volkspartei (BVP), auch diejenigen, welche 1933 für das Ermächtigungsgesetz gestimmt hatten, gehörten zu den Gründungsmitgliedern der CSU: Ritter von Lex, der die Zustimmung der BVP im Reichstag begründet hatte, Hans Müller, der dies im Bayerischen Landtag tat, BVP-Geschäftsführer Anton Pfeiffer, Alois Hundhammer und viele andere.

Die BVP war 1918 gegründet worden als »Sammelbewegung, die alle Volksschichten erreichen soll, ein weltanschaulicher und politischer Gegenpol zum Sozialismus«. Sie war bis 1933 stärkste Fraktion im Landtag. Mit der Mutterpartei, dem Zentrum, bildete sie im Reichstag eine Arbeitsgemeinschaft. Das Modell galt später auch für CSU und CDU. Der *Bayerische Kurier* hieß nun *Bayernkurier*, und die CSU stimmte gegen das Grundgesetz wie zuvor der BVP-Abgeordnete Heim in der Nationalversammlung gegen die Weimarer Reichsverfassung. Am 9. Januar 1920 löste die BVP die Arbeitsgemeinschaft mit dem Zentrum auf. In Bayern arbeitete die BVP tatsächlich früh mit den Gruppierungen zusammen, die den Nazis als Steigbügel dienten. Den rechtsradikalen Ritter von Kahr machte die BVP

1920 zum Ministerpräsidenten, nachdem sie vorher zusammen mit monarchistisch-nationalistischen Reaktionären die Regierung Johannes Hoffmann (MSPD) gestürzt hatten. Justizminister Christian Roth trat schon 1924 zur NSDAP über. Das übrige Reich jenseits der bayerischen Grenzen, insbesondere Berlin, betrachtete die BVP im Gegensatz zur »Ordnungszelle Bayern« als bolschewistisch verseucht. In der Parteipresse wird 1921 die Loslösung Bayerns vom Reich diskutiert. Fememorde gegen Linke und Menschenjagden von bewaffneten Nazi-Horden in den zwanziger Jahren kommentierte Fritz Schäffer so: »Sollen wir berufen sein, den Marxismus zu schützen? Soll es unsere Aufgabe sein, dem Marxismus einen Gegner zu ersparen? Haben nicht auch wir die Überzeugung, daß der internationale Marxismus Verderben und Untergang von Staat und Volk bedeutet? Wir gehen in diesem Punkte mit dieser Bewegung vollkommen einig.« Die BVP koalierte in der Zukunft stets mit den Rechtsaußen-Parteien Bayerns und schlug Angebote der SPD für eine »Weimarer Koalition« aus. Im Dezember 1932 befürwortete Schäffer gegenüber Hindenburg eine Kanzlerschaft Hitlers. Im April 1933 stimmte die BVP der Liquidierung des Freistaates Bayern zu. Wenig später wurden zahlreiche Führer der BVP verhaftet, die Partei aufgelöst.

In dieser Tradition also stand die CSU: stockkonservativ, chauvinistisch, nationalistisch, klerikal.

Ganz so, wie die Teile der CSU, die sich bis heute im Katholischen Männerverein Tuntenhausen sammeln. Rechts davon ist nicht mehr viel Platz, und sich links davon zu bewegen nicht schwer. Deshalb war Stoiber noch lange kein Linker, wie Mekkel glauben machen will. »Sozialistische Anwandlungen« habe er niemals gehabt, bestätigte Stoiber später, als er Generalsekretär der CSU geworden war, aber mit der Idee der paritätischen Mitbestimmung habe er seinerzeit schon sympathisiert. Das haben damals eine ganze Menge Unionspolitiker.

Das Interesse für Politik hat der Vater geweckt, mit dem er oft diskutierte. Stoiber kaufte morgens auf dem Weg zum Bahnhof oft die *Bild*-Zeitung, weil der *Münchner Merkur*, den man zu Hause abonniert hatte, so früh am Morgen noch nicht da war.

Gern saß er auch am Radio, um Reden im Bundestag zu verfolgen, insbesondere die über Wiederbewaffnung und Bundeswehr. Bei einer solchen Debatte sei ihm zum ersten Mal Franz Josef Strauß aufgefallen.

Als sein bester Spezl in der Schule galt trotzdem ausgerechnet der »rote Ferdl«, Gerd Wagner. Der gehörte damals schon den Jungsozialisten an, machte später Karriere im Auswärtigen Amt und stürzte 1997 mit dem Hubschrauber im Kosovo ab, wo er sich als Stellvertreter des Hohen Repräsentanten der Internationalen Gemeinschaft für Bosnien-Herzegowina um die Umsetzung des Dayton-Abkommens bemüht hatte. Die beiden waren als einzige in der Klasse Parteimitglied, wobei damals alle Schüler bis auf Wagner CSU gewählt hätten, wie Skasa bekennt.

Nur zwei Abiturienten gingen anschließend zur Bundeswehr, und Michael Skasa glaubt, daß Stoiber sich freiwillig als sogenannter Zeitsoldat für 18 Monate (Z18) verpflichtet habe. Skasa zog es vor, zwölf Monate Grundwehrdienst zu machen. Der wurde dann auf 18 Monate erhöht. Bei einem Marsch seiner Gebirgsdivision durch Schneefelder hat Stoiber einen Schaden an der Netzhaut erlitten, deshalb trägt er heute häufig eine Sonnenbrille. Wegen dieser Verletzung mußte er nach knapp einem Jahr ausscheiden und bekam, so Skasa, zur Entlassung 2000 Mark Abfindung. Skasa ging leer aus. Stoiber bestreitet diese Version. Er sei erstaunt gewesen, daß nur zwei aus seiner Klasse zur Bundeswehr gingen. Aber auch er habe nur den Grundwehrdienst absolviert. »Ich wollte möglichst schnell fertig werden, das Jahr machen. Und dann ist der Wehrdienst während der Berlinkrise auf 15 Monate verlängert worden.« Er habe nachträglich verlängern wollen, aber der Antrag wurde nicht angenommen. »Und da habe ich mich schon geärgert. Die Zeitsoldaten kriegten damals mehr Geld und eine Abfindung.«

Als man sich nach zehn Jahren erstmals wieder traf, war Stoiber Jurist und politisch hochengagiert. Man saß an einem langen Tisch, Stoiber am Kopfende. Begeistert berichtete er über seine Erlebnisse in der Politik. »Der war mit Leidenschaft dabei, erzählte, daß man da richtig was bewegen konnte«, freut sich Michael Skasa noch heute. »Er verachtete die Typen, die sich nur wählen lassen, damit sie irgend etwas besser verkaufen können. Stoiber dagegen war glühend politisch aktiv.«

Weitere zehn Jahre später war Stoiber verändert. Beim Klassentreffen fragte Skasa ihn, warum er denn »unbedingt den Claus-Erich Boetzkes beim BR durchdrücken wolle«. Der sei doch nicht geeignet. Da habe Stoiber ungehalten reagiert. »Geh doch zum *HR*, wenn's dir hier nicht paßt«, soll Stoiber in Strauß-Manier geblafft haben. Skasa bedauert, daß man von diesem Zeitpunkt an mit ihm nicht einmal mehr unter Freunden Argumente austauschen konnte. »Da war er nur noch Parteipolitiker.«

## Studium in München: Der »Einserjurist«

Beim Hochschulstudium gehörte Stoiber zu den Allerbesten – jedenfalls stellt er sich gern als »Einserjurist« heraus. Und so schreiben selbst intime Kenner des Ministerpräsidenten wie *Welt*-Redakteur Hannes Burger oder Hans Holzhaider von der *Süddeutschen Zeitung*, Stoiber habe das große Staatsexamen mit der Note »Eins« abgelegt. Auch das Munzinger-Archiv meldet einen Abschluß des zweiten juristischen Staatsexamens »mit Prädikat (Eins)«. Die Fakten halten dem nicht stand.

Stoiber begann das Jurastudium im Wintersemester 1962/63 in München und schloß es nach neun Semestern am 16. August 1967 mit der ersten juristischen Staatsprüfung ab. Er hörte beim Staatsrechtler Peter Lerche, beim Zivilrechtler Karl Larenz, bei Reinhart Maurach, Paul Bockelmann und Theodor Maunz. Oft saß er im Zimmer von Maunz' Assistenten Roman Herzog, der dessen Nachfolger werden sollte, nachdem Maunz' willige Interpretationen aus der Hitlerzeit bekannt geworden waren. Daß Maunz Berater des DVU-Vorsitzenden Gerhard Frey gewesen war und unter Pseudonym in dessen *Nationalzeitung* geschrieben hatte, kam erst später heraus. München lehnte die Beförderung des herausragenden und leutseligen Nachwuchsjuristen Herzog damals ab, weil Hausberufungen verpönt waren.

Daneben hatte Stoiber noch fünf Semester lang die eine oder andere Vorlesung an der Hochschule für Politik (HfP) besucht, und Stoiber spricht bis heute von einem Doppelstudium. An der HfP heißt es heute, er sei »ein bißchen dagewesen«. Aufgefallen ist er zunächst nicht. Den Professoren, etwa Lerche, ist Stoiber unter Hunderten von Studenten nicht in Erinnerung geblieben. Stoiber war als Student kein Mitglied einer (karrierefördernden) Verbindung, inzwischen gehört er aber der Katholischen Studentenverbindung im CV »Trifels« an. Unter dem Motto »Fest wie Fels« sammeln sich auch andere CSU-Größen, etwa Kurt Faltlhauser, Reinhold Bocklet oder der Landtagsabgeordnete Gerhard A. Meinl. Und Papst Pius XII. (1939) zählte ebenfalls zu den Trifelsern.

Stoibers größte Qualität war sein Fleiß. Kommilitone Peter Seißer, heute SPD-Landrat von Wunsiedel, und Stoiber gingen oft erst nachts aus dem juristischen Seminar. Zu Anfang siezte man sich, das war unter Studenten noch üblich, erst nach zwei Jahren seien sie zum Du übergegangen. Leidenschaftlich hätten sie über Fachfragen gestritten, aber auch über die Große Koalition und den Blitzkrieg der Israelis. Willi Münster, heute Rechtsanwalt in München, gehörte auch zu denen, die immer mit »Freund Edi« zusammenhingen. Von acht Uhr morgens bis halb zehn abends sei man tagtäglich an der Uni gewesen, aber man dürfe sich das nicht so vorstellen, daß dort nur gestrebt worden wäre. Mindestens die Hälfte der Zeit habe man beim Kaffeetrinken, Ratschen oder Mittagessen verbracht. In der Mensa saßen immer sechs, sieben Doktoranden zusammen, und manchmal war einer aus Südkorea dabei, Young Huh, zu dem sich aber kein enger persönlicher Kontakt entwickelte. Abends saß Stoiber oft beim Schafkopfen, meistens privat, auch mal bei Stoibers in der Roßhaupter Straße, ab und an auch im Rolandseck, einer bekannten Gastwirtschaft in Nordschwabing. »Der Edi hat den Vorteil gehabt«, sagt Münster, »daß er nicht mehr so viel nachlernen mußte, weil er eine gewaltige juristische Auffassungsgabe gehabt hat.«

Auch Mitstudent Manfred Rapp, heute Notar, meint, Stoiber sei zu Beginn des Studiums »bei weitem kein Arbeitstier gewesen«. Aus Stoibers Mund habe er zum ersten Mal den Namen Beckenbauer gehört, den der als Riesentalent in der Jugend von 1860 gepriesen hat. Seißer fiel auf, daß Stoiber Nordbayern ignorierte. »Du kennst nur die Autobahn nach Nürnberg und nach Frankfurt«, neckte er ihn. Die nach Nürnberg fuhr Stoiber, wenn der FC Bayern spielte, die nach Frankfurt, wenn er Verwandte bei Köln besuchte. Auch von der bayerischen Geschichte habe er keinen Schimmer gehabt, während Seißer die Könige herunterbeten konnte.

Rapp und Seißer betonen, daß Stoiber »ein sehr monogames Verhältnis zu seiner Frau« hatte, die hervorragend koche und »erstklassige feminine Qualitäten« (Rapp) habe. Er sprach von Karin Rudolf, die Stoiber im Sommer 1963 kennengelernt hatte, als er in der Geretsrieder Bank für Gemeinwirtschaft als Laufbursche jobbte. Im nächsten Jahr verliebten sich die beiden ineinander, am 23. Februar 1968 heirateten sie schließlich.

Um sich aufs Staatsexamen vorzubereiten, saß Stoiber samstags in München unter anderen mit dem späteren Vereinsbank-Manager Ekkehart Bollinger und dem Professorensohn und späteren Terroristen Rolf Pohle im Institut des Rheinländers Karl Rottmann beim Repetitorium. In dieser Schlußphase des Studiums fiel Stoiber dann auf. In der juristischen Fakultät gab es eine Präsenzbibliothek, und auf dem Gang davor wurde immer eifrig diskutiert – nicht nur über juristische Fragen, sondern auch über Vietnam oder die Notstandsgesetze. Er habe »gewählt artikuliert«, so Bollinger. »Stoiber war mit seiner blonden Mähne eine auffällige Erscheinung. Er stand bei den Diskussionen immer im Mittelpunkt. Auch in den Seminaren zählte er zu den sehr eifrigen, fast möchte ich sagen zu den Übereifrigen. In der damaligen Zeit, da der Konkurrenzdruck noch nicht so ausgeprägt war, fiel das schon sehr auf.«

Auch Karin Rudolf beklagte sich über den Eifer ihres Partners. Ihrer Schulfreundin von der Handelsschule, Waltraud Erhard, sagte sie: »Mein Freund lernt immer soviel fürs Staatsexamen.«

Es hat sich gelohnt, Stoiber bestand beim ersten Anlauf. »Ich wollte die Chance nutzen, die ich hatte: studieren zu dürfen. Das war damals eine außerordentliche Minderheit. Ich habe es als Privileg empfunden, studieren zu dürfen, und mich ziemlich reingehängt.« Und wozu? »Für mich war immer die Ausbildung wichtig, damit ich mir dann heraussuchen kann, wohin ich gehe.«

An seinem 26. Geburtstag trat er als Rechtsreferendar beim Oberlandesgerichtsbezirk München an. Olaf Kapfenberger war damals Direktor beim Amtsgericht Wolfratshausen, wo Stoiber eine Station seines Referendariats absolvierte. Außerdem war Kapfenberger stellvertretender Ortsvorsitzender der CSU Geretsried. Er war von Stoibers Fähigkeiten noch nicht überzeugt. Als er 1974 hörte, daß Stoiber sich um das Landtagsmandat bewarb, fiel ihm die Referendarzeit Stoibers wieder ein, und er ließ Helmut Gänßbauer wissen: »Der Stoiber ist ein miserabler Jurist.«

In dem jungen Privatdozenten Friedrich-Christian Schröder fand Stoiber einen Lehrer, der seine Doktorarbeit (gewidmet »meinen lieben Eltern«) begleitete: »Der Hausfriedensbruch im Lichte aktueller Probleme«. Es blieb Schröder nicht verborgen, daß sein Schüler »schon damals stark auf die Politik ausgerichtet war«. So auch bei der Wahl seines Themas. Stoiber machte sich im Zeitalter der Go-ins offenbar Sorge um den Frieden an den Unis. Befanden sich die Aktionen der Linken mit dem Recht im Einklang, oder handelte es sich um Hausfriedensbruch? 182 Seiten holt Stoiber aus, doch der erwartungssichere Leser wird enttäuscht: kein Hausfriedensbruch. Typisch Stoiber: Unterstellt, der Gegner der linken Studenten hätte gern ein anderes Ergebnis gehabt, muß ihm angerechnet werden, daß er sich nicht hat verführen lassen, sondern intellektuell redlich geblieben ist. Peter Seißer lobt: »Er hat nie einen Sachverhalt gebeugt.« Allerdings ist die Abhandlung in einer Sprache geschrieben, die es heute selbst Juristen zur Qual geraten läßt, den Ausführungen des Autors zu folgen, die sich im übrigen ganz an der herrschenden Meinung orientieren und keinen neuen Ansatz, keinen neuen Gedanken enthalten.

Friedrich-Christian Schröder, Stoibers Doktorvater in München, wechselte zu dieser Zeit nach Regensburg und lud Stoiber ein, sein Assistent zu werden. Stoiber machte daraus in seinem

Lebenslauf eine »wissenschaftliche Mitarbeit am Lehrstuhl für Strafrecht und Ostrecht an der Universität Regensburg« und reklamierte daraus sogar ein Expertentum in diesen Fachbereichen. In seiner Dissertation hatte er noch korrekt angegeben, »wissenschaftliche Hilfskraft« gewesen zu sein. Seine tatsächliche Funktion bestand in einer »einsemestrigen Korrekturassistenz«, wie Schröder erläutert. Nicht in Regensburg, sondern in München korrigierte Stoiber die Seminararbeiten jüngerer Studenten und fuhr nur ab und an nach Regensburg. Stoiber nahm diese Aufgabe sicher nicht wegen des Geldes an, denn es war ein schlecht bezahlter Ehrenjob, aber »vielleicht weil es das Selbstbewußtsein etwas hebt«, wie Schröder mutmaßt.

Vier Jahre brauchte Stoiber, um seine Dissertation fertigzustellen, sein Referendariat zu absolvieren und das zweite Staatsexamen zu bestehen. An den Wochenenden hat er schon Ende der sechziger Jahre seinem Vater beim Makeln von Häusern und Grundstücken in Bad Tölz geholfen, auch um seine Studentenkasse aufzubessern: »Mein Vater war damals selbständiger Makler«, erzählt Stoiber. »Samstags und sonntags habe ich ihm bei Musterwohnungsbesichtigungen geholfen. Für einen Abschluß gab's 1500 Mark.«

Schröder machte es seinem Doktoranden nicht leicht und ließ ihn etliche Passagen überarbeiten. Das kostete den Kandidaten sicher manche schlaflose Nacht. Als Stoiber seinem Doktorvater 1997 das Große Verdienstkreuz an die Brust heftete, sagte er, er sei stolz, daß Schröder ihm damals nichts geschenkt habe.

Peter Seißer traf sich mit Stoiber in der sechsköpfigen Vorbereitungsgruppe fürs zweite Staatsexamen, meist bei Seißer zu Hause, einmal auch bei Stoibers. Drei Sozis und ein Liberaler waren dabei, nur einer von der CSU. Stoiber war der Beste aus dem Arbeitskreis. Nach dem Examen überreichte Stoiber Seißer ein Exemplar seiner Doktorarbeit und schrieb hinein: »Zur Erinnerung an gemeinsame Kampfzeiten im juristischen Seminar in München«.

Den »Dr.« – für einen, der in Bayern was werden will, unerläßlicher als der Vorname – hatte er nun. Als viele Jahre später, im Jahr 1985, das Bundesinnenministerium zur Verwaltungsvereinfachung den Eintrag des Titels in Personenstandsbüchern und -urkunden abschaffen wollte, schrieb Stoiber eigenhändig einen Leserbrief: Niemand, schon gar nicht die bayerische Staatsregierung, habe etwas dagegen, wenn Standesbeamten die Arbeit erleichtert werden solle. In Sachen Entbürokratisierung ließe sich Bayern sogar von keinem anderen Land übertreffen. Sie dürfe allerdings nicht »vom Zeitgeist technokratischer Nivellierung unserer Gesellschaft in Dienst genommen werden«. Akademische Titel seien kraft Gewohnheitsrecht Namensbestandteil. Sie würden in den meisten Fällen durch persönliche Leistung erworben. Derlei Anreize dürfe gerade diese Koalition, die Leistung wieder in den Vordergrund rücke, nicht abwerten. Und deshalb bleibe es dabei: Akademische und staatliche Titel würden auch weiterhin in die öffentlichen Bücher und Urkunden eingetragen.

Nach dem zweiten Staatsexamen dürfte das Selbstvertrauen Stoibers noch einmal enorm gewachsen sein. Er gehörte »zur besseren Gruppe« seines Jahrgangs, urteilt Stoibers Doktorvater Schröder. Eines war Stoiber aber nicht: ein Einser-Jurist. »Einser-Jurist gibt's gar nicht«, korrigiert Winfried Staudt. »Der Ausdruck stammt aus der Jahrhundertwende. Bei uns war der Beste 2,8, eine 3,5 war der Eingang für Ministerien.« Auch Schröder weiß: »Eine Eins konnte man damals praktisch nicht kriegen.« Ein »voll befriedigend« sei auch ein Prädikatsabschluß, klinge aber weniger gut. Schröder selbst war wenige Jahre zuvor Fünftbester seines Jahrgangs gewesen – mit der Gesamtnote 2,75.

Stoiber lag bei 3,0, und er hat nicht versucht, diese gute Note durch eine zweite Prüfung zu verbessern, wie kolportiert wird.

Rechtsprofessor wie Schröder konnte Stoiber damit schwerlich werden, auch wenn er das einmal geplant hatte. »Dann sind die Umstände gekommen, wie sie sind«, sagt er ganz nüchtern im Rückblick. Es lag wohl an den Noten, daß Stoiber geworden ist, was nach seinen heutigen Worten nie sein Ziel war: Politiker.

# 2

## Im Landtag: Kontur geben

1969 löste Willy Brandts sozial-liberale Regierung die Ära der restaurativen Nachkriegspolitik endgültig ab, die den Deutschen zwar wirtschaftlichen Wohlstand gebracht, aber die alten gesellschaftlichen Strukturen erhalten hatte. Auch in der großen Koalition hatte die Union den Umbruch nicht mehr verhindern können. Nun war alles auf dem Prüfstand, woran ein Konservativer wie Edmund Stoiber glaubte. Das müssen harte Zeiten für den zielstrebigen Juristen gewesen sein, denn er gehörte plötzlich nicht mehr zur Mehrheit. Nicht nur in Bonn regierten die »Sozialisten«, auch die Studentenvertretung dominierten statt des RCDS nun linke Gruppen. Nur in Bayern war die Welt noch »in Ordnung«, und Stoiber wollte daran mitarbeiten, daß das auch so bliebe.

Stoiber nennt die Studentenunruhen ausschlaggebend für sein politisches Engagement. »Da war ich schon sehr betroffen. Das war der Knackpunkt, mich politisch zu engagieren.« Ihn störte die Intoleranz des Sozialistischen Deutschen Studentenbundes (SDS), wie er sagt: »Die angehenden Akademiker huldigten damals blind dem Vorurteil, der Geist stehe links, und verfielen dem Trugschluß, wer sich links gebärde, müsse folglich auch Geist haben.«

Einmal sei Stoiber von den Linken sogar aus dem Audimax hinausgejagt worden, die ihn als Faschist beschimpft hätten. Auch mit Rudi Dutschke sei er aneinandergeraten. Dafür gibt es allerdings keinen Beleg, und der RCDS hütet sein Archiv möglicherweise deshalb wie eine Glucke das Ei, weil es keine Unterlagen über den angeblich so mutigen Studenten gibt, der sich in die Höhle des Löwen gewagt haben will. Auch keiner seiner Kommilitonen erinnert sich an derartige Zusammenstöße. Ganz gegen seine sonstige Gewohnheit müßte Stoiber über derart erschütternde Erlebnisse jahrzehntelang hartnäckig geschwiegen haben. Wollte Stoiber mit Hilfe dieser Anekdoten mit Peter Gauweiler gleichziehen, über dessen Heldentaten im Audimax die Münchner Presse groß berichtete? Nein, bestreitet Stoiber, die Linken hätten ihn tatsächlich einmal »aus dem Audimax hinausgezischt, weil ich widersprochen und mich als RCDS-Mann ausgewiesen hatte. Damals habe ich mir gesagt: Ich muß mich mehr engagieren.«

Aber wie? Es war wohl der heutige Anwalt Klaus-Peter Arnold, der Stoibers politischen Karriereeifer entfachte. Der damalige JU-Vorsitzende von Starnberg riet Stoiber zu politischer Aktivität. Er solle in Wolfratshausen einen Ortsverein der JU gründen, da gebe es noch keinen. Was den Vorteil hatte, daß der Gründer fast automatisch Vorsitzender wurde. Diese Idee muß Stoiber inspiriert haben, und er warf sich mit Verve ins Getümmel. Daß ihm die CSU bald anbot, gegen den damaligen SPD-Bürgermeister von Wolfratshausen zu kandidieren, hat Stoibers Selbstbewußtsein sicher gestärkt, auch wenn er als völlig unbekannter Kandidat gegen den alteingesessenen SPD-Bürgermeister nicht die geringste Chance gehabt hätte.

Toni Staudacher war JU-Vorsitzender von Miesbach. Und er erlebte wie Stoiber, daß die Sozis sich anschickten, auch Bayern zu erobern: »Die Jusos waren ja gefürchtet damals. Wenn so einer auf eine CSU-Veranstaltung gekommen ist, dann haben alle gezittert.« Mitten in Bayern, wo die CSU inzwischen allein regierte, durfte das nicht sein. »Da wurde dann nach einem Gegengewicht gerufen von seiten der CSU.« Also haben sich ein paar ambitionierte junge Burschen, von der Mutterpartei finanziell unterstützt, zusammengefunden und Politik auf bayerische Art gemacht: »Wir haben dann überall JU-Ortsverbände gegründet«, erinnert sich Staudacher, »Zeitschriften auf Ortsebene herausgegeben, Bachufer oder Waldwege gereinigt und Wanderwege markiert.«

In Diskussionsveranstaltungen traf Stoiber auf den heutigen Lehrer am Gymnasium Geretsried, Walter Büttner, der den Jusos angehörte. Im Kampf gegen die Gesamtschulen, die auch in Bayern erwogen wurden, sei Stoiber »heftig dabei gewesen«, aber das Gymnasium in Geretsried habe dann doch als bayerisches Gesamtschul-Pilotprojekt 1972/73 den Betrieb aufgenommen. Auch zum § 218 habe Stoiber schon damals »eine stark konservative Grundposition bezogen«; er habe immer vertreten: »Abtreibung ist Mord.« Stoiber sei als junger Mann ein »dynamischer, guter Redner« gewesen, berichtet Staudacher, und habe eine exzellente Laufbahn erwarten lassen. »Er konnte zu allen Belangen fundiert Stellung nehmen.«

»Stoiber war schon damals mächtig involviert in der CSU«, erinnert sich Kommilitone Martin Sattler, der glaubt, Stoiber müsse ihn als Verräter betrachtet haben. »Ich war das Letzte für den«, nimmt Sattler an, weil sein Vater CSU-Mitglied war, er dagegen ein Sozi. Stoiber war immer in Eile, entsinnt sich Sattler. Meistens kam er direkt aus dem Hauptquartier der CSU, in dem auch die JU ihr Büro hatte. Stoiber zählte sich selbst zur »Bande aus der Lazarettstraße«, wie er sich vor anderen brüstete. Mit seinem untrüglichen Gespür für Symbolik stellte er jedoch fest, daß »es nicht gut sei, daß eine so berühmte Partei solch eine Adresse habe«. Die CSU zog acht Jahre später um, in die Nymphenburger Straße, und Hausherr wurde Edmund Stoiber. Strauß hatte ihn inzwischen zum CSU-Generalsekretär gemacht.

Einen »machtverbrämten Studenten« hat Sattler in Stoiber gesehen, und darin habe er Rolf Pohle geähnelt, der auf der anderen Seite des politischen Spektrums wirkte. In Sattlers Augen »bewegten sich beide irgendwie am Rand«. Rolf Pohle, der Sohn eines Juraprofessors und Münchner Asta-Vorsitzender, gehörte zu den sechs »Genossen«, die 1975 von der »Bewegung 2. Juni« durch die Entführung von Peter Lorenz aus dem Gefängnis freigepreßt und nach Aden/Südjemen ausgeflogen wurden. Erst 1976 fand ihn Werner Mauss in Athen, die griechische Regierung lieferte ihn aus, und Pohle saß noch einmal ein, bis er 1982 wieder nach Athen zog, um dort mehr schlecht als recht als Übersetzer zu leben.

1971 hatte Stoiber es geschafft. Der Ortsverband Wolfratshausen wurde gegründet, und er übernahm das Kommando. Weil das Amt dies forderte, trat er am 9. Dezember des gleichen Jahres in die CSU ein. Ein Jahr später war er JU-Kreisvorsitzender. Zusammen mit den anderen JU-Vorsitzenden im Wahlkreis unterstützte Stoiber die Bundestagskandidatur des stellvertretenden Bundesvorsitzenden der JU, Franz L. Graf Stauffenberg, der sich gegen zahlreiche Bewerber, zum Beispiel den Münchner Politikprofessor Heinz Lauffer, behaupten mußte. Sein Name habe auf Stoiber sicher eine gewisse Anziehungskraft ausgeübt, glaubt Stauffenberg, »jedenfalls die Beziehung zum Widerstandskämpfer, soweit ich Stoiber kenne. Der Graf nicht.« Auf jeden Fall entschied sich Stoiber mit Stauffenberg für einen zugereisten Kandidaten und gegen den stellvertretenden Vorsitzenden der bayerischen JU, Walter Zöller, sowie gegen den von Strauß protegierten Siegfried Lengl, damals Geschäftsführer der Hanns-Seidel-Stiftung. Es war Stoibers Glück, daß er erst später in das Gesichtsfeld des Parteivorsitzenden geriet.

Der Sohn des Widerständlers zog Stoiber in sein Gravitationsfeld, am meisten wohl durch Stauffenbergs ordnungspolitische Kampfschriften, die der JU und auch Teilen der Union den rechten Standpunkt vermitteln sollten, nachdem die Partei damals, so Stauffenberg, »inhaltliche Annäherungsübungen an den demokratischen Sozialismus machte«. In Sachen paritätische Mitbestimmung etwa habe es eine »Riesenfeigheit der Gegner der Parität« gegeben, Stellung zu beziehen. Selbst Strauß habe sich nicht getraut, die Mitbestimmung aus der Opposition heraus anzugreifen. Ganz anders Stauffenberg. Demokratie, schrieb er in einer seiner zahlreichen Broschüren, sei für manche Zeitgenossen zum absoluten Ideal geworden. »Und ergo scheint es, als könne mehr von dem, was heute erst den staatlichen Bereich erfaßt, für andere Bereiche nur Gutes bringen. Dies ist ein Trugschluß. Die Demokratie ist kein Wert an sich, kein Dogma.« Das zielte in erster Linie gegen die Empfehlungen der Mitbestimmungskommission des Professors Kurt Biedenkopf (CDU). »Totale Demokratisierung«, so Stauffenberg, ließe »eine Fülle durchgegliederter, quasistaatlicher Ordnungen entstehen«, in der Wirtschaft, in den Schulen und Universitäten, in den Kirchen, den Familien. Stauffenberg fürchtete zusätzliche Regeln, Kompetenzen und Institutionen, also »zusätzliche Kompliziertheit und Unübersichtlichkeit«. Vor allem aber beschäftigte ihn die Frage: »Wer zahlt denn das?« Und er kalauerte: »Vermutlich würde das Wiehern ungezählter Amtsschimmel selbst den Verkehrslärm in den Großstadtzentren übertönen, womit eines der brennendsten Probleme des Umweltschutzes eine faszinierende Lösung fände.«

Stauffenberg agitierte gegen die zahlreichen Reformen an, die dringend zur Debatte standen. Dabei wetterte er gegen das soziologische Kauderwelsch, das allerorten zu vernehmen sei, warnte bei aller Freiheit, die der Gesetzgeber den Bürgern gewähre, vor Ausschweifungen und Zügellosigkeit. Sogar die Kirche griff er an, die in ihrem Einsatz für die Unterdrückten und Schwachen deren Nöte mit den politischen Forderungen der etablierten Funktionäre verwechsele. »Als angesichts der Sintflut Noah seine Arche baute, da schuf er Platz für alle Tiere unter Gottes Himmel, und nicht für eine Rindviehherde hoher Zucht.« Die Kirchen sollten also den Menschen helfen, wollte Stauffenberg sagen, Politik war anderer Leute Geschäft. In allem aber hetzte Stauffenberg gegen die Sozialisten und deren Ideologie. Sie war ihm »Herrschaft der Gemeinschaft über ihre Mitglieder«.

Das überzeugte Stoiber. Ein Vorbild. Er klebte Plakate für Stauffenberg, verteilte Flugblätter und dessen Broschüren. Dem Graf gefiel das selbstsichere Auftreten Stoibers und sein politischer »Gestaltungswille«, der ganz im Gegensatz zur Landkreisführung der CSU gestanden habe. Mit jeder Minute, die Stoiber für den Aufbau der JU-Ortsgruppe in Wolfratshausen verwendete, ebnete er den Weg in Richtung Staatskanzlei.

## Pionier bei Streibl: Startschuß zur Ochsentour

Und doch war die Zeit, die er fürs Staatsexamen investiert hatte, die entscheidende, das Sprungbrett. Werner Buchner, der in Rottmanns Repetitorium mit den Studenten Strafrecht und Strafprozeßrecht paukte, fragte den »agilen Jungjuristen« nach dem 2. Staatsexamen, ob er nicht ins neue Ministerium für Landesentwicklung und Umweltschutz mitkommen möchte. Das hatte Max Streibl übernommen, und er suchte zwei weitere Mitarbeiter. Nach kurzer Bedenkzeit sagte Stoiber zu und trat in die Politische Abteilung ein, wo auch die Reden für Streibl und andere Spitzenministeriale geschrieben wurden. Das Umweltministerium hielt Stoiber für interessant: »Ich dachte, da kommt man in ein noch nicht so gut strukturiertes Haus hinein und hat vielleicht mehr Mitwirkungsmöglichkeiten.«

Mit einem von Streibls persönlichen Referenten, Wolfgang Gröbl, entwickelte sich eine enge Freundschaft, Stoiber wurde sogar Patenonkel von dessen Kindern. Nachdem sich Gröbl 1998 für Theo Waigel als CSU-Parteichef ausgesprochen hatte, ist das Verhältnis der beiden allerdings abgekühlt.

Nach einem Personalausflug 1972 nach Eichstätt fuhren Buchner und Stoiber zusammen mit der Trambahn nach Hause. Stoiber war aufgekratzt, denn er hatte das Privileg genossen, mit Streibl am Tisch zu sitzen. Buchner sah Stoibers Augen leuchten. Wenig später wurden Wolfgang Gröbl und auch Streibls zweiter Referent, Fritz Ettengruber, in Miesbach und in Landau zum Landrat gewählt, und Streibl holte Stoiber an seine Seite. Die erste Rede, die er verfaßte, sollte sich mit den »Ziele(n) der Raumordnung und Landesplanung am Beispiel Mittelfranken« befassen. Davon verstand Stoiber nichts, aber er bewies, was ihn fürderhin auszeichnen sollte: die Fähigkeit, sich schnell in unbekannte Gebiete einzuarbeiten.

Rückblickend erscheinen Stoiber diese Jahre als »großartige Zeit«, er erinnert sich an die »Pionierstimmung«, an den Enthusiasmus beim »Schaffen von etwas Neuem«. Da habe es nichts ausgemacht, daß man sich einen Schreibtisch mit einem anderen teilen mußte, sogar Max Streibl und sein Staatssekretär Alfred Dick hätten zu Beginn in einem Zimmer gearbeitet. Richtig in Begeisterung reden kann sich Stoiber, wenn er bedenkt, was alles geschaffen wurde: das Landesamt für Umweltschutz, das Naturschutzgesetz, »das damals von renommierten Umweltschützern wie Prof. Bernhard Grzimek und auch Hubert Weinzierl als das ›beste Europas‹ gelobt wurde«. Ganz neu auch das Landesentwicklungsprogramm von 1974. »Bei der Eindämmung der Luftverschmutzung, bei der Trinkwassergüte, beim Gewässerschutz, bei der Sanierung der Seen, bei der nachhaltigen Bewirtschaftung des Bodens haben wir, gemessen an dem, was 1970 war, in Deutschland und darüber hinaus Maßstäbe gesetzt.« Bayern war vorn, schon damals habe Streibls Ministerium Umweltschutz als vordringlichste Aufgabe begriffen, in christlicher Verantwortung dem Bewahren der Schöpfung verpflichtet. Das sei konservative Politik im besten Sinne des Wortes. Die Grünen, so betont Stoiber, seien erst 1980 entstanden.

Die Bemühungen des Umweltministeriums stießen nicht allseits auf Gegenliebe. Insbesondere Wirtschaftsminister Anton Jaumann scheint von der bayerischen Vorreiterrolle auf diesem Gebiet noch nicht so begeistert gewesen zu sein. Stoiber beobachtete aus nächster Nähe, wie Jaumann und Streibl immer wieder »über Kreuz« waren. Er traf sich in solchen Situationen mit Jaumanns persönlichem Referenten Theo Waigel, um zu schlichten: »Wir haben dann immer versucht, die Dinge zu reparieren.«

Stoiber scheint Streibl von seinen Talenten überzeugt zu haben. Der Minister unterstützte die Kandidatur seines Mitarbeiters für den Landtag. Als Stoiber die Wahl gewonnen hatte und im Ministerium verabschiedet wurde, riet ihm Buchner: »Bei Ihrer Qualifikation wären's auch bei uns was g'worden. Jetzt schauens, daß Sie schnell ins Kabinett kommen, sonst rentiert sich's nicht.« Stoiber hat sich an diesen Rat gehalten. Endlich hatte er das Feld gefunden, auf dem seine Talente offenkundig gefragt waren und gewinnbringend eingesetzt werden konnten. Systematisch suchte er Kontakt zu Franz Josef Strauß. »Von Anfang an«, urteilt der Journalist Rudolf Lambrecht, der

Stoiber über Jahrzehnte begleitete, »hatte Stoiber ein Ziel: die Ochsentour zu machen und, wenn die Zeit reif ist, Strauß zu beerben.«

## Im Landtag: »Ein Vorreiter der CSU«

Die Geschichte um die Landtagskandidatur Edmund Stoibers beginnt schon 1972. Der Landkreis Miesbach sollte einen neuen Landrat wählen, und eigentlich gab es nur einen Kandidaten: den Maier Gerd. Gerhard Maier war damals CSU-Ortsvorsitzender der Kreisstadt zwischen Schliersee und Tegernsee. Doch plötzlich tauchte ein zweiter Bewerber auf, aus dem Ministerium von Max Streibl: Wolfgang Gröbl, der persönliche Referent Streibls, der damals auch noch oberbayerischer Bezirksvorsitzender war. Gröbl, studierter Forstwirt, wurde seinerzeit Bayerns jüngster Landrat. Andreas Stockmaier, Bürgermeister von Otterfing und heute Bezirksgeschäftsführer der CSU Oberbayern, hielt wie viele andere Gröbl für den Besseren, tröstete Maier aber mit dem Versprechen, ihn bei einer Kandidatur für den Landtag zu unterstützen. Als sich Maier 1974 anschickte, ins Maximilianeum einzuziehen, stand wieder ein Mitbewerber im Weg, und wieder kam der Gegenkandidat aus Streibls Umfeld: Edmund Stoiber.

Auch die Opposition zeigte sich völlig überrascht, für Landtagskandidat Martin Erhard (SPD) »tauchte Stoiber aus heiterem Himmel auf. Niemand kannte den.« Der junge CSU-Mann erschien ihm »unnahbar und arrogant, er hat uns immer spüren lassen, daß er Jurist ist«. Aber nach einiger Zeit, so Erhard, habe er ein gutes Verhältnis zu ihm gefunden. FDP-Kandidat Till Cramer war der Gegner ebenfalls kein Begriff.

Im November 1973 wurde Stoiber Vorstandsmitglied im 84köpfigen CSU-Ortsverband zu Geretsried. Gleichzeitig schlug ihn der Kreisverband als Landtagskandidat vor. Klaus-Peter Arnold hatte ihn frühzeitig auf den bevorstehenden Rücktritt von Staudacher aufmerksam gemacht. Nachdem er die

Bürgermeisterwahl in Tegernsee verloren hatte, wollte Staudacher auch nicht mehr für den Landtag kandidieren. Stoiber, der seit 1961 im Landkreis Wolfratshausen lebte, erkannte die Gelegenheit. »Stoiber hat meinen Vater gefragt, ob's recht sei, daß er kandidiert«, betont Staudacher jun. »Er hat ihn nicht hinausgedrängt.«

Stoibers Chancen standen zunächst schlecht. Zwar war man in Wolfratshausen der Meinung, nun sei mal der kleinere der Landkreise im Wahlkreis dran, nachdem lange Jahre Miesbach den CSU-Abgeordneten gestellt hatte und auch der SPD-Kandidat, der über die Liste in den Landtag eingezogen war, aus Holzkirchen stammte. In Wolfratshausen setzte sich darüber hinaus die JU mit der Meinung durch, ein junger Mann müsse den abgetretenen ersetzen, nämlich ihr Kreisvorsitzender. Weil aber Miesbach den dortigen CSU-Kreisvorsitzenden Gerhard Maier nominiert hatte, kam es zur Kampfabstimmung. 40 Wahlmänner mußten entscheiden, von denen entsprechend dem letzten Landtagswahlergebnis 25 aus Miesbach und 15 aus Wolfratshausen stammten. Schlechte Karten für Stoiber.

Wie auch sein Konkurrent besuchte Stoiber alle Ortsvorsitzenden des Stimmkreises 122, 29 Gemeinden aus dem Kreis Miesbach und 17 Gemeinden des Kreises Bad Tölz-Wolfratshausen. Und er pflegte weiter den engen Kontakt zum Miesbacher JU-Chef, Toni Staudacher. Auch der vertrat die Meinung, die Jugend sei mal dran. Und schließlich warf Max Streibl sein Gewicht für seinen Mitarbeiter in die Waagschale.

Während Maier sich dem Wahlgremium selbst empfahl und auch als Wahlmann fungierte, stellte der Geretsrieder Ortsvorsitzende Helmut Gänßbauer den Wolfratshausener Kandidaten vor. Außerdem gehörte Stoiber nicht zu den Wahlmännern. Gänßbauer begründet den taktisch klugen Schritt so: »Wir wollten damit zeigen: Wir legen Wert darauf, daß der Kandidat weiß, daß er von dritter Seite gewählt wird.« Die Wahl im Otterfinger Gasthaus Moser brachte ein für alle Beteiligten überraschendes Ergebnis: 23:17 für Stoiber. Gänßbauer war verblüfft: »Danach haben wir bei einem Holzkirchner Parteifreund noch einen kleinen Schoppen genommen.« Die weitverbreitete Version, Stoiber habe sich die Unterstützung durch einige Miesbacher beim Kampftrinken errungen, hält Gänßbauer für falsch. »Ich habe Stoiber nie betrunken gesehen, er trank meist nur Wasser, nur selten ein Glas Wein, Bier gar nicht.«

Zurück blieb ein enttäuschter Gegenkandidat, Gerhard Maier. Der hat seine Niederlagen bis heute nicht verwunden und sieht den Schuldigen im damaligen Landrat: »Der Gröbl hat das hintertrieben.« Warum sollte er das getan haben? »Wenn ich in den Landtag gekommen wäre, dann wäre ich in der Hierarchie im Kreis über ihm gestanden.« Der SPD-Kandidat Martin Erhard bedauerte in einem Beitrag des *Miesbacher Merkur,* daß Gerhard Maier nicht Staudachers Nachfolger werden konnte, »der es eigentlich auf Grund seiner politischen Arbeit verdient hätte, aber aus parteimachtpolitischen Gründen (Streibl-Gruppe) nicht zum Zuge kam«.

Stoiber bewies sofort Verständnis für die Sorgen der einfachen Leute sowie Geschick, daraus Nutzen zu ziehen. In den folgenden Monaten schürte er die Angst vor dem alles verschlingenden Rachen der nahen Großstadt und den »Sozialisten« in Bonn. Der ländliche Raum dürfe nicht als Reservoir für die Großstadt behandelt werden. Der Strukturpolitik der CSU sei es zu verdanken, daß die Abwanderung in die Großstadt nachlasse. Stoiber versprach nicht Arbeitsplätze für die Einheimischen in München, sondern in Hausham, Holzkirchen und Miesbach. Gerade hier aber habe die Bonner Koalition versucht, den ganzen Landkreis dem Arbeitsamt München zuzuschlagen, was bedeutet hätte, daß dem Landkreis künftig keine öffentlichen Mittel aus dem Topf für Gemeinschaftsaufgaben zugeflossen wären. Der CSU sei es gelungen, das zu verhindern und den »Landkreis als Fördergebiet durchzubringen«. Stoiber hatte darüber in München mit dem Wahlkreis-Abgeordneten der CSU und Wirtschaftsminister Jaumann gesprochen, nachdem die Wirtschaftsministerkonferenz von Bund und Ländern die Förderungsgebiete zur Verbesserung der regionalen Wirtschaftsstruktur neu festgelegt hatte. Ein Foto in der Regionalzeitung ohne Quellenhinweis belegt das Treffen, und Stoiber konnte für sich reklamieren, dafür gesorgt zu haben, daß Miesbach in die Gruppe der förderungswürdigen Landkreise rutschte, für die in Bayern 134 Millionen Mark bereitstanden – halb und halb von Bund und Land finanziert. Gefördert werden sollten Infrastruktur und gewerbliche Wirtschaft, wozu Bayern auch den Fremdenverkehr hinzuzählte.

Stoiber versprach seinen potentiellen Wählern, was sie sich wünschten: mehr öffentliche Gelder für den ländlichen Raum. Das Maß der CSU-Politik sei der Mensch. Ihr Ziel sei es, »daß jeder Bewohner Bayerns in zumutbarer Nähe ein ausreichendes Angebot an Schulen, Krankenhäusern, Arbeitsplätzen, Theatern, Einkaufsmöglichkeiten etc. hat«. Die SPD wolle dagegen nur noch Städte mit mehr als 40 000 Einwohnern fördern, agitierte Stoiber, »neuerdings soll die Förderschwelle sogar auf 100 000 Einwohner angehoben werden«.

Dem setzte SPD-Kandidat Martin Erhard die Forderung nach mehr Kindergartenplätzen entgegen und wies darauf hin, daß sich die Kosten für einen Kindergartenplatz in wenigen Jahren verdoppelt hätten. Die »Bonner Sozialisten« waren dafür nicht verantwortlich, vielmehr die Länder und Kommunen. Aber das beachteten im Oberland nur wenige. Stoiber machte die Bevölkerung glauben, daß durch die Bonner Politik in Bayern Stückgutbahnhöfe geschlossen und weniger Straßen gebaut würden, auch die Landwirtschaft weniger Unterstützung erhalte. Da nickten alle, und sie waren sich eins mit dem Kandidaten: Die Sozialdemokraten sind schuld!

Ähnlich wie der JU-Vorsitzende Matthias Wissmann propagierte Stoiber einen dritten Weg zwischen Kapitalismus und Sozialismus. Ziel sei die Sicherung der persönlichen Freiheit auf der einen und der schrittweise Ausbau der sozialen Gerechtigkeit auf der anderen Seite. Über die Streitfrage hinaus, wie sozial die Marktwirtschaft denn nun sein solle, entdeckte Stoiber Nischen, die selbst die CSU noch nicht beackert hatte: Als JU-Vorsitzender und junger Vater einer Tochter (zwei weitere Kinder sollten folgen) lud Stoiber zusammen mit Helmut Gänßbauer den Arzt und Leiter der Forschungsstelle für soziale Pädiatrie und Jugendmedizin, Theodor Hellbrügge, für einen Vortrag mit dem phantasievollen Titel »Frühe Kindheit und Erziehung« in seinen Wahlkreis. In eine Werbeanzeige im *Isar-Kurier* schrieb Stoiber, womöglich aus eigener Erfahrung: »Das Problem der Kindererziehung stellt sich im ständigen Wandel der Gesellschaft als immer schwierigere Aufgabe für Eltern und Erzieher dar. Eine Flut ständig neuer Erkenntnisse verunsichert alle Betroffenen.« 200 Menschen stimmten Stoiber zu: »Der Stellenwert eines Kindes ist zu gering. Kinder haben keine Lobby.« Statt zwei berufstätige Eltern erwog Stoiber einen finanziellen Ausgleich für Mütter, die zu Hause bleiben und ihren Pflichten gegenüber der Familie nachkämen. Die Veranstaltung war ein voller Erfolg, und Stoiber zog noch am Ort eine Lehre daraus: Wegen des regen Zuspruchs überlegte er laut, ob JU und CSU in Zukunft »von den allgemeinen Zukunftsfragen abweichen« und auf Probleme eingehen sollten, »die echte Probleme für jedermann sind«.

Stoiber wird sich auch gemerkt haben, was Hellbrügge vortrug und was ihn selbst zweifellos bestätigte: Kinder brauchten eine »persönliche Mutter«, Nestwärme. Tagesstätten seien so ziemlich das Schlimmste für Kinder. Die Emanzipation von Frauen dürfe nicht zu Lasten der Kinder gehen. Wenn die Entwicklung nicht gestoppt werde, mahnte Hellbrügge, »können bald die Kinder, die das Glück hatten, in den Armen ihrer Mütter aufzuwachsen, die Steuern für die Resozialisierung aller anderen nicht mehr aufbringen«.

Verantwortlich für diese Entwicklung machte Stoiber die Sozis: »Die Vernachlässigung der Familie als Thema der Sozialpolitik ist bei den Sozialdemokraten beinahe schon notorisch... Wenn wir soziale Verbesserungen fordern, dann meinen wir ein gerechteres politisches Verhalten allen Bevölkerungsschichten gegenüber, und nicht Sozialismus. Schenken Sie daher wieder der CSU und auch Ihrem neuen Landtagskandidaten Ihr Vertrauen.« Der Kandidat »Dr. Stoiber« versprach eine CSU-Politik, die sich von der des »sozialistischen Gegners« klar unterscheide. Über das Eigentum solle der einzelne verfügen können, Elternrecht heiße für die CSU, »daß in erster Linie die Eltern für die Erziehung der Kinder verantwortlich sind und nicht der Staat«. Die Familie sei keine »Sozialisationsagentur«, von der linke Soziologen sprächen. Fast demütig bat er um die Stimmen des Volks, auch wenn er noch nichts, seine Partei aber schon so viel für Bayern geleistet hätte. Die Wähler wußten das schon lange, und deshalb, so Till Cramer, »war von vornherein klar, wie's ausgehen würde«.

Auch Parteiprominenz stand dem jungen Kandidaten zur Seite: Max Streibl sekundierte mehrfach und erwähnte – etwa in Geretsried – die guten Kontakte der Stadt zum Ministerium und des Ministeriums via Stoiber zur Stadt. In Bad Wiessee schüttelte CDU-Generalsekretär Kurt Biedenkopf Stoiber die Hand. Der verteilte Anstecknadeln an langjährige Mitglieder und durfte im Bierzelt auf dem Sommerfest in Geretsried, wo er den Wählern offiziell als Landtagskandidat vorgestellt wurde, die Kapelle dirigieren – eine Ehre in Bayern. Daß man in der Schule fürs Leben lernt, bewies er beim Prominenten-Schafkopf. Allerdings siegte ein anderer.

Auch an Äußerlichkeiten wurde gedacht: Gänßbauer verordnete Stoiber eine neue Brille, die »dem Gesicht mehr Kontur geben« sollte. Als der *Münchner Merkur* die Kandidaten in den Oberbräusaal in Holzkirchen geladen hatte, nutzte Stoiber die Chance und bewies beim Einmarsch schon damals Schrödersches Talent – oder doch Straußsches? Die »gut getrimmte Truppe von CSU und Junger Union«, so der *Münchner Merkur*, begrüßte ihn mit Ovationen. Stoibers Claqueure sorgten dafür, daß der Beifall für ihn am lautesten ausfiel. 400 Zuhörer und Mitdiskutanten lauschten seinem beschwörenden Schlußwort: »Stoppt den Sozialismus!« Und »eine blonde Dame in Schwarz« reichte ihm einen Strauß roter Nelken ...

Der 27. Oktober 1974 wurde zu einem Triumph für Stoiber. Von 72 761 abgegebenen Erststimmen fielen 44 513 auf Stoiber, 20 169 auf Erhard.

43 178 Zweitstimmen sammelte die CSU. Damit erhielt Stoiber mehr Erststimmen, als die Partei im Wahlkreis an Zweitstimmen auf sich vereinen konnte. Stoiber errang 61,2 Prozent, landesweit hatte die CSU von 56,4 auf 61,1 Prozent zugelegt. Die SPD kam gerade noch auf 30,2 Prozent; sie konnte ihr Ergebnis in Mittelfranken zwar halten, verlor aber in München

und Oberbayern erdrutschartig. Am selben Tag unterlag die SPD auch in Hessen. Die FDP mogelte sich mit 5,2 Prozent gerade noch ins Maximilianeum. Doch es gab auch innerhalb der CSU Verlierer: Alfons Goppel, der Ministerpräsident, büßte in seinem Wahlkreis (Nabburg/Oberpfalz) Stimmen ein.

»Als er sich damals um das Mandat bewarb, gingen wir nicht davon aus, daß sich da eine derartige Karriere abzeichnete«, erinnert sich Gänßbauer. »Es hätte ja auch eine Beamtenkarriere werden können, und da wäre er sicher auch nicht ganz unten steckengeblieben.« Durch den Kontakt mit Streibl habe sich das Schicksal Stoibers als Politiker vorentschieden, und Gänßbauer prophezeite schon früh, Stoiber werde »ein Vorreiter der CSU über unseren Kreis hinaus«. Im Rückblick meint Stoibers Förderer: »Mit dem Mandat im Landtag hat er den Grundstein gelegt, dort erst ist er mit den höheren Chargen der Partei in Kontakt gekommen.«

## Unter Amigos: »Die Finger auch gut drin«

Kaum im Landtag, bemühte sich Stoiber um Ämter. Bei der Wahl zu einem Ausschuß fiel er durch. Als er auf den Flur des Landtages trat, stand dort Erhard. »Mei, jetzt is mir des gleiche passiert wie Ihnen«, sagte er zu Erhard, der für den Vorsitz im Petitionsausschuß kandidiert hatte und durchgefallen war. Das war Stoibers erste Niederlage. Aufgefallen ist er ansonsten nicht. Statt neuen Schwung in die alte, verkrustete Riege der CSU-Abgeordneten zu bringen, spottete die Presse sogleich, seien er und die anderen JU-Vertreter bloß »Machtschattengewächse« der CSU. Nur ein paar polemische Zwischenrufe aus den hinteren Bankreihen waren zu hören. Erhard kann sich »nicht erinnern, daß Stoiber einmal eine große Rede gehalten hätte im Landtag«.

Ein einziges Mal hätte er mit ihm die Klinge gekreuzt. Bei Valley im Mangfalltal sollte eine Kläranlage gebaut werden. Besonders zur Urlaubszeit liefen die Klärgruben in Bayern über, und es stank den Touristen im Voralpenland gewaltig. Aber mitten ins schöne Tal wollte Erhard die Anlage auch nicht setzen lassen. »Als ich das gesagt hatte, meldete sich Stoiber zu Wort. Er hat den Standpunkt des Wasserwirtschaftsamts vertreten. Und das sehr arrogant. Das Klärwerk ist dann übrigens nicht im Tal gebaut worden, weil der Boden sich als nicht geeignet herausstellte.«

Aber Edmund Stoiber ließ sich nicht einschüchtern. Er war mit einem großen Versprechen angetreten, und er setzte tatsächlich alles daran, es einzulösen: Die Stimmkreisarbeit nannte er vor der Wahl »dauernde Bewährungsprobe« eines Landtagsabgeordneten, den »persönlichen Einsatz, bei örtlichen und regionalen Problemen mitzuhelfen und Bürgermeister, Landräte und Vereine bei ihrer Arbeit zu unterstützen, wenn sie insbesondere eine Vermittlung gegenüber höheren Verwaltungsstellen benötigen«. Der Abgeordnete müsse Anlaufstelle für jeden Bürger bei persönlichen Problemen sein. Bei der Wahlkampagne 1978 verkaufte Gänßbauer Stoiber sogar als »Anwalt des Bürgers«. Das erwies sich als mißverständlich, denn die bayerischen Wähler nahmen Stoiber anschließend beim Wort. Es sollen immer wieder welche mit dem Wunsch angerufen haben, sich von ihm anwaltlich vertreten zu lassen.

In den ersten Jahren seiner Landtagstätigkeit kämpfte Stoiber mit seiner ganzen Kraft für die regionalen Interessen seiner Wähler. Er konzentrierte sich voll auf die Wahlkreisarbeit und versprach mehr staatliche Mittel für den Miesbacher Fremdenverkehr, wollte sich um die Verkabelung der 110 000-Volt-Leitung in Bad Wiessee und um Straßenverkehrsprobleme in Miesbach kümmern. Er werde sich für den Bau einer Kläranlage in Holzkirchen und die Erweiterung der Miesbacher Anlage einsetzen. Wolfratshausen sagte er einen Autobahnzubringer zu, auch für das Progymnasium Wolfratshausen wollte er sich »narrisch einsetzen«, verkündete er im Wahlkampf. Ein Jahr später mußte er eingestehen, daß an einen Neubau nicht zu denken sei, weil die Zahl der Schüler zurückgehe. Statt des Neubaus befürwortete er nun Pavillons, und »notfalls müssen halt einige Gymnasiasten nach Icking fahren«.

Sogar die Überprüfung der Schulsprengel nahm Stoiber in die eigene Hand, also die Frage, ob die Geltinger Grund- und Hauptschüler nach Vollzug der von Innenminister Bruno Merk durchgesetzten Gemeindereform in Geretsried statt in Waldram zur Schule gehen sollen. Gelting wurde damals der neuen Gemeinde Geretsried zugeschlagen. Dazu stellte er sogar im Landtag einen Antrag: »Der Landtag möge beschließen: Die Staatsregierung wird ersucht, bis 1980 nach Vollzug der Gemeindegebietsreform zumindest in den Fällen grundsätzlich eine Deckungsgleichheit der Schulsprengelgrenzen mit den neuen Gemeindegrenzen herbeizuführen, in denen die Gemeinde in der Lage ist, alle Schulkinder ihres Gemeindebereichs in den bestehenden Schulen aufzunehmen.«

Er kümmerte sich um Bebauungspläne und um eine zusätzliche Haltestelle am Paradiesweg für die Regionalbuslinie 302 Wolfratshausen-Beuerburg. Stoiber bemühte sich um eine eigene Notrufnummer für Geretsried in der dortigen Polizeistation.

Sogar als er schon Generalsekretär war, sorgte Stoiber sich beispielsweise um die Wohnungsprobleme seiner Wähler, etwa den Antrag eines gewissen Roland S. Der war seit einem Jahr Lehrer an der Hauptschule in Geretsried und konnte in der »Flüchtlingsstadt« weder Wohnung noch Haus finden. Parteifreund Erich Riedl, MdB, hatte dessen Antrag auf Zuteilung eines städtischen Grundstücks an Stoiber weitergereicht, mit der Begründung: »Lieber Edmund! Beiliegendes Anliegen betrifft den Spielführer des FC Wacker München. Dort hat die CSU die Finger auch gut drin. Vielleicht kannst Du beim Bürgermeister in Geretsried ein gutes Wort einlegen. Die Sache eilt allerdings sehr! Herzlichen Dank und viele Grüße, Dein Erich Riedl.«

Stoiber leitete das Schreiben an Bürgermeister Heinz Schneider weiter, eine kleine Gefälligkeit unter Amigos. Im Begleitbrief schrieb er: »Ich tue das gerne und würde es begrüßen, wenn Sie eine Möglichkeit sähen, Herrn ... hier zu helfen.« Doch der Bürgermeister, Mitglied der SPD, folgte der Empfehlung nicht. In einem umfangreichen Brief erläuterte Schneider, daß bei der Vergabe der Grundstücke auch ältere Geretsrieder Familien nicht zum Zuge kämen. Im übrigen sei es »immer problematisch, Fürsprachen dieser Art zu berücksichtigen und vorzuziehen«.

Heinz Schneider muß dieser Refüs eine Genugtuung gewesen sein, hatte Stoiber ihn doch zuvor mehrfach düpiert. Heute ist er Ehrenbürger der Stadt und kommt bei festlichen Anlässen ein-, zweimal pro Monat mit Stoiber zusammen. Die alten Zeiten will er auf sich beruhen lassen: »Ich habe jetzt ein gutes Verhältnis zu Stoiber und müßte unehrlich sein.« Schneider ärgert sich noch immer, daß Stoiber damals Zuschüsse des Landes nicht ihm, sondern seinem Stellvertreter von der CSU meldete. »Der ist dann in den Stadtrat gegangen und hat die frohe Botschaft verkündet.«

Die CSU fand das nur recht und billig. Schließlich hatte sich ihr Stoiber um alles gekümmert, von der Rente bis zu Bausachen. Stoiber war in der Tat ein sehr rühriger Abgeordneter und zeigte sich bei den kleinsten Parteiveranstaltungen. Dabei ließ er die Mitglieder stets teilhaben an dem, was er im Landtag alles für den Wahlkreis unternahm. Im Februar 1975 zum Beispiel hielt Stoiber bei der Versammlung seines Ortsvereins in einem Kurzreferat einen »ersten Bericht aus dem Maximilianeum«. Dieses Kurzreferat geriet ihm recht lang, wie der *Isar-Loisachbote* bemerkte. Und das ist Stoiber bis heute geblieben: Wenn er das Wort ergreift, läßt er es nicht mehr los. Auch um die anschließenden Diskussionen drückte er sich damals nicht und saß meistens noch mit den letzten beisammen. Stockmaier: »Der Stoiber hat wahnsinnig gern diskutiert. Wenn man abends mit ihm zusammensaß, kam man vor eins, zwei Uhr nicht nach Hause.«

Während er sich in seinem Wahlkreis bald eine »riesige Popularität« erwarb, erzeugte Stoibers fiebriger Aktionismus andernorts Verstörung. Landtagspräsident Rudolf Hanauer nannte Stoiber bald nach den Wahlen einen »ungemein fleißigen Menschen. Der kommt alle Stunde zu mir und bringt mir eine neue Sache«, sagte er schwankend zwischen Respekt und Genervtsein. Und wenn Hanauer dem Novizen riet, eine Sache diplomatischer oder einfach anders anzugehen, dann stand Stoiber eine halbe Stunde später wieder bei ihm und präsentierte einen abgeänderten Schriftsatz.

Selbst bayern- oder bundesweit relevante Themen brach Stoiber auf die Wahlkreisbelange herab. Das Denkmalschutzgesetz etwa war bayerischen Bauern ein Dorn im Auge, weil sie ihre alten Höfe nicht abreißen durften. Stoiber wollte deshalb die Zuständigkeit vom Landesamt für Denkmalschutz an die Landratsämter delegieren. Er wußte, auf lokaler Ebene würden die Menschen schon eine Lösung finden, die den Bauern entsprach. Bürgernähe wird derartige Politik geschimpft, die bayerische Praxis des Subsidiaritätsprinzips. Weil Geretsried in einem Lager im Ortsteil Stein viele Flüchtlinge aus dem Osten aufnahm, von denen sich viele in der wachsenden Gemeinde niederließen, hatte Stoiber auch mit der wachsenden Zahl von Aussiedlern zu tun. Aber nicht allein deshalb.

## Der vierte Stamm der Bayern: Flüchtlinge, Vertriebene und Aussiedler

In Buchau im Egerland, das weiß dort jeder, ist der Heilige Geist zu Hause. Bei jedem Bürger der Stadt. Es war Mitte des neunzehnten Jahrhunderts, so geht die Sage bis heute, da sollte die in einem Tabernakel der Ortskirche sitzende, zerbrochene Figur des Heiligen Geistes, eine Taube, erneuert werden. Aus Porzellan sollte sie sein, und die Karlsbader Porzellanfabrik suchte nach einem Modell. Gefunden wurde schließlich eine geeignete Rassetaube, und sie könnte, so der Heimatkreisbeauftragte Josef Wabra, von einem Vorfahren der heutigen Frau Stoiber gezüchtet worden sein. Zumindest ein Bekannter wird es aber schon gewesen sein, so groß war Buchau nicht. Als die neue Figur gegossen war und verschickt werden sollte, glitt sie dem Verpacker aus der Hand und zerbrach. In seiner Not – die Weihung stand an – chloroformierte er das lebende Modell und packte dieses anstelle der Porzellanfigur ein. Als der Bürgermeister die Figur auf dem Marktplatz aus der Hülle nehmen wollte, flatterte die inzwischen wieder erwachte Taube auf und drehte über dem engen Platz ein paar Runden. Vergeblich mühte sich der Bürgermeister, dem Heiligen Geist den Weg zu weisen: »Heiliger Geist, heiliger Geist, auf Buchau zu!« Doch die Taube entschied sich für den Weg nach oben und verschwand hinter den Giebeln der Dächer.

Rund hundert Jahre später zog eine Buchauerin, die Wirkner Trudl, mit ihrer Tochter fort, nach Bayern zu. Das Kind, noch keine drei Jahre alt, hieß Karin Rudolf und war nach dem Vater benannt, einem ehemaligen Reichsarbeitsdienstführer. Mutter und Tochter hinterließen das Haus Buchau 139. Jahre später saß Karin Rudolf als Sekretärin in der Bank für Gemeinwirtschaft in Geretsried, wo sie über Wettstetten bei Ingolstadt schließlich gelandet war. Dort besserte irgendwann ein großgewachsener blonder Student als Laufbursche seine Kasse auf, der Rest ist bekannt. Unter den Vertriebenen heißt es heute: »Der Heilige Geist sitzt beim Stoiber. Der Stoiber wird vom Heiligen Geist beschützt.«

Und Stoiber beschützt die Vertriebenen. Kaum zum Ministerpräsidenten gewählt, das Kabinett noch nicht eingesetzt, beehrte Stoiber den »vierten bayerischen Stamm«, die Vertriebenen (Flüchtlinge sind dort niemals zu sehen), bei dessen Sudetendeutschem Tag in der Nürnberger Frankenhalle. Die Böhmerwaldmusikanten stimmten den Bayerischen Defiliermarsch an, wie früher bei Franz Josef Strauß. Doch Stoiber zog nicht zu seinem zweiten Lieblingsmarsch in die Halle ein, er stürmte sie. Als er daraufhin seine Frau und die drei Kinder der versammelten Vertriebenenschaft vorstellte, feierte diese das Ehepaar frenetisch. »Es ist allgemein bekannt«, stand später im Heimatbrief, »daß Ehefrauen fast immer einen guten Einfluß auf die Ehemänner haben. Wir sind sicher, daß unsere Landsmännin ihren fraulichen Charme benützen wird, daß ihr Gatte Edmund Stoiber sein Versprechen uns Sudetendeutschen gegenüber halten und unsere Interessen wahren wird.«

Das tat Stoiber schon lange. Als junger Abgeordneter kümmerte er sich bereits um Sprachförderklassen für Aussiedlerkinder, damit sie die deutsche Sprache nicht in weit entfernten Internaten erlernen mußten und aus ihren Familien gerissen wurden. Es gelang ihm sogar einmal, beim Innenministerium die Einbürgerung einer Aussiedlerin »unter Hinnahme von

Mehrstaatlichkeit« zu erwirken, was er in ähnlich gelagerten Fällen später stets grundsätzlich ablehnen sollte. Wiederholt wies die Stadt Geretsried Baugrund aus, um neue Häuser für immer mehr Aussiedler bauen zu können. Selbst Sozialminister Fritz Pirkl mußte damals erkennen, daß »in unverhältnismäßig hohem Maße« Mittel für den sozialen Wohnungsbau nach Geretsried geflossen seien. Die »Flüchtlingsstadt«, in der auch Stoibers wohnten, wuchs und wuchs.

Den »vierten Stamm« wollte sich die CSU von niemandem streitig machen lassen. Als der Vorsitzende der Arbeitsgruppe für Vertriebenenfragen, Sieghard Rost, im Juni 1976 Wind davon bekommen hatte, daß die SPD sich künftig mehr um Vertriebenenfragen kümmern wollte, empfahl er Stoiber den Besuch des Übergangswohnheims in seinem Stimmkreis, »damit die CSU-Abgeordneten noch vor einem zu erwartenden Besuch der SPD die Aufmerksamkeit auf sich ziehen«. Auch Helmut Gänßbauer riet dazu, das »könnte gerade im Wahljahr durchaus positiv ankommen«.

Doch am Horizont zogen derweil Wolken auf, und Stoiber sah sie als einer der ersten: Schon 1978 hielt er »das bekannte Asylantenproblem« für eines der drängendsten. Langfristig, prophezeite er, werde das Problem an Schärfe verlieren. »Kurzfristig jedoch werden die Bundesländer und damit auch Bayern mit den Tausenden von Asylanten ihre Vollzugsprobleme haben.« Weil Strauß das Thema weniger unter sozialen, vielmehr unter sicherheitspolitischen Aspekten betrachte und daher das Innenministerium einen Verantwortungszuwachs erhalten habe, schrieb er an den bayerischen Innenminister Alfred Seidl und schickte eine Kopie an den Bundestagsabgeordneten des Kreises, Franz Josef Strauß. Er teile die Auffassung der Landesregierung, daß Asylbewerber künftig nicht dezentral, sondern konzentriert in Lagern untergebracht werden sollten. Seine Sorge betraf das Aussiedlerlager in Geretsried, das mittelfristig aufgelöst und, wie Stoiber befürchtete, in ein »Asylantenlager« umfunktioniert werden sollte. Das würde, so Stoiber, »eine absolute Überforderung der Geretsrieder Bevölkerung darstellen«, die ja »in vorbildlicher Weise versucht hat und versucht, die vielen Aussiedler mit unserer Gesellschaft vertraut zu machen und sie so weit als möglich zu integrieren«.

Seidl ließ lange auf eine Antwort warten und leitete den Brief dann an den Kollegen Fritz Pirkl weiter, Minister für Arbeit und Sozialordnung. Der war inzwischen aufgrund einer Entscheidung des Ministerrates für die »Unterbringung der Asylanten« zuständig. Stoibers Anfrage blieb jahrelang liegen, aber schließlich sicherte der neue Arbeitsminister Franz Neugebauer am 4. September 1986 schriftlich zu, daß nicht daran gedacht sei, in Geretsried Asylbewerber unterzubringen. Die Baracken sollten vielmehr abgerissen und an ihrer Stelle Sozialwohnungen für Aussiedler und Zuwanderer im Sonderbauprogramm errichtet werden.

1986 lebten sage und schreibe elf Asylsuchende im Landkreis, aber Regionalpolitiker wie Lokalzeitungen schürten systematisch die »Fremdenangst«. Selbst die Lokalausgabe der *Süddeutschen Zeitung* berichtete bang, »der erste Schub von 20 Asylbewerbern« stehe kurz bevor, die Quartiersuche des Landratsamtes habe nichts gebracht. Niemand wollte die »Flüchtlinge aus der Dritten Welt« aufnehmen. Entsprechend groß war die Erleichterung, als feststand, daß der Landkreis kein Asylheim verwalten müsse.

## Das System Stoiber: »Außerordentliche Treue«

Martin Erhard, der für die SPD und den Landkreis Miesbach im Landtag saß, hatte oft Gelegenheit, seinen Wahlkreiskonkurrenten zu beobachten: Er war »unwahrscheinlich ehrgeizig. Ich kann mich nicht erinnern, daß er einmal gelacht hat.« Was Erhard recht bald auffiel, war: »Er redet oft, was die Leute hören wollen.« Etwa beim Streit um die Nacktbader in der Pupplinger Au, dem Badestrand der Wolfratshausener an der Isar. Gegen die FKKler, so Erhard, äußerte sich Stoiber sehr energisch. »Dabei war FKK ohnehin gesetzlich verboten, aber die Leute wollten das noch einmal aus seinem Mund hören.« Man könne da ja

»bald nicht mehr normal baden«, beschwerte sich Stoiber, wegen der ganzen Nackerten in den Isarauen. Studienfreund Peter Seißer meint, so katholisch sei Stoiber nicht gewesen, das sei wohl politisches Kalkül gewesen, um populär zu werden.

Was heißt hier normal? Normal war für Stoiber das Baden mit Hose. Was sonst noch als normal galt, das ist nachzulesen in dem 1976, kurz vor der Bundestagswahl erschienenen Buch »Politik aus Bayern«, das Edmund Stoiber zusammen mit Kurt Faltlhauser herausgab. Dieses Buch spielt eine besondere Rolle in Stoibers Laufbahn. Denn es gab Edmund Stoiber Gelegenheit, sich Franz Josef Strauß näher bekannt zu machen. Es sicherte dem Herausgeber das Wohlwollen des Parteichefs, der noch nicht Ministerpräsident war, es aber werden wollte. Neben Strauß veröffentlichten in dem Buch fast ausschließlich junge Abgeordnete, die 1974 ins Bayernparlament eingezogen waren. Es enthielt keinen Beitrag eines Regierungsmitglieds – ein Affront gegen Ministerpräsident Alfons Goppel, für dessen Rücktritt im selben Jahr an erster Stelle Stoiber eintrat. »Politik aus Bayern« läutete leider keine neue Ära ein, aber sämtliche Autoren von damals haben es in der (bayerischen) Politik weit gebracht.

Stoiber stellte in einem Beitrag die rhetorische Frage: »Wird Europa sozialistisch?« Der Kampf sei noch nicht entschieden, aber entscheidend für den ganzen Kontinent sei der Weg, den die Bundesrepublik gehe, lautete seine Antwort. Stoiber konstatiert eine »schleichende Anpassung« der Deutschen an den Sozialismus. Für ihn der falsche Weg. Um den richtigen zu weisen, erläuterte er im folgenden das »Gesetz von der Ungleichheit des Menschen« und kam zu dem Schluß: »Das Prinzip der Auslese kommt allen zugute, das Prinzip Gleichheit drückt das Gesamtniveau.« Diese Erkenntnis sei »dem Kern der Wertordnung, auf die die CSU aufbaut, zuzurechnen«. In einem Erosionsprozeß aber seien »Ordnungsprinzipien wie die Ehe, die Autorität, die Leistung, der Markt, die Familie ... ins Wanken« geraten. Und, was Stoiber am meisten beunruhigte, selbst Teile der Union beherrsche der marxistische Zeitgeist. Das »Recht auf Arbeit« im Grundgesetz festzuschreiben lehnte er ab. Statt Gleichheit zu fördern, setzte Stoiber wie die Altvorderen auf »Hackordnung«, »Autorität« und »Leistungshierarchie«, auch wenn diese Prinzipien von vielen als bedrückend empfunden würden. »Schon die Unterschiede in Talent, Durchsetzungsvermögen und unterstützenden äußeren Bedingungen werden im Bewußtsein zwar erkannt und anerkannt, sie lösen aber zugleich die Sehnsucht nach einer Überwindung dieser erfahrenen Ungleichheit aus.« Diese Menschen hofften auf eine Befreiung durch linke Politik. Doch der Sozialismus war für Stoiber immer schon Teufelswerk, und die Beseitigung der strukturellen Ungleichheit, die Erlösung, werde »in der christlichen Lehre für die Zeit nach dem Tode verheißen«.

Weil die meisten Menschen im Oberland lieber an diese Lehre glaub(t)en, konnte Edmund Stoiber in seinen ersten vier Jahren als Landtagsabgeordneter dort eine treue Gefolgschaft hinter sich scharen. Manche kennt er schon aus dem Kindergarten, und selbstverständlich gehören heute alle der CSU an.

Jürgen Richter ist einer von ihnen. Er ist Sudetendeutscher, kam nach dem Krieg nach Kiefersfelden und ging mit Stoiber bei Schwester Gabriela in den Kindergarten. Richter macht keinen Hehl aus seinem Stolz, mit dem Ministerpräsidenten per du zu sein. Man trifft sich hin und wieder, wenn der Politiker etwas Zeit erübrigen kann.

Wer Fragen über seinen Spezi stellen will, den empfängt Richter erst mal mit einem Schuß aus der Minikamera. Auf der Terrasse hinterm Haus stapeln sich sodann Aktenmappen mit, so Richter, »Interna aus der Staatskanzlei«. Daneben liegt ein Aufnahmegerät: »Sie haben doch nichts dagegen, daß ich unser Gespräch aufzeichne?« Natürlich nicht.

Richter sammelt alles, was den Duz-Freund angeht: Artikel aus der *Bild* und dem *Oberbayerischen Volksblatt*, eine Kollegin in seiner Spedition steuert Beiträge aus der *Abendzeitung* bei. Er archiviert seine Briefwechsel mit dem prominenten Freund. Richter zeigt ein paar Bücher von Franz Josef Strauß, die er unter Aktenordnern hervorkramt, und es findet sich auch etwas über Jörg Haider. Richters Frau ist Österreicherin. Richter gehört klarerweise der CSU an, organisiert sudetendeutsche Skimeisterschaften, deren Schirmherrschaft der »liebe Edmund« über- und deren Preisverleihung Otto von Bismarck vornimmt.

Richter schreibt direkt an ihn (»Lieber Edmund«), wenn er ein Anliegen hat oder jemand aus der Wählerschaft an ihn herangetreten ist mit der Bitte um Vermittlung. Der antwortet ebenso persönlich mit »Lieber Jürgen« und kümmert sich bevorzugt wie eh und je um Belange der Menschen, mit denen er sich am meisten verbunden fühlt. So verstandene Demokratie erklärt, warum bei der Besetzung von Ministerien pedantisch auf den Regionalproporz geachtet wird.

Ministerpräsidenten aber gibt's nur einen.

Freundschaften wie mit Richter haben sich im Laufe der Jahre in ganz Bayern entwickelt. Alle können sie Korrespondenzen mit Stoiber vorweisen, und in fast all diesen Briefen findet sich ein persönlicher, handschriftlicher Zusatz Stoibers.

Dem Toni Staudacher geht so viel »Anbiederung« offensichtlich gegen den Strich. »Ich gehöre nicht zu denen, die dauernd Briefe schreiben. Ich dränge mich nicht auf.« Er darf sich auch so zu den Begünstigten zählen, die der Politiker zum jährlichen gemeinsamen Besuch auf der Wies'n einlädt. Einmal, da war Stoiber schon Innenminister, habe Staudacher mit Stoibers (mit Frau und Stoibers Tochter Constanze sowie zwei, drei Leibwächtern) im Hofbräuzelt gesessen. Da habe er zur Karin gesagt, komm, wir gehen mal raus. Sie seien im Dreierlooping gefahren, und er habe den Lukas gehauen. Als sie nach einer halben Stunde zurückkehrten, habe helle Aufregung geherrscht. Edmund Stoiber sei weiß gewesen wie eine Wand, und man sei kurz vor einem Großalarm gestanden. Karin Stoiber hatte vergessen, sich abzumelden. Wer solches erlebt mit dem bayerischen Regentenpaar, der braucht keine Briefe zu schreiben.

Aber es sind nicht nur die (CSU-)Freunde, die Stoiber schreiben, auch sein Adressenverzeichnis steckt voller Namen und Geburtsdaten, und zu Weihnachten gibt's obligatorisch ein paar freundliche Worte. Wer die Heerscharen von Poststücken sieht und die große Zahl derer, die Stoiber persönlich anspricht, der ahnt: Helmut Kohl hat mit dem Telefon Politik gemacht, bei Stoiber sind's die Briefe. Jeder einzelne ist Dutzende von Stimmen wert und ersetzt so manchen Besuch, für den er keine Zeit hat.

Auch zahllose Gespräche haben Allianzen fürs Leben geschmiedet. Toni Staudacher lobt, daß sich der Stoiber nach Parteiversammlungen immer noch mit den anderen zusammengesetzt habe. Man habe ihn auch kritisieren dürfen. Andere, etwa der Landrat Gröbl oder der Bundestagsabgeordnete Stauffenberg, seien immer gleich gegangen. Nicht zuletzt deshalb habe Stoiber viel Rückhalt in der Partei. Und wenn man Freunde hat, dann bleiben's auch Freunde. »Ein Du nimmt man hier nicht mehr zurück.«

Nirgends anders in der Republik jedoch wird das Du so leichtfertig vergeben wie in Oberbayern. Andreas Stockmaier: »Als wir damals zusammenkamen, gab's nichts anderes als das Du. Damals wurden nur zwei Leute gesiezt: Der Lehrer und der Pfarrer.« Ein Flüchtlingskind aus dem Sudetenland weiß das vielleicht nicht, und die's wissen, nehmen das Du als Freundschaftsbeweis. Und für ihren Edi würden alle alles tun.

Alte, wirklich enge Weggefährten kommen immer wieder in den Genuß einer Zusammenkunft. Helmut Gänßbauer etwa, der lieber im Hintergrund bleiben möchte, schätzt Stoiber sehr, und er weiß, daß er ohne den Geschäftsführer erst des Bayerischen, dann auch des Deutschen Gewerbeverbandes nicht so schnell so weit gekommen wäre. Die beiden waren Nachbarn, als Stoibers noch in der Egerlandstraße 100 in Geretsried wohnten, die Frauen lange schon Freundinnen. Stoibers Kinder gingen bei Gänßbauers ein und aus, auch als sie längst nach Wolfratshausen gezogen waren. Gänßbauer führte Stoiber bei der örtlichen Wirtschaft ein, beim Zinnecker etwa, der Speckpumpen für Heizungen baute und bei dem man sich nach großen Wahlveranstaltungen immer noch gemütlich zusammensetzte – »das gehobene Fußvolk« (Gerhard A. Meinl) oben im Wohnzimmer und auf der Terrasse, Strauß, später Stoiber und die Partei- und Wirtschaftselite unten. »Verbindungen, die er einmal eingeht, bleiben Jahrzehnte bestehen«, hat Gänßbauer erfahren. »Ich kann mich nicht erinnern, daß er sich einmal mit einem Freund überworfen hat.«

Obwohl Stoiber längst in Wolfratshausen eine Doppelhaushälfte gekauft hatte, ist er Mitglied im Ortsverband Geretsried geblieben, in dem er am 9. Dezember 1971 der CSU beigetreten ist. Gänßbauer wertet das als Zeichen seiner »außerordentlichen Treue«.

Auch seinen Heimatort besucht er regelmäßig. Dann geht er durchs Dorf wie damals, als er noch Schüler war, unterhält sich mit den Leuten auf der Straße, schaut schnell beim Weilnhamer rein, dem Dorfschmied, und in die gegenüberliegende Kirche, und mit Josef Widmesser steigt er manchmal noch auf den Berg. Den Leuten gefällt's, auch wenn da immer jede Menge Polizei und Bodyguards rumlaufen. Stoiber läßt sie spüren, daß er seine Heimat liebt, so wie er auch andere bayerische Städte und deren Einwohner liebt.

Der Wolfratshausener Fußballabteilungsleiter Anton Gamperl (sen.) schwört: »Wir im Ort, wir lieben ihn natürlich.« Und die Karin selbstredend auch, sie sei ja im Wolfratshausener Ortsteil Farchet aufgewachsen. Noch heute grüße sie über die Straße weg. Beide seien sie so natürlich geblieben, überhaupt nicht »großkopfet«. Und Mitglied im Gebirgsschützenverein sei der Edmund Stoiber, und wenn die Fußballer des BCF aufsteigen, gibt's immer eine Gratulation per Brief: Viel Glück und Erfolg wünscht er dann, wenig Verletzungspech. Und grüßen solle Gamperl alle, »die hinter den Kulissen mit für den Erfolg gesorgt haben«. Stoiber vernachlässigt keinen, der beim nächsten Mal wieder das Kreuz in den obersten Kreis setzen soll, neben die drei Buchstaben C, S und U. Und der Gamperl Toni wird nie vergessen, wie das damals war, als er mit all den Prominenten und dem Strauß bei den Zinneckers im Keller saß, 1982 im August. Sein Chef von den Emke-Werken, Ernst Pelz, habe das möglich gemacht, der hatte einen guten Draht zu Stoiber und Strauß. Und daß der Stoiber ihm und seinen Freunden von den Königsdorfer Fischern 1983 zu 25 Jahreskarten fürs Angeln auf der Loisachtalstrecke verholfen hat, das hält Gamperl ihm auch zugute. Der Stoiber, der setzt sich halt ein für seine Leute. Also wirklich. Im Gegenzug hat Gamperl kleine Aufgaben übertragen bekommen, wie er sagt. Beim Plakatieren in der Firma und auch im Ort hat er geholfen, und weil in der Firma die richtigen Anlagen standen, hat er die Plakate gleich dort aufgezogen.

Stoiber profitiert von seinem Kontakt zu den alten Freunden. Wenn sie der Schuh drückt, legt er seine Hand unters Kinn, den Zeigefinger auf den Mund und läßt sie reden. Ja, Stoiber kann sehr wohl zuhören. Nicht lang zwar, aber es reicht, um aufzuschnappen, was an der Basis so gedacht wird. »Stoiber«, schätzt Stockmaier, »nimmt intuitiv die Meinungen von einfachen Menschen auf und spricht sie aus.« Und Toni Staudacher pflichtet bei: »Was sich alle Leute denken und keiner zu sagen wagt, der Stoiber sagt es.« Ja, meint auch der Maier Gerd, »er spricht die Sprache des Volkes«. Und deshalb sei er heute »eine Art Statue, von dem (!) man alles erwartet«. Niemand sei ohne Fehl und Tadel, aber auf ihren Edmund lassen sie nichts kommen. Klar, früher sei er kritikfähiger gewesen. Das liege aber vor allem daran, daß keiner mehr Kritik äußere. »Es gibt keine Kritiker mehr um ihn herum.«

# 3

## General von Strauß: Dem Vorsitzenden dienen

Landtagsabgeordneter und Rechtsanwalt – so sah mittelfristig die Karriere Stoibers für Außenstehende aus. Im August war er in Wolfratshausen als Anwalt zugelassen worden und erhielt sogleich einen lukrativen Auftrag: Kurt Faltlhauser hatte Edmund Stoiber als Nachfolger von Gerhard Merkl als Syndikus der bayerischen Lotto- und Totoeinnehmer vorgeschlagen. Doch ein Klient hat den Anwalt Stoiber wohl kaum aufgesucht: Für diese Arbeit hatte er offenbar keine Zeit und auch nie eine Kanzlei. Sein Freund und Förderer Helmut Gänßbauer jedenfalls kann sich nicht entsinnen, daß Stoiber jemals einer Anwaltstätigkeit nachgegangen sei. Und das Amt eines Lotto-Syndikus könne bestenfalls »eine Art Nebenbeschäftigung« gewesen sein. Das dürfte zutreffen, und Stoiber hatte den Vorteil, der Regierungspartei anzugehören, denn derartige Stellen werden bei den Lotteriegesellschaften aller Bundesländer vorzugsweise an Angehörige der jeweils regierenden Partei delegiert. Es war eine lukrative Nebenbeschäftigung, und Herr und Frau Stoiber, die gerade eine zweite Tochter bekommen und ein Haus in Wolfratshausen gekauft hatten, konnten das stattliche Honorar gut gebrauchen.

Am 15. Oktober 1978 gaben die Wähler Edmund Stoiber mit 62,3 Prozent noch mehr Stimmen als bei der ersten Landtagswahl, obwohl die Zustimmung für die CSU insgesamt gesunken war. Die Weichen waren längst für höhere Aufgaben gestellt. Franz Josef Strauß führte während Stoibers ersten vier Jahren im Landtag zwar noch die Bonner CSU-Opposition an, aber sein Arm reichte auch bis zu den jungen Abgeordneten im bayerischen Parlament. Oder anders formuliert: Stoiber war es inzwischen gelungen, sich beim Vorsitzenden einen Namen zu machen. Er saß regelmäßig bei Strauß, wenn der die örtlichen CSU-Größen zu sich lud, um Probleme des Wahlkreises, aber auch die darüber hinausreichenden zu diskutieren. Und Strauß hatte zu dem 1976 von Stoiber und Kurt Faltlhauser herausgegebenen Buch mit dem Titel »Politik aus Bayern« beigetragen. Als Strauß den Bundestagswahlkampf 1976 auch nach Geretsried trug, saß Stoiber im Bierzelt neben ihm auf dem Podest, hielt diesmal ein »wirklich kurzes Kurzreferat«, wie der *Isar-Loisachbote* bemerkte, und stieß mit einer Maß auf den Wahlsieg am 3. Oktober an.

Es ist offensichtlich, daß Stoiber wie der größte Teil der JU von Strauß begeistert war. Stoiber, Tandler, Waigel und Wiesheu bildeten schon bald eine »enge Gefolgschaft von Strauß«, weiß Gänßbauer, der aus ihrer Sicht in Bonn als Oppositionspolitiker nicht optimal eingesetzt gewesen sei. »Diese vier jungen Nachwuchsleute waren die Vorreiter einer Bewegung, die nach vorn strebten. Stoiber war sicher der Anführer.«

Bereits 1976 war Stoiber der erste, der es wagte, die Ablösung Goppels durch Strauß zu fordern. Die aufmüpfigen Abgeordneten hatten vereinbart, nach verlorener Bundestagswahl in Interviews mit ihren Regionalzeitungen zu appellieren, Strauß müsse nach München. Dabei erlebte Stoiber eine Überraschung: »Der einzige, der das tat, war ich. In einem Interview in der örtlichen *SZ*. Da stand dann: Der Landtagsabgeordnete Stoiber fordert Goppel auf, Platz zu machen für Strauß. Das gab in der Fraktion Unmut.« Stoiber begründete seinen Vorstoß innerparteilich damit, daß Strauß, auf dem Höhepunkt seiner Schaffenskraft, nicht die optimale Wirkung entfalten konnte. »Wir brauchen Strauß mit dem Regierungstouch. Und dazu muß er nach Bayern, um die CSU auch bundesweit wieder nach vorn zu bringen.«

Das sei mit Strauß nicht abgesprochen gewesen. Aber Stoiber hatte aufs richtige Pferd gesetzt, und Strauß dankte es seinem

Anhänger. Nachdem er 1978 zum Ministerpräsidenten gewählt war und Gerold Tandler als Innenminister in sein Kabinett genommen hatte, entschied sich Strauß für den 37jährigen als Generalsekretär. Daß Streibl Stoiber empfohlen haben soll, ist ein Märchen. Stoiber mußte nicht mehr rekommandiert werden, jedenfalls nicht bei Strauß.

Eines Tages rief Strauß bei Stoiber an, ob er mit zum Törgelen fahren wollte. Stoiber war überrascht. Wenig später bat ihn Strauß' persönlicher Referent, Wilhelm Knittel, am Abend in die Privatwohnung des Parteivorsitzenden zu kommen. Neben Knittel und Strauß saß in der Hirsch-Gereuth-Straße im Münchner Stadtteil Mittersendling auch Gerold Tandler, der nicht länger Generalsekretär bleiben wollte. Strauß fragte Stoiber, ob er dessen Nachfolger werden wolle. »Ich hab' da nicht sofort zugesagt und um Bedenkzeit gebeten, da war Strauß sehr enttäuscht«, glaubt Stoiber. »Der hat sich gesagt: ›Wie kann einer ein solches Angebot ablehnen in solch einer politischen Zeit. Generalsekretär, das ist nach mir der wichtigste Posten für die Öffentlichkeit.‹ Und da habe ich zwei Tage mit mir gerungen und ihn dann angerufen. Da war er sehr reserviert. Vielleicht hat er gezweifelt, befürchtet, daß ich entscheidungsschwach sei.«

Warum hat Stoiber »mit sich gerungen«?

»Weil ich mit meiner Frau reden wollte, weil ich wußte, daß sich mein Leben verändern wird. Sie hätte vielleicht anders entschieden, aber sie sagte: ›Wenn du das jetzt nicht machst, dann wirst du vielleicht immer unglücklich sein, daß du diese Chance nicht genutzt hast.‹«

Die Presse, der Strauß seine Entscheidung zwischen Tür und Angel zutrug, ehe der Parteivorstand darüber abstimmen konnte, kannte den Neuen kaum. Die Korrespondenten in München hatten mehrheitlich auf Otto Wiesheu gewettet, der zwar drei Jahre jünger als Stoiber, aber schon damals Strauß' persönlicher Referent war und der darüber hinaus die besten Wahlergebnisse in Bayern geholt hatte. Strauß gab an, es sei eine 50,1-zu-49,9-Entscheidung für Stoiber gewesen, und was die zwei Zehntel ausgemacht hat, verriet er nie. Stoiber hält es für wahrscheinlich, daß sein Eigensinn Strauß schon früh in Wahlkreiskonferenzen aufgefallen war. »Ich war immer intensiver Leser, und ich habe gewußt, wovon ich rede, wenn ich auch Strauß gelegentlich widersprochen habe.« Den letzten Punkt aber hat er bei jemand anders gemacht. Stoiber meint, »daß eine große Rolle Frau Strauß gespielt hat. Ich glaube, daß mein unbayerisches Auftreten ein Kriterium war.«

Für die Journalisten war Stoiber seinerzeit ein unbeschriebenes Blatt. Und so hielten sie sich zunächst bei Äußerlichkeiten auf: Im Vergleich zum »grimmigen Puttengesicht« *(Der Spiegel)* seines Vorgängers wirke Stoiber mit seinen blonden Haaren und der Intellektuellen-Brille wie »ein bayerisches Gegenstück« zu Gerold Tandler. Stoiber sei »im Ton verbindlicher« und, »in der Art ruhiger«, befand die *Abendzeitung*, und deshalb könnte sich der Wechsel in der Lazarettstraße »atmosphärisch bemerkbar machen«.

Tatsächlich identifizierte sich Stoiber hundertfünfzigprozentig mit Strauß. Während sich Egon Bahr als »Mann mit dem Ölkännchen« ausgab, der das Getriebe schmiert, entpuppte sich Stoiber als derjenige, der Öl ins Feuer gießt. Endlich konnte er mit Vehemenz gegen diejenigen vorgehen, die ihm vor nicht einmal zehn Jahren ein traumatisches Dauererlebnis beschert hatten: die 68er, deren Revolte unter anderem zum Verlust der Macht für die Union in Bonn geführt hatte.

## Alte und neue Freunde: »Ohne Stoiber geht nix«

Schon kurz nach seiner Ernennung saß Stoiber mit den Seinen im Gasthof zur Post in Waldram. »Wir hoffen nur, daß durch den Posten unsre Kontakte nicht verrosten«, fürchtete der Brauner Paul. Stoiber versprach: »Ich bin weiter für Sie da«, und brachte den Mitgliedern eine Anordnung der Regierung von Oberbayern mit, die den gemeinsamen Apothekennotdienst von Wolfratshausen und Geretsried aufhob und jeder Gemeinde einen eigenen Notdienst gestattete. Den Apothekern war dies unsinnig erschienen, weil meist Windeln, die Pille oder Frauenbinden nachgefragt würden und nur selten ein echter Notfall vorliege. Stoiber aber hielt es wie immer: Es gibt mehr Bürger als Apotheker, also schlug er sich auf die Seite der Majorität. Die breite Solidarität, die er in seinem Wahlkreis erfahre, wolle er zur Maxime der Parteiarbeit in ganz Bayern machen.

Endlich ein Aufbruch, freute sich auch die Presse im Oberland. Mit Strauß, versprach schließlich Stoiber, werde alles anders. Bayern werde eigenständige Wege gehen und andere Lösungen als die übrigen Bundesländer praktizieren. Etwa beim Krankenhausbau. Statt nur noch Häuser mit mehr als 100 Betten zu haben, werde es in Bayern weiterhin viele kleine Spitäler geben. »Wir werden beweisen, daß das geht.« Der *Isar-Loisachbote* lobte den »neuen Freistaat«, der das »alte Bayern« am 6. November 1978 abgelöst habe.

Statt des Kompetenzgerangels zwischen Landtagspräsident und Ministerpräsident sei nun klar: Erster Mann im Staate ist der Partei- und Regierungschef, zweiter Mann dessen Generalsekretär. Er sei »gewichtiger als die Minister im Kabinett«. Und auch der Aufsteiger erklärte bald selbstbewußt, er verstehe sich als »geschäftsführender Stellvertreter«.

Stoiber bemühte sich zunächst um den richtigen Platz, und den sah er direkt hinter Strauß. Generalsekretär sei eine »dienende Funktion des Vorsitzenden und keine eigenständige politische Größe an sich«. Er schwärmte vom Vorsitzenden, dieser »überragenden politischen Persönlichkeit« und bekannte: »Franz Josef Strauß ist mein Programm.« Für ihn käme es darauf an, »daß man die Intentionen (von Strauß) kennt und versteht und sie in Politik umsetzt«. Strauß sei die Person, der sich alle unterzuordnen hätten. Stoiber gelang dies offenbar ausgezeichnet, und Strauß erklärte bald, ohne Stoiber »geht nix«. Auch privat verstanden sich die beiden ausgezeichnet; während sein Vorgänger sich mit Strauß auch nach sieben Jahren noch siezte, sprachen sich die beiden per du an. Rudolf Augstein beobachtete 1980, Strauß nenne Stoiber auf Präsidiumssitzungen Edmund, der antworte mit »Herr Ministerpräsident«. Stoiber benehme sich wie ein Kammerdiener, er sei »bar jeder Eigenpersönlichkeit«.

Gleich in den ersten Wochen trat Stoiber allerdings auch in manches Fettnäpfchen. Die Europa-Kandidatur Otto von Habsburgs lehnte er ab, weil der Sohn des letzten österreichischen Kaisers ihm »zu restaurativ« erschien. Er hätte lieber vorher mit Strauß darüber reden sollen, den nämlich störten Habsburgs Kontakte zu Neofaschisten der italienischen Movimento Sociale (MSI) ebensowenig wie sein Einsatz für Francos Spanien und Salazars Portugal. Im Gegenteil, Strauß traf sich selbst ganz gern mit europäischen und außereuropäischen Rechtsaußenpolitikern. Und so hatte er die Kandidatur Habsburgs längst abgesegnet. Im CSU-Präsidium machte Strauß am 11. Dezember 1978 ein paar Bemerkungen dazu, »an die Adresse meines Freundes Stoiber«. Er erfahre derartige Dinge ungern aus der Zeitung. »Wem gegenüber hast du das gesagt?« Stoiber entschuldigte sich mit einem ersten Vorstellungsgespräch bei einem Redakteur des *Münchner Merkur,* »das Tandler auch immer gemacht hat, im Hirschgarten, ein Gespräch von zwei, drei Stunden, mehr persönlicher Art. Man ist davon ausgegangen, daß das, was da gesagt wird, nicht in die Zeitung kommt.«

Strauß konnte nur den Kopf schütteln über so viel Naivität. »Gebt doch endlich den dämlichen Aberglauben auf, daß es im Gespräch mit Journalisten etwas Geheimes gibt. Ihr seid doch keine Anfänger, die noch in der Küche gewaschen werden.« Strauß warnte vor Vertrauensseligkeit und Unbeherrschtheit im Umgang mit der Journaille, und diese Lektion hat Stoiber offenbar gelernt. Journalisten begegnet er seither mit Mißtrauen, und er scheint es auch an seine Umgebung weitergegeben zu haben: Alte Schulfreunde fotografieren neugierige Frager und zeichnen Interviews auf, Stoibers Schwestern wagen mit Journalisten erst zu sprechen, wenn sie »in der Staatskanzlei« die Erlaubnis eingeholt haben. Auch Schwager und Schwägerinnen wollen sich lieber nicht äußern. Und wirklich enge Freunde lassen sich Fragelisten schicken, um sich dann nie mehr zu melden. Der Argwohn sitzt tief. Aber er zeigt auch an, welche Art von Zuneigung die Freundschaften heute prägt. Die Menschen haben Angst vor Stoiber, er ist in seiner Umgebung mehr gefürchtet als geliebt.

Immerhin bewies Stoiber nach seinem Habsburg-Lapsus Humor: Durch seinen Einwand sei »dieser feingliedrige und charmante Mann doch sehr bekannt geworden«.

Jetzt lernte Stoiber neue Freunde kennen, und zwar Strauß' Freunde auf der rechten Seite des politischen Spektrums. Auf die Nähe der CSU zu faschistoiden, revanchistischen und neokonservativen Gruppen machten antifaschistische Autoren in den siebziger Jahren aufmerksam, und auch der Name Stoiber fiel im Zusammenhang mit seiner Eigenschaft als Beisitzer der nach Verabschiedung des Parteiengesetzes am 24. Juli 1967 gegründeten Hanns-Seidel-Stiftung (HSS). Im Umfeld dieser Bildungseinrichtung tummelten sich einige Referenten und Autoren mit zweifelhaftem Ruf, etwa solche, die der von Altnazis und Neufaschisten durchsetzten Deutschland-Stiftung e. V. angehörten. Ihr Gründer Kurt Ziesel, der als einer der wenigen Goebbels-Propagandisten 1945 von den Alliierten wegen seiner publizistischen Tätigkeit im »Dritten Reich« keine Anstellung in der Lizenzpresse erhalten hatte, beklagte sich noch 1958 über »das verlorene Gewissen« zahlreicher ehemaliger Schriftleiter, die sich nun ganz demokratisch gaben. Bei Deutschland-Stiftung und HSS wirkte unter anderen der Geschichtsprofessor und Ostexperte Georg Stadtmüller, der diese Funktion auch schon unter Hitler ausgeübt hatte. Kuratoriumsmitglied der, so bestätigte ein Gerichtsurteil, neofaschistischen Deutschland-Stiftung war der ehemalige Wehrmachtspsychologe Wilhelm Arnold, bis 1978 zweiter Vorsitzender der HSS. Der Würzburger Soziologe Lothar Bossle pflegte besonders intensive Kontakte mit den Machthabern in Pinochets Chile und nutzte diese nicht nur für seine Mitarbeit in der HSS, sondern auch für Fachtagungen des von ihm präsidierten »Instituts für Demokratieforschung e. V.«. Otto von Habsburg, der unter anderem Mitglied im »Hilfskomitee Freiheit für Rudolf Heß« war und für die CSU im Europaparlament saß, gehörte dem außenpolitischen Beirat des »Instituts für internationale Begegnung und Zusammenarbeit« der HSS an. Der Paneuropäer Habsburg scheute sich auch nie, in solch zweifelhaften Organisationen wie dem Witikobund zu referieren, der in den sechziger Jahren

NPD-dominiert und Sammelstelle für alte sudetendeutsche Nationalsozialisten war. Er schrieb für den *Bayernkurier* ebenso wie für die *National-Zeitung.* Gründungsmitglied Walter Becher, der für die CSU im Bundestag saß, war vor 1945 Schriftleiter beim sudetendeutschen NSDAP-Gauorgan *Die Zeit* gewesen. In diesem machte er die »allgemeine Entjudung« zur »Voraussetzung für den Neuaufbau des sudetendeutschen Kulturlebens«. Als es soweit war, feierte er die »befreiende Tat des Führers«, welche »unzählige schlummernde Kräfte wieder geweckt« habe. 1962 erhielt er den Bayerischen Verdienstorden. Ihnen gemein und Stoibers CSU nicht fremd war ein regelrecht fanatischer Antikommunismus, damit verbunden eine massive Gegnerschaft zu den diplomatischen Bemühungen um Entspannung und die Ostverträge der sozialliberalen Regierung, sowie eine revanchistische Anspruchshaltung insbesondere gegenüber der Tschechoslowakei.

Strauß hatte keine Skrupel, sich der Hilfe rechtsextremer Freunde zu bedienen. Charles de Gaulle habe es ja auch so gemacht. »Hinterher ist es immer möglich, sie elegant abzuservieren.« Stoiber trug dieses »Spiel mit dem Feuer« damals mit.

Auch er, der sich mehrfach vehement gegen die »Republikaner« wendete, hatte zu Rechtsgruppen durchaus keine Berührungsängste, sofern sie die CSU nicht Stimmen kosten konnten, sondern potentiell welche brachten. Im Oktober 1997 fungierte er als Schirmherr für ein Treffen der Ordensgemeinschaft der Ritterkreuzträger des Eisernen Kreuzes e. V. (OdR) in Nürnberg, eines Vereins ehemaliger Wehrmachtsangehöriger, die von Hitler persönlich als Träger dieser neuen Auszeichnung ausgewählt worden waren, unter ihnen 438 Angehörige der Waffen-SS, zum Beispiel SS-General Oskar Dirlewanger, der bei der Niederschlagung des Aufstandes im Warschauer Ghetto, der Tausenden von Juden das Leben kostete, das Kommando führte. Ein Jahr zuvor, beim Treffen in Dresden, hatte es Krawalle gegeben. Zu früheren Jahrestreffen der OdR waren Rechtsextremisten wie Max Kluever, Referent der neonazistischen Hetendorfer Tagungswoche, oder Otto Riehs, Spitzenkandidat der verbotenen Freiheitlichen Deutschen Arbeiterpartei (FAP) erschienen. Die OdR vertritt ihrem Selbstverständnis nach die freiheitlich-demokratische Grundordnung, und Stoiber sieht das genauso. Die Gemeinschaft, verteidigte er seine Schirmherrschaft, widme sich »der Pflege des Ansehens und der Ehre der hochdekorierten Frontsoldaten«. Aber sie tat mehr als das: In der Vereinszeitung der alten Herren finden sich revanchistische und rechtsextremistische Ausdrücke und Anleihen. Da wird die »Umerziehung« des deutschen Volkes beklagt und dazu aufgerufen, »nicht ewig zu büßen«. »Es muß uns mit Schmerz erfüllen, daß Ostpreußen, Ostpommern, Brandenburg und Schlesien polnisch besetztes Gebiet bleiben werden. Aber in unseren Herzen wird immer ein Licht der Hoffnung brennen, daß dieses deutsche Land nicht immer von uns geteilt sein wird.« In den Mitteilungsblättern des Vereins warben rechte Verlage für ihre Produkte.

Die Bundeswehr, die ursprünglich beim Treffen der OdR hatte mitfeiern wollen, sagte auf Intervention von Verteidigungsminister Volker Rühe nach zahlreichen Protesten antifaschistischer Gruppen ihre Beteiligung wie schon im Vorjahr ab. Stoiber dagegen weicht vor der Macht der Straße, wenn sie links besetzt ist, nicht zurück.

## Geschäftsführender Vorsitzender: »Die Unterschiede herausarbeiten«

Auch die Schwesterpartei hatte rasch Anlaß, sich über den neuen Generalsekretär der CSU zu räuspern: Bei einem Treffen mit Journalisten verwarf Stoiber die CDU-Parole für den Europa-Wahlkampf (»Glück für die Menschen«) als »verheerend und abwegig«. Offenbar war ihm der Slogan zu weich, »Freiheit oder Sozialismus« entsprach mehr seiner Strategie, durch Polarisierung Erfolge zu erzielen. Das Glück der Menschen ist im Gegensatz etwa zur amerikanischen Verfassung nach Stoibers Ansicht kein Ziel staatlicher Politik, sondern allenfalls ein Produkt derselben. Für ihr Glück, da ist Stoiber bis heute unerbittlich, sind die Menschen prinzipiell selbst verantwortlich – und für ihr Unglück genauso auch. Was hatte er in »Politik aus Bayern« geschrieben? »Zur personalen Freiheit gehört auch die ›Chance des Scheiterns‹.« Mit dem damaligen Generalsekretär der CDU, Heiner Geißler, der »Glück für die Menschen« erfunden hatte, blieb Stoiber denn auch dauerhaft in herzlicher Abneigung verbunden. Er verdächtigte Geißler sogar, eine Trennung der Union heimlich herbeizusehnen, damit die CDU, befreit von der Schwesterpartei, endlich mit Helmut Schmidt in eine große Koalition eintreten könnte.

Die meisten sahen Stoiber diese ersten Anlaufschwierigkeiten nach. Schließlich war da einer gleich mehrere Stufen nach oben gefallen, der seine politischen Erfahrungen aus den Landkreisen Miesbach und Wolfratshausen bezog und plötzlich mit Politikern auf Augenhöhe sitzen mußte, die sich um die ganze Republik, ja die ganze Welt kümmerten. In den ersten Wochen war bei Stoiber noch eine gewisse Unsicherheit zu spüren, wie seine Worte ankämen. Ein Tasten noch, vorsichtiges Lavieren, er schien jederzeit zum Rückzug vorbereitet. »Wenn ich das so sagen darf«, flocht er bei Interviews noch gern ein. Im *Deutschlandfunk* gestand Stoiber: »Die CSU ist nach der langen Diskussion um ihr Grundsatzprogramm, ich möchte nicht sagen« – und dann sagt er's doch – »im grundsätzlichen Bereich etwas erschlafft.« Doch lechze sie auch nach einer Diskussion über grundsätzliche Fragen wie den § 218, das Hochschulrahmengesetz oder die Mitbestimmung. Die von der sozial-liberalen Bundesregierung geplanten Gesetzesänderungen beim elterlichen Sorgerecht hielt er für verfassungswidrig, sie wirkten »systemverändernd in unserem traditionellen Wertgefüge«. Die »Auseinanderklaffungen – wenn ich das so beschreiben darf« – in der Frage der Arbeitszeitverkürzung als Mittel zur Bekämpfung der Arbeitslosigkeit zwischen CDU und CSU seien dagegen keine fundamental unterschiedlichen Auffassungen.

Doch bald hatte er gelernt, daß mit derart servilem Auftreten kein Blumentopf zu gewinnen war. Und es wurde klar, daß Stoiber nicht einer war, der sich hinter seinem Chef versteckte, sondern im Gegenteil ihm vorauseilte: Was Strauß nicht sagen wollte oder konnte, dafür hatte er seinen Minenhund Stoiber. Oder mit seinen eigenen Worten heute: »Meine Aufgabe war es, Strauß den Rücken freizuhalten, die Pfeile auf mich zu ziehen.« Wieder bewies er, daß er ein Hundertfünfzigprozentiger ist, der eine ihm übertragene Aufgabe bis zur Selbstaufgabe gewissenhaft erledigt.

Skrupellos unternahm er nun das, was er unmittelbar nach seiner Berufung als seine erste Aufgabe bezeichnet hatte: nicht die Gemeinsamkeiten mit anderen demokratischen Parteien herausarbeiten, sondern die Unterschiede. Das versprach Wählerstimmen für die CSU in Bayern. Als ersten Erfolg durfte er das Ergebnis der Europa-Wahlen am 10. Juni 1979 für sich verbuchen. Die CSU fuhr 62,5 Prozent der Stimmen ein.

Stoibers Schwarzweiß-Politik hatte einen zweiten Effekt. Mit jedem Interview, mit jedem Artikel, mit jedem Gegenangriff des politischen Opponenten wuchsen sein Selbstbewußtsein und nebenbei sein Bekanntheitsgrad. Daß er auch im Norden der Republik gut ankam, führte Stoiber selbst auf sein »norddeutsches Aussehen« zurück. Nachdem Franz Josef Strauß zum Kanzlerkandidaten der Union nominiert worden war, erkannte Stoiber: »Das ist wohl mein Durchbruch.« Der Generalsekretär selbst war es, der sich daraufhin den Titel eines »geschäftsführenden Vorsitzenden« der CSU zuerkannte.

## Entscheidung an Himmelfahrt: »Strauß oder Spaltung«

Es muß für den aufstrebenden Landespolitiker Edmund Stoiber einer Majestätsbeleidigung gleichgekommen sein, als der Generalsekretär der CDU, Kurt Biedenkopf, für die Wahlen 1976 den Kanzlerkandidaten Helmut Kohl durchsetzte. Stoiber nannte Biedenkopfs Vorpreschen ein »handstreichartiges Verfahren«. Doch der Überrumpelung ging etwas voraus, was Stoiber offenbar ausblendete: Im Hochzeitszimmer des Sonthofener Hotels »Sonnenalp« hatte Franz Josef Strauß am 19. November 1974 seine Strategie verkündet, wie die Union bald wieder an die

Macht kommen könnte. Die Bevölkerung, erklärte Strauß vor den Mitgliedern der CSU-Landesgruppe, sei von Brandts und Schmidts Politik »noch nicht so stark schockiert, daß sie bereit wäre, die Rezepte, die wir zur langsamen Heilung der Krise für notwendig halten, in Kauf zu nehmen«. Statt dieser Rezepte schlug Strauß also eine andere Richtung vor: »Lieber eine weitere Inflationierung, weitere Steigerung der Arbeitslosigkeit, weitere Zerrüttung der Staatsfinanzen in Kauf nehmen.« Wenn man jetzt vorpresche, ermögliche man damit nur den Sozialdemokraten, die Bürger zu warnen, mit der Union werde eine Roßkur auf das Land zukommen und alles noch viel schlimmer. Strauß sah bloß eine Alternative: »Es muß wesentlich tiefer sinken, bis wir Aussicht haben, politisch mit unseren Vorstellungen, Warnungen, Vorschlägen gehört zu werden.« Es müsse zu einem Offenbarungseid der Regierung kommen, zu einem Schock im öffentlichen Bewußtsein.

Nachdem das Protokoll der Strauß-Rede dem *Spiegel* zugeleitet worden war und das Nachrichtenmagazin im März 1975 Auszüge daraus gedruckt hatte, war Strauß als Kanzlerkandidat erledigt. Ein Mann, der das Land in den Abgrund stürzen ließe, um an die Macht zu kommen, hatte sich selbst disqualifiziert. Nachdem Helmut Kohl die Landtagswahlen in Rheinland-Pfalz Anfang März 1975 mit überragenden 53,9 Prozent der Stimmen gewonnen hatte, war er der designierte Kanzlerkandidat der Union.

Als aber die Union die Bundestagswahlen 1976 knapp verloren hatte, brach in Bayern ein Vulkan aus. Strauß machte Biedenkopf und natürlich den Kanzlerkandidaten Kohl verantwortlich. Die 30köpfige CSU-Landesgruppe kündigte am 19. November 1976 in Wildbad Kreuth die Fraktionsgemeinschaft mit der CDU im Bundestag auf. Auch die Ausdehnung der CSU auf ganz Deutschland stand zur Debatte. Auf dem Deutschlandtag der JU in Offenburg wies Biedenkopf Strauß und dessen Politik mit schneidender Stimme zurecht. Das wahre Motiv der Bayern sei der Versuch, sich zum Leuchtturm aller rechten Sammlungsparteien zu machen, ohne dabei auf die Vorteile des »Naturschutzparks Bayern« verzichten zu wollen, den die CDU bisher nicht angetastet habe. Solchen Ambitionen könne die CDU nicht zustimmen, sondern müsse dann ihrerseits »nach Bayern gehen«. Und weil er schon einmal im Zuge war, rechnete Biedenkopf auch gleich mit Strauß persönlich ab: Daß der »Herr Doktor Strauß« nach der Nominierung Helmut Kohls den gemeinsamen Kandidaten der Union als »Zweitbesten« bezeichnet und mit einer Flut hämischer Bemerkungen dessen Ansehen zu untergraben versucht habe, sei gar nicht gut gewesen.

Vier Jahre später war der Burgfrieden längst wiederhergestellt, aber dieses Mal sollte nach dem Willen der kleineren Schwester der beste Kandidat aufgestellt werden. Der zierte sich allerdings. »Auf keinen Fall«, erklärte Strauß auf einer Pressekonferenz im April 1979, stehe er als Kanzlerkandidat zur Verfügung, ergänzte allerdings: »Nicht unter den gegenwärtigen politischen Gegebenheiten.« Mitte Mai traf sich Stoiber mit CDU-Generalsekretär Heiner Geißler in Kastelruht in Südtirol. Die beiden Generäle vereinbarten, zunächst alle strategischen und Sachfragen zu lösen und erst dann über den Kanzlerkandidaten zu sprechen. Doch Geißler, Kohl, Stoltenberg und Albrecht bereiteten unmittelbar danach ihren Coup vor: die Ankündigung der Kandidatur Ernst Albrechts, dem es in Niedersachsen gelungen war, die SPD abzulösen. Auf der Bundesversammlung am 23. Mai fragte Stoiber Geißler, ob die Vereinbarungen von Kastelruht noch gälten. Geißler beruhigte ihn, doch die Spatzen pfiffen es bereits von den Dächern: Kohl wollte seinen Kandidaten durchsetzen, Albrecht.

Doch dieses Mal wählten Edmund Stoiber und Friedrich Zimmermann den Handstreich, um ein umgekehrtes Resultat zu erreichen. In der Bonner Wohnung von Strauß und bei einigen Gläsern Wein in den Bad Godesberger »Klopfstuben« überredeten sie Strauß anzutreten. Am 24. Mai 1979, noch bevor Strauß wirklich sein Plazet gegeben hatte, verkündete Zimmermann: »Franz Josef Strauß steht für die Kanzlerkandidatur der Unionsparteien zur Verfügung.«

Plötzlich standen zwei Kandidaten im Raum, und Stoiber unternahm alles, um sämtliche CSU-Bezirksverbände hinter sich und Strauß zu sammeln, der »bedeutendsten Persönlichkeit in der Bundesrepublik seit Konrad Adenauer«. Wenn Heiner Geißler Strauß zum Verzicht auffordere, sagte Stoiber in diesen Junitagen merklich erregt in die Mikrofone, dann sei es so, daß er Geißler »hier die Legitimation abspreche, die er nicht hat«. Stoiber sah die CDU nach links rücken und fürchtete, ein Teil der CDU könnte sich abspalten und mit der SPD eine große Koalition bilden. Matthias Wissmann und Ulf Fink hatten das angeregt. Auf solch einen »ungeheuerlichen Vorgang« würde die CSU »ungeheuer hart« reagieren. Da war sie wieder, die Drohung mit der vierten Partei. Und wie Strauß und Zimmermann zählte Stoiber zu den Anhängern dieser Idee. Sie blieb auch aktuell, nachdem die Fraktion sich am 2. Juli 1979 für Strauß als Kanzlerkandidaten entschieden hatte. 135 stimmten für, 102 gegen Strauß. Einige gaben der Erpressung nach. Walter Wallmann hatte die Alternative deutlich formuliert: »Wer die Einheit will, muß Strauß wählen, alles andere bedeutet die Spaltung.«

Als Stoiber Generalsekretär geworden war, schien die sozialliberale Regierungskoalition für die Ewigkeit geschmiedet zu sein. Allein glaubte die Union nicht an eine Chance zur Machtübernahme. Als Hermann Fredersdorf, Vorsitzender der Steuergewerkschaft, seine Bürgerpartei und Lothar Bossle seine Liberalkonservative Initiative gegründet hatten, um die »sozialistische Mehrheit« zu brechen, schielte die CSU verschämt auf diese Pflänzchen. Solche Neugründungen bewiesen Stoiber, daß die Parteienlandschaft nicht mehr der Wählerstruktur entspreche. Als aber Fredersdorf im März 1980 verkündete, er könne sich eine Koalition seiner Partei mit einem Kanzlerkandidaten vorstellen, der nicht Strauß heiße, beendete Stoiber das Tête-à-tête. Fredersdorfs Partei habe organisatorisch nicht das gebracht, was sie angekündigt habe. Die Bürgerpartei sei eine unbedeutende politische Gruppierung.

Schon bald nach Strauß' Nominierung tauchte der Vorwurf auf, Stoiber und Zimmermann hätten Strauß am Himmelfahrtstag in ein Abenteuer gejagt. Stoiber konterte mit den Worten: »Wenn Strauß an diesem Abend in Bonn nicht gewollt hätte, dann hätte ihn nichts in der Welt dazu überreden können.« Außerdem waren Stoiber und Zimmermann nicht die einzigen, die ihren Vorsitzenden im Kanzleramt sehen wollten. Es hätten ja »zum Teil Wallfahrten zu Herrn Strauß stattgefunden aus dem Bereich der CDU«, ließ Stoiber wissen. Hermann Höcherl sagte: »Halb zogen sie ihn, halb sank er nieder.« Was wohl die Wahrheit traf.

Eine Rest-Unsicherheit blieb. Waren Zimmermann und Stoiber vielleicht doch vorschnell gewesen? Als im Januar des Wahljahres der Präsident des Bundesverbandes der Deutschen Industrie, Rolf Rodenstock, Helmut Schmidt als Garanten der sozialen Marktwirtschaft bezeichnet und das deutsche Handwerk seinen Goldenen Ring ebenfalls an den Kanzler verliehen hatte, platzte Stoiber der Kragen. Vor der CDU-Mittelstandsvereinigung schalt er in Oldenburg die Wirtschaftsspitzen, sie stellten »ihre Privatinteressen, ihre Angst um weitere wirtschaftliche Erfolge vor die politische Auseinandersetzung«. Stoiber sah in der Verbindung von Union und Wirtschaft die einzig natürliche und forderte ihre bedingungslose Einbindung in die Wahlkampfstrategie. Unternehmer aber müssen weiterdenken, vor allem wenn die Gefahr besteht, daß der »zweitbeste Kandidat« gewinnt. Und Politiker achten in der Regel darauf, niemanden zu verprellen, den man später vielleicht noch einmal brauchen kann. Deshalb mußte sich Stoiber auf Strauß' Geheiß bei Rodenstock entschuldigen.

Schließlich verärgert man nicht einen Menschen, der sich wie Rodenstock, der als Strauß-Fan galt, um das Wohlergehen der Partei kümmert. Als Vorsitzender der Bayerischen Staatsbürgerlichen Vereinigung, in deren Vorstand die großen bayerischen Firmen wie BMW, Bayerische Vereinsbank und Allianz vertreten waren, nahm er zwischen 1969 und 1980 28 Millionen Mark an Spenden ein, die der eingetragene Verein an die CSU weiterleitete. Rudolf Schöfberger (SPD) hatte dies unter dem Titel »Das System Rodenstock oder: Die ausgeklügelte Geldwaschanlage der CSU« im Pressedienst der bayerischen SPD-Abgeordneten bekannt und der *Parlamentarisch-Politische Pressedienst (ppp)* daraus eine nachrichtliche Fassung gemacht. Weil die Vereinigung weder als gemeinnützig noch als Berufsverband geschweige staatsbürgerlichen Zwecken förderlich anerkannt war, konnten diese gespendeten Beträge nicht steuermindernd abgesetzt werden. Allerdings war der Verein aufgrund eines Schreibens des bayerischen Finanzministeriums von 1977 ermächtigt, im Namen politischer Parteien Spenden anzunehmen und dafür steuermindernde Quittungen auszustellen.

Der Bundesfinanzminister sah das offenbar anders. Und Schöfberger gab an, die Spenden stammten auch von Arbeitgeberverbänden bzw. den Mitgliedsbeiträgen angeschlossener Unternehmen. Diese Summen könnten von den Unternehmen als Beiträge an Berufsverbände in Form von Werbungskosten steuerlich geltend gemacht werden. Die engen Grenzen für Parteispenden seien auf diese Weise umgangen, 16 Millionen Mark an Steuern hinterzogen worden. Stoiber bestritt die Recherchen Schöfbergers, insbesondere den Vorwurf der Steuerhinterziehung. Er erwirkte eine Gegendarstellung im *ppp* und klagte gegen die Agentur. Sie habe sich Schöfbergers Version zu eigen gemacht, ohne die Gegenseite anzuhören. 1982 gab das Oberlandesgericht München *ppp* recht.

Stoibers Angriff gegen die Unternehmerschaft war Ausdruck der Nervosität, die wuchs, je näher der Wahltermin rückte und je geringer die Chancen für einen Sieg eingeschätzt wurden. Bis auf diese Ausnahme richteten sich alle Geschütze des Wahlkämpfers Stoiber gegen andere: Der neue Generalsekretär schoß sich auf die »Sozialisten« ein. Stoibers Feind stand und steht bis heute links.

## Gegen die Gewerkschaften: »Bis zur Endkonsequenz«

Als der Student Edmund Stoiber in der Geretsrieder Bank für Gemeinwirtschaft jobbte, lernte er nicht nur seine spätere Ehefrau kennen, sondern füllte auch einen Aufnahmeantrag der Gewerkschaft Handel, Banken, Versicherungen (HBV) aus. Wurde er zum Beitritt genötigt, weil es sich um eine Gewerkschaftsbank handelte? Man weiß es nicht. Fest steht: Kaum war Edmund Stoiber Generalsekretär der CSU geworden, wählte er den Deutschen Gewerkschaftsbund (DGB) als »Lieblingsfeind«, dem er eine »Denaturierung« zu einer »sozialistischen Richtungsgewerkschaft« unterstellte. Stoiber legte sich mit dem DGB an, obwohl Kurt Biedenkopf sich mit dem gleichen Thema in Nordrhein-Westfalen (NRW) bereits eineinhalb blaue Augen geholt hatte. NRW war nicht Bayern. Stoiber war überzeugt davon, daß die Auseinandersetzung zwischen »Freiheit oder Sozialismus« das beherrschende Thema »bis zum Ende dieses Jahrhunderts« bleiben werde. Nicht zuletzt, weil er dafür sorgen wollte. Ein wesentlicher Bestandteil des sozialistischen Lagers waren für ihn die Gewerkschaften. Rücksicht auf Erfahrungen anderer wollte er da keine nehmen: »Wenn ich einmal überzeugt bin, dann gehe ich bis zur Endkonsequenz.«

Während DGB-Mitglied Heiner Geißler sich in der CDU um ein besseres Verhältnis zu den Gewerkschaften bemühte und dafür von Franz Josef Strauß gerügt wurde, er vertrete »sozialdemokratisches Gedankengut«, pfiff Stoiber zum Angriff. In den folgenden Monaten und Jahren verschlechterte sich das Verhältnis zwischen Gewerkschaftsbund und CSU zusehends. Mit der Landtagsfraktion und dem vormaligen Ministerpräsidenten Goppel strebte der DGB noch eine Lösung von Sachfragen an, mit Strauß und Stoiber glitt das Verhältnis des DGB in eine Dauerfehde ab.

Anlaß für die ersten Attacken bot Stoiber die Kandidatur des DGB-Chefs Heinz Oskar Vetter, des IG-Metall-Vorsitzenden Eugen Loderer und des Vorsitzenden der Gewerkschaft Chemie, Papier und Keramik, Karl Hauenschild, fürs Europaparlament – natürlich auf der Liste der SPD. Stoiber hielt das für unlauter, weil die Gewerkschaften laut Satzung für Arbeitnehmer aller politischen Richtungen offen seien, also auch für solche der CSU. Denen sei es aber nicht zuzumuten, daß die Träger eines überparteilichen Amtes ein parteipolitisches Mandat für die SPD übernähmen. Stoiber wollte nicht sehen, daß auch Europaparlamentarier der Union in der Gewerkschaftshierarchie ganz oben standen, beispielsweise der stellvertretende ÖTV-Vorsitzende Karl Heinz Hoffmann (CDU), und daß auch Arbeitgeberfunktionäre als Parlamentarier kandidierten. Er wollte den Wählern einreden, die »Endziele« der DGB-organisierten Gewerkschaften seien »sozialistische Einheitsgewerkschaften«.

Die Schimäre von der »Vorherrschaft des Sozialismus in der Bundesrepublik« brauchte Stoiber, um Franz Josef Strauß zum Retter des Abendlandes aufzubauen. Gleichzeitig wollte er die Parteifreunde aufrütteln, die wie das Kaninchen vor der Schlange erstarrt waren und den Argumenten der SPDler und der Kritik am Vorsitzenden in zahlreichen Gewerkschaftszeitungen recht unbeholfen begegneten: »Das kann doch nicht sein, daß die Partei so etwas akzeptiert«, habe er sich gewundert und gefordert: »Ihr müßt aufstehen. Das ist Vergiftung.«

Damit die CSU-Mitglieder seiner Argumentation folgen konnten, verbreitete der Generalsekretär im Juni 1979 »Rohmaterialien zur DGB-Diskussion«. Die Gründung von neuen Gewerkschaften schloß Stoiber aus, da zu teuer. Statt dessen empfahl er, die christlichen Gewerkschaften zu unterstützen. Das gleiche zwar »angesichts der Mächtigkeit des DGB« dem Plan, den Mount Everest zu besteigen, aber hatte nicht kürzlich Reinhold Messner den Achttausender erklommen, ganz ohne Atemhilfe? Der Aufstieg der christlichen Gewerkschaften gelang nicht, freut sich Bayerns damaliger DGB-Chef Jakob Deffner noch heute: »Die ganze Sache ist dann langsam eingeschlafen.«

Die Angriffe auf den DGB setzten sich allerdings fort. Nachdem Stoiber DGB-Publikationen, die sich mit dem Kanzlerkandidaten der Union beschäftigt hatten, für Ausschreitungen am Rande von Wahlveranstaltungen mit Strauß in Köln und Essen verantwortlich gemacht hatte, war offenbar auch für den Parteivorsitzenden der Bogen überspannt. Nach einer Welle der Empörung trafen im Herbst 1979 Franz Josef Strauß, Edmund Stoiber, Heinz Oskar Vetter und Jakob Deffner zusammen. »Sehr reserviert« sei die CSU-Führung dem DGB gegenüber aufgetreten, wenn Strauß da war, hat Strauß geredet. Stoiber sei ein »Eiferer« gewesen, »und das ist er ja bis heute geblieben«, meint Deffner. Nur daß er heute in verantwortlicher Position sei, die »treibende Kraft in der Union, der die CDU in den Themen vor sich hertreibt«. Damals war Strauß die bestimmende Kraft, auch in den Gesprächen mit dem DGB. »Stoiber war nur ausführendes Organ.« So auch dieses Mal.

»Ich habe nie behauptet, daß der DGB eine kommunistische oder eine kommunistisch unterwanderte Organisation ist«, erklärte Strauß 1980, und Stoiber blieb nichts als zu schweigen. Der geplante CSU-Gewerkschaftskongreß – ursprünglich hatte Stoiber einen ganzen Parteitag für dieses Thema reservieren wollen – war damit vom Tisch. Im *Bayernkurier* schwenkte Stoiber die Friedensfahne: In konkreten politischen Fragen seien sich CSU und DGB näher als SPD und DGB. »Die sozialistische Legende nämlich, daß nur die SPD Arbeitnehmerinteressen vertrete, gehört längst der Vergangenheit an.«

Bei Bedarf allerdings holte Stoiber die alten Waffen wieder aus der Asservatenkammer. Vor den Bundestagswahlen 1987 nannte er die Wahlprüfsteine des DGB »ein Gebräu aus politischer Arbeitnehmerbevormundung, grobschlächtigen Unterstellungen und moralischem Saubermanngehabe«, das durch die »schäbigen Geschäftspraktiken des DGB im Fall der Neuen Heimat ad absurdum geführt wird«. Der DGB sei über die Interessen von Hunderttausenden Sozialmietern rücksichtslos hinweggegangen und habe diese durch den Verkauf der Wohnungen Immobilienhaien ausgeliefert. Den bayerischen DGB-Chef fragte er: »Wie erklärt sich der DGB, daß die Vorhersage des DGB-Landesvorsitzenden Jakob Deffner im Jahr 1983, es werde 1985/86 3 bis 4 Millionen Arbeitslose in der Bundesrepublik Deutschland geben, sich als haltlose Schwarzmalerei entpuppt hat? Bei den derzeit über 2 Millionen Arbeitslosen darf und wird es nicht bleiben.« Der Anstieg sei gestoppt, der mühsame und langsame Abbau der Arbeitslosigkeit habe begonnen. Das war eine Fehlprognose, aber es war als Wahlkampfgeschrei schnell vergessen.

Was blieb, waren unüberbrückbare Differenzen zwischen Stoiber und DGB. Erst in den neunziger Jahren machte Stoiber seinen Frieden mit den Gewerkschaften, und es war der DGB-Chef, der auf Stoiber zuging. Gemeinsam mit dem DGB und den bayerischen Unternehmern brachte Stoiber zustande, was die Bundesregierung jahrelang vergeblich versuchte: ein Bündnis für Arbeit. Bayerns DGB-Chef Fritz Schösser läßt Stoibers Ausfälle inzwischen als »Übereifer« durchgehen und nennt ihn eine »Lichtgestalt«. In den achtziger Jahren wäre das nicht möglich gewesen.

## Im Gravitationsfeld Moskaus: »Rote Faschisten«

Für Edmund Stoiber gibt es nur eine Wahrheit: die der CSU. Äußerungen aus dem sozial-liberalen Lager tat Stoiber bevorzugt mit dem Hinweis ab, sie seien »parteipolitisch gefärbt«. Wortgewaltig bekämpfte er die »Sozialisten« in den konkurrierenden Parteien. Gemeint waren damit regelmäßig Sozialdemokraten, bei Bedarf aber auch deren Koalitionspartner in Bonn, die FDP, insbesondere in Person Burkhard Hirschs und auch des Parteichefs, des Außenministers Hans-Dietrich Genscher. Der FDP warf Stoiber mit jedem Angriff vor, die falsche Koalitionspartei gewählt zu haben. In einem Grußwort zum CDU-Bundesparteitag in Kiel sagte er im März 1979: »Die Hoffnung, Genscher zur Umkehr in die richtige Richtung zu bewegen, war nie berechtigt.«

Schon lange, bevor Gerhard Schröder seine Sozialdemokraten vor die Entscheidung zwischen angeblich überkommenem Gestern und (post-)modernem Morgen stellte, hatte Stoiber dekretiert: »Wir wissen im Gegensatz zu einem reaktionären Sozialismus, daß der Gegensatz unserer Zeit nicht der von Kapital und Arbeit, sondern der von Gegenwart und Zukunft ist.« SPD und FDP machte er verantwortlich für die »Aushöhlung unverzichtbarer Wertbegriffe wie Leistung, wie Pflicht, wie Fleiß, wie Ordnung, wie Familie. Liberal-sozialistische Politik hat hier die ersten bedrohlichen Sprünge in ein bislang allgemein anerkanntes Wert- und Ordnungssystem geschlagen.«

Dabei scheute Stoiber vor persönlichen Verunglimpfungen nicht zurück. Willy Brandt etwa nannte er einen »psychiatrischen Fall«. Egon Bahr wollte er »beim besten Willen nicht mehr« den Demokraten zurechnen. Und Herbert Wehner stand für ihn »außerhalb der Gesellschaft«. Sie alle und viele mehr zählte er zu den Promotoren einer Entwicklung, welche die Bundesrepublik aus dem westlichen Bündnis herauslöse und ins Gravitationsfeld Moskaus führe. Während der Kanzler Schmidt nach Westen blicke, marschiere die »politische Wanderdüne SPD« nach Osten.

Etwas frappiert diskutierte die Presse, ob es sich bei den regelmäßigen Übergriffen Stoibers um Paranoia oder eine gezielte politische Taktik handelte. Konsens war, daß Stoiber seinem Herrn und Mentor Strauß stets einen Schritt vorauseile. Was der in kleinem Kreis – meist wenig durchdacht – zum besten gebe, bringe Stoiber – fast durchdacht – auf den Markt. Stoiber, das Sprachrohr von Strauß, ja, dessen Verstärker. Die Verschärfung der Auseinandersetzung mit den Sozialdemokraten belegt auch ein Attribut, das Stoiber der Bonner Regierung anheftete: Nun hieß sie schon sozialistisch-liberalistisch – getreu der Einschätzung seines Mentors, der sich national, aber nicht nationalistisch, sozial, aber nicht sozialistisch, liberal, aber nicht liberalistisch nannte, aber in jedem Fall einen Konservativen.

Einen ersten Höhepunkt erreichten Stoibers Ausfälle, nachdem der Bremer Finanzsenator Henning Scherf Bundespräsident Karl Carstens, Bundestagspräsident Richard Stücklen und Franz Josef Strauß als »Gang« bezeichnet hatte. Im August 1979 sprach Stoiber zum ersten Mal vom »roten Faschismus«. Beeinflußt sei er von Sebastian Haffners »Anmerkungen zu Hitler« gewesen, wie er sagt. Die habe er damals gelesen. »Ich war fasziniert von seinem Gedanken, daß die Nationalsozialisten auch Sozialisten waren, eine sozialistische Wurzel hatten. Und das habe ich dann zugespitzt.«

Wenig später, im Umfeld des CSU-Parteitags, griff er dies mehrfach auf: »Wir haben in der Vergangenheit nicht deutlich gemacht, daß Nationalsozialisten in erster Linie Sozialisten waren, die im großen und ganzen kollektivistische Lösungen angestrebt und durchgeführt hatten.« Er bezog sich hierbei auch auf die Ausschreitungen bei Wahlkampfauftritten von Strauß, die ihn offenbar tief getroffen hatten, auf denen er sich gemeinsam mit seinem Vorsitzenden angegriffen fühlte. Dort hätten sich

»Chaoten« aufgeführt »wie junge Nationalsozialisten« am Ende der Weimarer Republik. Strauß habe recht, wenn er sagt, daß solche Leute, die Pflastersteine herausrissen und Eier und andere Wurfgeschosse gegen Politiker richteten, »vor 40 Jahren schon einmal eine Demokratie kaputtgemacht« hätten. So, erklärte er in seinem unnachahmlichen Juristenkauderwelsch in einem Radiointerview, werde »der Beginn der Mundtotmachung zu Ende geführt«.

Stoiber halluzinierte eine Volksfront und machte die SPD mitverantwortlich für die Randale. Erneut griff er Henning Scherf an, den »Linksideologen«, weil der Bremer Finanzsenator bei einer »kommunistisch gesteuerten Gegenveranstaltung« aufgetreten war. Vor Gericht wurde Stoiber diese Behauptung später untersagt. Scherf hatte geklagt, um die Aktion »Bürger gegen Strauß« von diesem Vorwurf freizuhalten. Auch daß Egon Bahr »Initiator« der Krawalle gewesen sei, durfte Stoiber nach einem Urteil des Landgerichts Bochum nicht mehr behaupten. Das änderte aber nichts an der Bewertung des Juristen Stoiber, Bahr als geistig Mitverantwortlichen politisch haftbar zu machen.

Auch der Parteinachwuchs sah sich durch Stoibers maßlose Attacken ermutigt. JU-Chef Alfred Sauter schnauzte im *Bayernkurier* los: »Jusos, Judos und sonstige Kommunistenspezies beziehungsweise Kommunisten« hätten »nicht nur von den Terroristen gelernt. Sie imitieren auch mit erkennbarer Lernfähigkeit Methoden der SS und SA sowie der übrigen Nationalsozialisten vor und nach der Machtergreifung.« Nationalsozialisten seien »auch und vor allem« Sozialisten.

Die FDP stand als beobachtender Dritter jenseits der Fronten und konnte sich über die Auseinandersetzung nur lustig machen. Nachdem bekannt geworden war, daß der Bonner Korrespondent des *Bayernkurier* Mitglied der NSDAP und Leiter des Referats Auslandspresse im Reichsaußenministerium gewesen war, spottete sie, die Zeitung beschäftige einen leibhaftigen Sozialisten.

Stoiber folgte der These des rechten CDU-Bundestagsabgeordneten Manfred Abelein, der als Politikwissenschaftler an der

Universität Regensburg lehrte. Im *Rheinischen Merkur* führte Abelein zu Allerheiligen 1979 erstmals aus, der Nationalsozialismus komme »nicht nur begrifflich, sondern auch von der geschichtlichen Genesis her« mehr »von der linken Seite«. Einem Studenten, der Abeleins These vom »sozialistischen Kern im Nationalsozialismus« zerpflückt hatte, verweigerte der Professor den Seminarschein.

Nachdem Stoibers Provokationen hohe Wogen geschlagen hatten, trat er gemeinsam mit Strauß und Zimmermann den geordneten Rückzug an. In einer Erklärung nahmen die drei Stellung. »Niemand hat behauptet, daß die SPD dem Nationalsozialismus nahegestanden habe!« lautete der erste Satz. Aber sozialistische Elemente hätte selbst Willy Brandt im Nationalsozialismus erkannt. Stoiber habe klarmachen wollen, daß Faschismus und Nationalsozialismus ebenso wie Marxismus und Kommunismus »kollektivistische Ordnungsformen« seien und damit im Gegensatz zum »freiheitlich-individuellen Personalismus« stünden. In der rechten *Deutschen Zeitung* schrieb Stoiber, es sei doch »allgemein bekannt, daß die Sozialdemokratie zu den schärfsten Gegnern des Nationalsozialismus« zählte. Sie hätten nach der letzten Rede von Otto Wels geschlossen gegen die Ermächtigungsgesetze gestimmt. Dieser Richtigstellung folgte aber eine Reihe von geklitterten Geschichtsdeutungen, die seine These stützen sollten, auf den Fuß: Der Name einer Partei sei Programm. Wenn also Nationalliberale einen Liberalismus im nationalen Rahmen durchfechten wollten, dann sei doch anzunehmen, daß der Nationalsozialismus einen Sozialismus nationaler Prägung erkämpfen wollte. Zu guter Letzt zog Stoiber den Großen Brockhaus zum Beweis heran: Das Parteiprogramm der NSDAP, stand da, sei »eine agitatorisch wirksame Kombination von populären Formen, wie sie damals besonders in der politischen Rechten wirksam waren (Anschluß Österreichs, Erwerbung von Kolonien, Gleichberechtigung Deutschlands im internationalen Bereich), mit sozialistischen Forderungen (Einziehung von Boden für gemeinnützige Zwekke)«. Man hätte erwarten können, daß Stoiber, der doch fünf Semester lang politikwissenschaftliche Vorträge gehört hatte, auf andere Quellen rekurriert und diese vor allem qualifizierter bewertet. Statt dessen machte er auf das Beispiel Benito Mussolinis aufmerksam, dessen Lebenslauf »exemplarisch« zeige, wie man vom Sozialisten zum Faschisten werden könne. Um auch sicher sein zu dürfen, daß spitzfindige Gegner ihm diesen Verweis nicht erneut falsch auslegen, fügte er hinzu: »Es wird nie und nimmer behauptet, die Sozialdemokratische Partei Deutschlands habe etwas Ähnliches im Sinn.«

Auch in einem Filmporträt von *Report* im November 1979 will Stoiber glauben machen: »Kein Mensch meint die SPD.« Im folgenden nennt er es allerdings einen Teilerfolg, wenn diese Diskussion dazu beitrage, »daß endlich einmal aufhört, daß man Franz Josef Strauß identifiziert oder teilidentifiziert mit Teilen der NSDAP, mit dem Nationalsozialismus«. Damit war endlich gesagt, welches Ziel Stoiber mit seiner Kampagne im Grunde verfolgt hatte: Der Vorwurf des Faschismus, der gegen Strauß gerichtet wurde, sollte auf die Sozialdemokraten umgelenkt werden.

## Gegen Literaten: »Ratten und Schmeißfliegen«

Die Zahl der Gegner eines Kanzlers Strauß wuchs, und Stoiber griff ein altes Wort seines Chefs auf. Der hatte sich am 28. Juli 1978 bei einem CSU-Treffen in Kronach zu einem Sonderheft des *Pressedienst Demokratische Initiative* (PDI) geäußert, das den Titel trug: »Franz Josef Strauß im Zwielicht der Geschichte«. Darin behauptete der Autor Bernt Engelmann, Strauß sei im Nazideutschland Offizier für wehrgeistige Führung gewesen. Engelmann hatte Strauß aufgefordert, gegen ihn zu klagen, dann werde er Beweise vorlegen. In diesem Zusammenhang fiel damals Strauß' vielzitierte Erwiderung: »Mit Ratten und Schmeißfliegen führen wir keine Prozesse.«

Nun, am 14. Februar 1980, war Stoiber Teilnehmer einer Mitarbeiterkonferenz des *Süddeutschen Rundfunks*. Mit dem Strauß-Zitat vom CSU-Oberfrankentag konfrontiert, das *Der Spiegel* in diesen Tagen noch einmal abgedruckt hatte, antwortete Stoiber: »Ich habe dies nicht von Strauß gehört.« Auf Nachfrage fügte er hinzu: »Ich stehe zu dem Zitat.« Ausdrücklich präzisierte Stoiber kurz darauf, daß andere in diesem Zusammenhang genannte Schriftsteller – Ingeborg Drewitz, Hermann Kesten, Walter Jens, Josef Reding und Martin Walser – nicht gemeint seien. Bernt Engelmann allerdings, wurde mehrfach betont, zähle zur Kategorie der Ratten und Schmeißfliegen. Er führe seit Jahren eine Verleumdungskampagne gegen die CSU und ihren Vorsitzenden, von der sich die genannten Schriftsteller nie distanziert hätten. Das publizistische Echo war verheerend: Die *Frankfurter Allgemeine Zeitung* erkannte »faschistisches Vokabular«, die *Süddeutsche Zeitung* befielen »schlimmste Erinnerungen«, und ausgerechnet der CSU-freundliche *Münchner Merkur* verspottete Stoiber als den »größten Generalsekretär aller Zeiten (GRÖGAZ)«. »Solche Kerle«, urteilte Helmut Schmidt, »haben in der Politik nichts zu suchen.« Sogar mit Goebbels wurde Stoiber verglichen; die *Frankfurter Rundschau* meinte: »Früher hinkten bei uns die Vertreter dieser Spezies.« Walter Jens nannte den Ausspruch, falls man ihn ernst nehme, »die unmittelbare Vorbereitung zum Bücherverbrennen«. Ingeborg Drewitz riet zu einem Zweitstudium, und Dieter Lattmann prägte den Begriff vom »blonden Fallbeil«. Doch nicht nur von »linker« Seite kam Widerspruch. Lothar Späth distanzierte sich von dieser Stillosigkeit, so könne man in einer Demokratie nicht miteinander umgehen. Stuttgarts Oberbürgermeister Manfred Rommel gab zu, eine Diffamierung eines Schriftstellers als Ungeziefer könne dazu führen, daß sich jemand berufen fühlt, dieses zu vernichten. Heiner Geißler empfahl Strauß und Stoiber, diesen Ausspruch »in Ordnung zu bringen«.

Stoiber dagegen betrachtete sich und seinen Mentor als verfolgte Minderheit. Die Aktion »Stoppt Strauß« tauchte sogar im bayerischen Verfassungsschutzbericht auf, und Stoiber sah eine breite Volksfront, ein Sammelsurium von politischen Gruppen »zur Vernichtung – im weitesten Sinne – von Franz Josef Strauß aufrufen«. Auf dem CSU-»Wahlparteitag des Aufbruchs« ließ er sich sogar zu der Behauptung hinreißen: »Die Hetze gegen

Strauß gleicht der Hetze gegen die Juden im Dritten Reich.« Das war kein Fettnäpfchen mehr.

Der FDP-Bundestagsabgeordnete Jürgen Möllemann forderte die CSU auf, sich von Stoiber zu trennen. Er vergifte fortlaufend das politische Klima. Und auch in der Partei selbst regte sich Widerspruch. »Es wäre sträflicher Leichtsinn der CSU, wollte sie glauben machen, man könnte noch einige Prozente ›verstoibern‹, bis es für sie ernst wird in Bayern«, sprach der ehemalige CSU-Bundestagsabgeordnete Hans Drachsler vielen in der Partei aus der Seele.

Strauß jedoch stand zu seinem Generalsekretär. »Er hat mich immer verteidigt«, anerkennt Stoiber Strauß' Loyalität. »Ich habe dem manchmal wirklich Probleme bereitet, weil ich Diskussionen hochgerissen habe, durch die Strauß dann in Schwierigkeiten geriet. Aber er hat mich niemals an die Kandare genommen. Strauß waren Leute zuwider, die mit 38 schon glatt wie ein Diplomat mit Köfferchen waren. Von denen gab es genügend. Er sagte: ›Mir ist jeder, der übers Ziel hinausschießt, lieber; Hauptsache er schießt.‹«

## Friedensbewegung: »Nützliche Idioten«

Kaum Generalsekretär, ließ Stoiber durch detaillierte Kenntnisse über das »Gleichgewicht des Schreckens« aufhorchen, das seiner Ansicht nach kein Gleichgewicht war. Zwar stritt auch der ehemalige Bundeswehrgeneral Wolf Graf Baudissin die Überlegenheit des Militärpotentials des Warschauer Paktes gegenüber der Nato ab. Doch Stoiber vertrat, ganz wie sein Mentor, daß weitere Aufrüstung des Westens erforderlich sei, um die russische Bedrohung einzudämmen. Baudissin aber habe sich damit in die »politisch-militärische Leibstandarte Herbert Wehner« eingereiht. Wenig später verteidigte Jimmy Carter die Stationierung neuer Mittelstreckenraketen in Deutschland mit dem Argument, »die Vereinigten Staaten müssen die stärkste Militärmacht der Welt bleiben«. Weil man nur bleiben kann, was man ist, hätte Stoiber eigentlich einlenken müssen.

Doch weit gefehlt: Als am 10. Oktober 1981 in Bonn Hunderttausende Friedensbewegte demonstrieren wollten, schimpfte Stoiber diese Menschen in einem Interview mit *Radio Bremen* »nützliche Idioten im Sinne der Sowjetunion«. Der »Bund Christlicher Jugendgruppen«, Mitglied im »Bund der Deutschen Katholischen Jugend«, wehrte sich in einem Brief. Stoiber schulmeisterte die Jugendlichen in einem Antwortschreiben: Alle Verantwortlichen bemühten sich um Frieden, der Weg, den die Friedensdemonstranten und Teile der SPD einschlügen, bewirkte jedoch das Gegenteil. Die Entspannungspolitik der sozial-liberalen Koalition nannte er illusionär, sie ermögliche der Sowjetunion militärische Vorteile. Und dann zählte er eine Liste von Gruppierungen auf, die den Aufruf zur Demonstration unterzeichnet hatten, die der Verfassungsschutz als linksextremistisch einstufe. Was Stoiber eigentlich umtrieb, verriet er in einer Kolumne des *Rheinischen Merkur* nach der Demonstration, zu der 300 000 Menschen gekommen waren: »Im übrigen beruht die Verteidigungsfähigkeit eines Landes nicht nur auf dem Vorhandensein von Waffen und den entsprechenden technischen Einrichtungen. Viel entscheidender ist der glaubhafte Verteidigungswille der Bevölkerung. Unsere Sorge ist, daß dieser Verteidigungswille und die Verteidigungsbereitschaft nach und nach gebrochen werden, denn es ist unzweifelhaft die Strategie der Drahtzieher der heutigen Friedensbewegung, die freie Gesellschaftsordnung so zu schwächen, daß der Widerstand gegen den Druck der kommunistischen Diktatur nachläßt.« Frieden und Freiheit könnten sicher nicht durch Nachgiebigkeit gegenüber brutalen politischen Systemen erhalten bleiben.

Nachgiebig zeigte sich die CSU auch nicht im Umgang mit einem der Ihren: Gegen den Friedensforscher und Nachrüstungskritiker Alfred Mechtersheimer strengte der Bezirksverband Oberbayern ein Parteiordnungsverfahren an. Schließlich konnte es nicht angehen, daß ein CSU-Mann gemeinsam mit DKP-Mitgliedern an politischen Veranstaltungen teilnimmt. Mit Verfassungsfeinden mache ein CSU-ler nicht gemeinsame

Sache – egal, ob für eine gute oder eine schlechte: »Wenn ich für den Frieden demonstriere, dann bitte nicht mit den politischen und geistigen Freunden der Besatzer von Afghanistan, den Kriegstreibern in Südostasien und Afrika sowie den Unterstützern des Weltterrorismus.« Stoiber selbst hatte unlängst eine Lanze für den Olympiaboykott gebrochen, sich selbst aber zum Wohle des bayerischen Volkes von Franz Josef Strauß eigenhändig zu diesen Aggressoren und Terroristensympathisanten hinfliegen lassen.

Kurz zuvor, im Oktober 1981, war Stoiber auch in die DDR gereist, zusammen mit Vertretern des Miesbacher Kreistages und Landrat Wolfgang Gröbl. In Dresden, Meißen und der Sächsischen Schweiz hatte er gehört, wie das ostdeutsche Staatsfernsehen die westdeutschen Friedensdemonstranten gefeiert hatte. Wollten diese etwa das haben, was er dort drüben gesehen hatte?

Ja, ließ er durchschimmern, stolz seien sie schon im Osten über das Erreichte, unabhängig vom politischen Standpunkt. Aber die Zeit, die war doch stehengeblieben in der DDR, abseits der Alleen und Plätze zu Berlin. In die zwanziger, dreißiger Jahre habe er sich zurückversetzt gefühlt, alles grau, Putz, der von Häusern bröckelt, an denen seit Jahrzehnten nichts mehr repariert worden sei, und auf den Straßen rolle kaum ein Auto. Der dringendste Wunsch einer Elfjährigen in der DDR, vermittelte Stoiber den Lesern des *Bayernkurier,* sei, schwimmen zu lernen. Und weshalb das? Damit sie so bald als möglich über die Ostsee abhauen könne.

## Wahldesaster 1980: »Die Medien sind schuld«

Anfang 1980 war Stoibers Ansehen auch in der Partei tief gesunken. Im Landtag kursierte ein Witz: »Was ist der Unterschied zwischen Stoiber und einem Terroristen? Terroristen haben mindestens fünf Sympathisanten.« Noch größer war die Häme, wenn der Witz mit der Zahl drei erzählt wurde. Nicht nur Stoibers Ausfälle gegen den politischen Gegner stießen bei vielen

Parteifreunden auf Ablehnung. Stoiber hatte sich auch intern Gegner geschaffen. Auf der Journalisten-Weihnachtsfeier der CSU-Landtagsfraktion hatte er Gustl Lang, den Chef der Landtagsfraktion, bloßgestellt. Der müsse weg, erklärte Stoiber, und natürlich stand das genau so am nächsten Tag in den Zeitungen. Lang hatte sich zuvor für 14 Feiertage in Bayern stark gemacht, mehr als in jedem anderen Bundesland, und Stoiber fürchtete um Strauß' Ansehen bei der Wirtschaft.

Doch Stoiber ließ sich nicht beirren. Immer wieder wies er auf seinen guten Hochschulabschluß und die damit verbundenen anderweitigen Berufsmöglichkeiten hin, als hätte er nichts zu verlieren. Manchmal, gab er zu, stehe er sehr allein.

Doch Stoiber hatte nur ein Ziel vor Augen: Strauß mußte Kanzler werden. Zum Testlauf für den Kandidaten erklärte Stoiber früh die Landtagswahl in Nordrhein-Westfalen im Mai 1980. Auch der westfälische Parteivorsitzende Kurt Biedenkopf, der wegen des Todes von Heinrich Köppler kurz vor den NRW-Wahlen zum Spitzenkandidaten avancierte, setzte damals auf Strauß. »Steckt 12 000 Facharbeiter in die Dortmunder Westfalenhalle, stellt Strauß davor, und das Ruhrgebiet ist euer.« Das wollte auch Stoiber glauben, denn wo Strauß gesprochen habe, sei das Ergebnis immer günstiger gewesen als vorher. Es kam anders: Die NRW-Wahl ging für die CDU verloren, mit beträchtlichen Verlusten. Stoibers Renommee beförderte das nicht gerade, und auch Strauß hatte Blessuren davongetragen. Aber es gab keinen Weg zurück.

Konsequent führte Stoiber den Wahlkampf fort, wie er ihn begonnen hatte: Strauß wurde als Opfer einer Volksfront dargestellt. Neunmal rief er die Schiedsstelle der Parteien für einen fairen Wahlkampf an. In Bonn wurde eine Ausstellung eröffnet, die Ähnlichkeiten von Anti-Strauß-Plakaten und Karikaturen aus der NS-Zeit dokumentieren sollte: Juden, die Menschen verschlingen, neben dem bayerischen Löwen Strauß, dem ein Weißwurstzipfel mit der Aufschrift ARD aus dem Maul ragt. Vergeblich bemühte sich Stoiber, Bundeskanzler Helmut Schmidt für ein Fernsehduell mit Strauß zu gewinnen. Schmidt lehnte hartnäckig ab, und Stoiber monierte dies undemokratisch. Als er selbst im bayerischen Landtagswahlkampf 1994 von SPD-Spitzenkandidatin Renate Schmidt herausgefordert wurde, verweigerte Stoiber. Für solche »Schauveranstaltungen« stehe er nicht zur Verfügung.

Edmund Stoiber setzte sich damals sehr für Rentner und Arbeitslose ein. Helmut Schmidt nannte er den »Kanzler der Arbeitslosen«, weil zu dessen Regierungszeit eine Million Menschen ohne Arbeit waren. Außerdem warf er ihm vor, die bruttolohnbezogene Rente, die »in der ganzen Welt als beispiellos anerkannt« sei, mit einem Federstrich für drei Jahre ausgesetzt zu haben. Die sozial-liberale Regierung habe damit einen Rentenbetrug begangen. Sogar einen Film über »Helmut Schmidt, der Macher« ließ Edmund Stoiber drehen. Er wurde am 21. Juni 1980 auf dem CSU-Parteitag uraufgeführt, und der »Regisseur« Stoiber erntete dafür viel Spott. Doch damit nicht genug: Als Anke Fuchs, damals neues Mitglied des SPD-Parteivorstandes, im Oktober 1979 eine Besteuerung der Renten erwog, versuchte Stoiber damit bei den Alten zu punkten. Daß Kurt Biedenkopf bei seiner Schwesterpartei seit Jahren das ganze Rentensystem ändern wollte, darüber redete Stoiber nicht. Er und die CSU, versprach er, treten für die alte Rente ein. Sie sei »der Kern der bedeutendsten Sozialreform in der Nachkriegszeit«.

All diese Überlegungen griff die Union später auf, als sie selbst in der Regierungsverantwortung stand. Das Ergebnis der damaligen Bundestagswahl war allerdings für die Union ebenso wie für ihren Spitzenkandidaten ein Desaster: 44,5 Prozent. Die Mehrheit der Regierungspartei im Bundestag hatte zugenommen. Stoiber wollte dennoch erkennen, daß Schmidt und Genscher unter erschwerten Bedingungen regieren. Der Druck auf Schmidt, war er sich sicher, werde zunehmen, und zwar von links, weil der linke Flügel gewachsen sei. Die FDP sei ebenfalls stärker geworden, was für weitere Spannungen zu sorgen versprach. Und schließlich seien mit den Wahlen die Probleme nicht verschwunden. Dem eigenen Wahlprogramm – und damit seiner Strategie – durfte er im *Rheinischen Merkur* Absolution erteilen, weil Moskau sich zufrieden und erleichtert zum Wahlausgang geäußert hat. Moskau gratulierte den deutschen »Sozialisten« – hatte er es nicht immer gesagt?

Die Schuld an der Niederlage gab Stoiber den Medien und Sozialwissenschaftlern. Sie hätten ständig Einschätzungen verbreitet, wonach zwei Drittel der Deutschen lieber Schmidt als Kanzler hätten und drei Viertel einen Wahlsieg der sozial-liberalen Koalition erwarteten. Trotz der linksparteiischen Presse, so Stoiber nach den Bundestagswahlen, habe man das traditionelle Ergebnis von rund 45 Prozent halten können, in Bayern sogar deutlich mehr – bei 18 Prozent der Wählerschaft 23 Prozent der Stimmen der Union! Stoiber gab immerhin zu, daß die Union wegen Zerstrittenheit und Führungsschwäche ein unvorteilhaftes Bild abgegeben habe. Persönlich verantwortlich machte er dafür niemand. Daß der Kandidat in Norddeutschland auf Ablehnung gestoßen sei, leugnete er nicht. Allerdings nur emotional, die Argumente hätten die Bürger sehr wohl verstanden, aber von Herzen gewünscht, daß er irrte und Schmidt recht behalte, der die Probleme als »Problemchen« bagatellisiert habe. Veränderung sei als Risiko mißverstanden worden, und das düstere Panorama, das viele Meinungsträger von einer Regierung Strauß gezeichnet hätten, galt nach Stoibers neuen Erkenntnissen als solches Risiko.

Ausgerechnet den der CSU gewogenen *Münchner Merkur* griff Stoiber an. Der parteilose Chefredakteur Paul Pucher und der Landtagsreporter Rudolf Lambrecht wurden von Stoiber streng getadelt, weil sie es gewagt hatten, Kritik an Strauß zu üben. In einem Leitartikel hatte Pucher darüber hinaus Mut zu einer Binsenwahrheit bewiesen: Stoiber »versucht draußen stets schlauer zu erscheinen, als er von zu Hause aus ist«.

Wenig später erschien im *Bayernkurier* ein Artikel mit der Überschrift: »Schade, schade – oder vom Niedergang einer Zeitung«. Dieser Beitrag erzeugte einen Tumult in der CSU. Nicht nur Landtagsabgeordnete stießen sich an dem mutmaßlich von Strauß und Stoiber initiierten Artikel, auch Kultusminister Hans Maier antwortete – ausgerechnet in seiner wöchentlichen Kolumne im *Münchner Merkur*, und Maier stellte sich auch noch hinter die Redaktion des Blatts! Eine Majestätsbeleidigung, eine

»offene Provokation der CSU und ihres Vorsitzenden«. Gleichschaltung und Meinungssteuerung seien mit der freiheitlichen Tradition der CSU nicht vereinbar; eine Partei, die das versuche, sähe ihn nicht mehr in ihren Reihen. Stoiber antwortete, er und die CSU hätten nie verlangt, daß eine Zeitung Unterstützungsorgan einer Partei sei.

Ein großer Teil der CSU stellte sich auf Maiers Seite – und damit gegen Stoiber (und Strauß). Als Stoiber die Bezirksvorsitzenden zu einem Verdikt gegen Maier einspannen wollte, stimmte dem keiner zu. Vom »Anfang seines Niedergangs« war die Rede, und Stoiber merkte kleinlaut an, er habe doch nur dem Vorsitzenden aus der Bredouille helfen wollen.

Drei Jahre später legte sich Stoiber erneut mit der Zeitung an. Grund dafür war der Bericht Lambrechts über eine Kabinettsitzung vom 5. Juli 1983. Strauß hatte die Kabinettsmitglieder über den Milliardenkredit für die DDR informiert, was von den Ministern als »deprimierend« empfunden worden sei. Nicht nur sie, auch viele Wähler und einfache Parteimitglieder sahen damals einen Zusammenhang zwischen diesem Kredit an die verhaßte DDR, den Dauergegner, und den Fleischlieferungen aus der DDR an den Rosenheimer Unternehmer Josef März, die nach Meinung der Bauern die Preise verdarben. Zum ersten Mal begehrten die treuesten Parteigänger gegen Strauß' selbstgefällige, eigenmächtige Patronagepolitik und die enge Verflechtung zwischen Partei und Wirtschaft auf.

Stoiber denunzierte den Redakteur bei Verleger Dirk Ippen, indem er Lambrecht vorwarf, »mit Informationsfälschung Agitation gegen den Ministerpräsidenten« zu treiben. Ippen solle diese »Hetzkampagne« stoppen. Strauß erwirkte, bewaffnet mit eidesstattlichen Erklärungen der Kabinettsmitglieder, eine einstweilige Verfügung gegen den *Münchner Merkur.* Lambrecht erstattete Anzeige gegen Stoiber wegen übler Nachrede und Beleidigung. Auch Stoiber klagte. Wenige Stunden vor dem CSU-Parteitag legten die Parteien den Streit bei.

Nur einer hatte nicht unterschrieben, Kultusminister Hans Maier. Ihm wurde die Rechnung 1986 präsentiert. Sein Ministerium sollte in ein Schul- und ein Wissenschaftsministerium aufgeteilt, seine Kompetenzen sollten beschnitten werden, da nahm Maier den Hut.

Lambrecht ist überzeugt davon, daß Stoiber von Strauß dazu verdammt worden sei, gegen ihn vorzugehen. Auch Stoiber habe vom Milliardenkredit erst erfahren, als er abgeschlossen war – und ihn nicht goutiert. Mit Stoiber sei er immer gut klargekommen, »Stoiber wußte nicht ein noch aus«, so Lambrecht. Stoiber habe dennoch immer »auch eine eigene Linie gefahren«, und ihn, Lambrecht, danach wieder in der Staatskanzlei empfangen, obwohl er gewußt habe, daß Strauß ihn nicht leiden könne.

Stoiber mußte für seinen Einsatz für Strauß reichlich Prügel einstecken. Nur 427 Delegierte wollten ihn im Juli 1983 noch im Vorstand der Partei haben, das sind 46,9 Prozent. Hätte er einen Gegenkandidaten gehabt – Bundeslandwirtschaftsminister Ignaz Kiechle war von mehreren Parteifreunden zur Kandidatur aufgefordert worden, hatte aber verzichtet –, wäre Stoiber aus dem Landesvorstand ausgeschieden. Kleinlaut gab er zu, das eine oder andere getan zu haben, dem andere nicht zustimmen konnten. »Das Taktieren und Lavieren ist wohl nicht meine große Stärke.« Das Wahlergebnis wollte er als Aufforderung verstanden wissen, sein Temperament von Fall zu Fall zu zügeln.

Von seinem Chef erhielt er für solchen selbstlosen Einsatz hingegen höchstes Lob. Stoiber, lobte Strauß einmal, »hält den Kopf auch dahin, wo es denselben kosten kann«.

Nach dem »Denkzettel-Parteitag« verstärkte sich noch die ablehnende Haltung gegenüber Stoiber. Vor allem der JU-Chef und Bundestagsabgeordnete Alfred Sauter trat mit Kritik hervor. Stoiber, so wagte Sauter im internen *JU-Digest* zu analysieren, habe Strauß über Jahre falsch beraten. Und auch aktuell ließ er kein gutes Haar am Generalsekretär: »Irgendwo kamen im schlechten Ergebnis die Unzufriedenheit und der Mißmut darüber zum Ausdruck, daß Stoiber in letzter Zeit immer mehr erkennen ließ, daß er sich selbst für den einzig befähigten Politiker hält, daß er eine unfaire Informationspolitik gegenüber der Presse betreibt und dabei niemanden schont, außer sich selbst, und daß er im Regelfall Themen genauso schnell begräbt, wie er sie aufgreift.«

## Die Grünen: »Trojanische Sowjetkavallerie«

Der Wechsel der FDP in eine Koalition mit der Union verschob das Kräfteverhältnis innerhalb des alten Drei-Parteiensystems. Allerdings war inzwischen eine vierte Partei entstanden, die vom politischen Establishment noch nicht richtig ernst genommen wurde. Die Grünen, hervorgegangen aus der außerparlamentarischen Opposition gegen Atomkraft und Aufrüstung, galten Anfang der achtziger Jahre als Protestpartei. Dennoch sorgte sich Stoiber um deren Stimmenanteil, vor allem in Groß- und Universitätsstädten. Daß ausgerechnet viele Angehörige des öffentlichen Dienstes Neigung zur »Partei der ›Aussteiger‹« hätten, fand er grotesk. 1979, nach dem Erfolg der Grünen in Bremen, hatte er die Aufsteiger als »vorübergehende Angelegenheit« abgetan, die von Protestwählern getragen sei und mancher Partei vorübergehend Stimmen kosten werde. Drei Jahre später hatte Stoiber die Grünen nach bewährter Manier mit den Jung-Nazis der zwanziger Jahre, alternativ mit einer »trojanischen Sowjetkavallerie« verglichen. Dabei hätte Stoiber nur seinen Vorsitzenden fragen müssen, wie es in Diktaturen so zugeht, schließlich pflegte der mit einer ganzen Reihe diktatorischer Machthaber Beziehungen. Die Grünen verteidigten sich denn auch mit dem Argument, gerade Politiker, »die mit Chile, der Türkei, Südafrika und weiteren faschistoiden Systemen sympathisieren«, hätten kein Recht, den Grünen undemokratische Verhaltensweisen zu unterstellen.

Aber auch der Koalitionspartner in Bonn war Stoiber ein Dorn im Auge. Der FDP neidete er die 6,9 Prozent Zweitstimmen, die sie den Meinungsforschungsinstituten verdanke, weil diese eine absolute Mehrheit der Union für unerreichbar hielten. Der alte Streit zwischen CSU und FDP schwelte unter der Decke weiter – und entbrannte erneut, als Baden-Württembergs FDP-Chef Jürgen Morlok auf dem Bundesparteitag seiner Partei laut verkündet hatte, auch im kommenden Bundestag nach den Wahlen 1983 werde Franz Josef Strauß weder Vizekanzler noch Minister sein. Stoiber drohte erregt damit, die Koalition aufzukündigen, und warf »Genscher-Freund« Morlok koalitionsschädigendes Verhalten vor. Die FDP, konterte der, habe sich aus guten Gründen in der Frage Strauß seit 20 Jahren festgelegt. Damals, am 11. Dezember 1962, hatte Franz Josef Strauß nach einer Kette von Skandalen – zuletzt die *Spiegel*-Affäre – als Verteidigungsminister seinen Hut nehmen müssen, was er aber erst durch den Austritt der FDP-Minister aus der Regierung gezwungenermaßen tat. Genscher müsse seine Partei wieder berechenbar machen, forderte Stoiber, was für ihn erst der Fall gewesen wäre, wenn die alten Führer der FDP aus der »sozialistisch-liberalistischen« Ära sich aufs Altenteil begeben hätten.

Doch Genscher blieb auch 1983 Außenminister und Vizekanzler. Stoiber, dessen Amt als Generalsekretär nach den Wahlen am 6. März Otto Wiesheu übernahm, hob am 22. März um 17 Uhr in der Sendung *Heute* hervor, daß es »außerhalb der Möglichkeiten des Bundeskanzlers« gewesen sei, »aus den bekannten Gründen« Strauß das Außen- oder das Finanzministerium anzubieten. Auch das Wirtschaftsministerium habe die FDP »als Grundbestandteil ihrer Politik und ihres Seins« für sich reklamiert. Eine knappe Stunde später verkaufte Stoiber die Niederlage als Verzicht: Strauß habe es nicht auf sich nehmen wollen, sagte Stoiber in der *Tagesschau*, »einen der bewährten Kollegen sozusagen aus dem Amt zu drängen ... Das sind Gründe, die eben wichtig für ihn waren in der Entscheidung.« Die CSU besetze künftig fünf Ministerien, und auch in der Sache, formulierte er nebulös, habe sich die CSU durchgesetzt.

Ein Fiasko. Und deshalb schleuderte Stoiber auch in den folgenden Monaten und Jahren immer wieder ein paar Speere in Richtung FDP und speziell Genscher. Daß selbst nach der Wende in Bonn Diplomaten mit SPD-Parteibuch im Amt blieben, erschien Stoiber skandalös. Genscher reagierte prompt und sprach den Botschaftern sein Vertrauen aus. Loyalität und Qualifikation stünden bei allen Genannten außer Zweifel. Zurück blieb ein begossener Stoiber, und seine Kritiker in der Partei hatten wieder einmal allen Grund, den Kopf zu schütteln.

## Sorgfältige Karriereplanung: Im Zentrum der Macht

Vielleicht war Stoiber der CSU-General, der dieses Amt mehr als jeder andere zur eigenen Profilierung zu nutzen verstand. Unerwartet auf eine derart exponierte Stelle katapultiert, begann Stoiber sorgfältig seine eigene Karriere zu planen. Er bemühte sich als Generalsekretär, mindestens so ruppig zu sein wie sein Vorbild, mindestens so angriffslustig und verletzend, mindestens so rücksichtslos, wenn es um die Sache und dabei um die eigenen Ziele ging. Stoiber, attestieren ihm seine frühen Weggefährten heute und lächeln dabei, habe immer »eine klare Ansprache« gehabt. Er hat also aus seinem Herzen keine Mördergrube gemacht, wie man das für Norddeutsche frei übersetzen könnte. Doch dabei lugte stets die Fratze des skrupellosen Strategen um die Ecke. Was geht's mich an, wenn hinter mir Leichen liegen? Waren sie halt nicht robust genug.

Irgendwann nach dem Scheitern von Strauß als Kanzlerkandidat muß bei Stoiber der Gedanke gereift sein, er könnte derjenige sein, der Strauß eines Tages beerben wird. Auf dieses Ziel richtete Stoiber von nun an seine Karriereplanung aus. Die nächste Etappe wollte gut überlegt sein. Als Minister nach Bonn zu gehen, wie viele Parteifreunde vor den Wahlen 1983 spekulierten, wäre nicht der richtige Schritt gewesen.

Stoiber hatte zu diesem Zeitpunkt schon die Stelle bekommen, die er brauchte: Strauß hatte ihn in die Staatskanzlei geholt, ins Zentrum der Macht. Stoiber lernte dort nicht nur das Handwerk des Regierens. Er konnte Strauß studieren, er sah, mit wem er sich traf, sprach, umging. Er lernte, wie der Regierungschef beeinflußt wird und von wem. Und er sammelte dort, wo alle Fäden zusammenliefen, das Wissen, das man im Zweifelsfall dringend benötigt. Die Staatskanzlei wurde Stoibers Sprungbrett auf den bayerischen Thron.

# 4

## Graue Eminenz:

## »Die Staatskanzlei in den Griff bekommen«

Am 6. Juli 1980 taufte Dekan und Stadtpfarrer Ulrich Wimmer in der Wolfratshausener St.-Andreas-Kirche einen Buben namens Dominik. Er ist das dritte Kind von Karin und Edmund Stoiber. Ehe die Familie beim Alten Wirth in Gelting das Taufmahl einnahm, stellten sie sich den Kameras, einen Prominenten an der Seite. Auf den Fotos, die am nächsten Tag in allen bayerischen Zeitungen abgedruckt waren, hält Franz Josef Strauß den Kleinen ganz verklärt in seinen Armen. Eine Demonstration. Schaut, ihr Bayern, der General und der Generalissimus, auch privat unzertrennlich.

Wer immer noch Zweifel hatte, ob Stoiber tatsächlich der zweite Mann im Freistaat war, dem wurden diese spätestens im Oktober 1982 genommen, als das neue Kabinett vereidigt wurde. Stoiber nahm die neu geschaffene Stelle eines Staatssekretärs in der Staatskanzlei ein, seit Oktober 1986 durfte er sich Staatsminister nennen. Daneben blieb er bis zur Bundestagswahl im März des kommenden Jahres Generalsekretär und führte seinen Nachfolger, Otto Wiesheu, ein. Stoiber sprach nun nicht allein für den Parteivorsitzenden, sondern auch für den Ministerpräsidenten. Er war jetzt Strauß näher als jeder andere im Kabinett, er besetzte eine strategische Position. Von Strauß hieß es, er neige dazu, die Meinung seines Gesprächspartners anzunehmen. Meistens war nun Stoiber der letzte, der mit Strauß sprach. Und

Strauß vertraute ihm, dem Arbeiter, dem »Aktenfresser«. Ausdrücklich betonte er, daß Stoiber für ihn im Landtag spreche, wenn er abwesend sei.

Ob aber die Machtzentrale in Bayern die Staatskanzlei war, darüber stritten sich die Gelehrten. Um Strauß sammelte sich eine Gruppe von Männern, die mit ihm den Vornamen teilten. Deshalb tauften sich die Männer »Franzensclub«. Strauß traf sich regelmäßig mit Männern wie Parteijustitiar Franz Dannekker, mit Franz Heubl und dem parteilosen Franz Schönhuber, der als zukünftiger Intendant des *Bayerischen Rundfunks* galt, aber auch mit wichtigen Männern ohne den Vornamen Franz wie dem »Hendlkönig« Friedrich Jahn. Schönhuber glaubt übrigens noch heute, er sei »der engste Berater von Strauß« gewesen. Ob es diesen Club tatsächlich gab, wie Stoiber bestätigt, oder aber, wie Strauß es nannte, ein »Phantom« war – Fakt ist: Strauß sammelte um sich einen Kreis von einflußreichen Personen, und viele weniger bedeutende schlichen sich dazu.

Edmund Stoiber gehörte nicht zu dieser Gemeinschaft von Männern, die auch ihre hedonistischen Seiten auszuleben verstanden. Wenn Stoiber die Runde aufsuchte, stöhnten die Mitglieder des erlauchten Kreises auf. Stoiber galt als »humorlos und von finsterer Art« (Schönhuber). Was und wie Strauß und seine Freunde kungelten, entsprach umgekehrt nicht seinen Vorstellungen von seriöser Politik. Eine solche war aber auch nicht das Anliegen des Clubs. Bei Festen stand oder saß Stoiber deshalb immer in der zweiten Reihe, zum Beispiel auf dem Oktoberfest, wenn sich die Spezis von Strauß um die Plätze an seiner Seite balgten. Stoiber nennt sich selbst ein »Arbeitstier« und weiß, daß er nicht besonders beliebt war in Strauß' Freundeskreis. »Das hing damit zusammen, daß, wenn ich wirklich mal Zeit hatte, ich nach Hause wollte zu meiner Frau und meinen Kindern.«

Strauß schätzte seinen Staatssekretär, später Minister, als Arbeiter, aber zum Feiern war er nicht geeignet. »Edi, geh mal schön arbeiten«, hieß es immer. Für einen Mann, der sich Zuneigung durch Fleiß erwerben möchte, ist das sicher schmerzhaft. Aber Stoiber ging, und er arbeitete noch härter als zuvor.

Stoibers Aufgabe sollte es sein, zwischen Bundesministerien und CSU-Landesgruppe sowie Staatsregierung und Landtagsfraktion zu koordinieren. Man könnte auch sagen, er sollte die Bonner als Kettenhund verbellen, wenn sie sich der Kohlschen Politik zu sehr, der bayerischen zu wenig verpflichtet fühlten. Im Endeffekt machte Stoiber die Arbeit. Strauß, der vor Jahren aus Bonn geflüchtet war, langweilte die Landespolitik inzwischen. Nicht so den aufstrebenden Nachwuchspolitiker Stoiber; er leitete die Staatskanzlei. »Strauß hat mir sehr viel überlassen«, beschönigt Stoiber heute die Tatsache, daß Strauß schnell die Lust an den landespolitischen Angelegenheiten verlor. »Er war sicher ein leidenschaftlicher bayerischer Politiker, aber sosehr er Bayern liebte, war er in seinem Herzen ein Bundespolitiker, und wenn er 1983 Außenminister hätte werden können oder Finanzminister, wäre er gegangen. Das hat Kohl sehr geschickt verhindert.«

In Bayern war damit endgültig Schluß mit der langen Leine, die ein Ministerpräsident Goppel seinen Ministern noch gelassen hatte. Da war nun einer, der alles an sich riß. Daß er fleißig, ruhelos ist, selbst in einem Meer von Arbeit nicht ertrinkt, hatte er bewiesen. Und das war es, was Strauß an seinem engsten Mitarbeiter am meisten schätzte.

So einer war dringend erforderlich, denn es kriselte heftig im Herbst 1983: Strauß' Milliardenkredit für die DDR erboste die Parteibasis. Stoiber tat, als sei er völlig überrascht, und Rudolf Lambrecht, damals beim *Münchner Merkur*, meint noch heute: »Stoiber war auch gegen den Milliardenkredit. Er hat nichts davon gewußt. Er war ganz von den Socken.«

Als er im Untersuchungsausschuß gefragt worden war, ob er Schalck-Golodkowski kenne, sagte Stoiber: Nein, nie gesehen. »Das haben die nicht geglaubt. Ich habe ihn aber wirklich nicht gesehen. Als ich in der *FAZ* vom Milliardenkredit las, da bin ich von meinem Büro aufgerumpelt, durch mein Vorzimmer zu seinem, und habe gefragt, ob Strauß da sei und ob ich kurz reinkommen könnte. ›Ja, wenn's sein muß.‹ Dann bin ich in Strauß' Büro und habe gefragt: ›Was ist da los?‹ Dann hat er erst einmal eine Viertelstunde auf die *FAZ* geschimpft. Ich wußte davon nichts. Ich wußte nur, daß Strauß mit einem Vertrauten von Honecker über die deutsch-deutschen Beziehungen verhandelte. Ich wußte auch, daß das über die Schiene März läuft. Aber er hat mit mir nie detailliert darüber gesprochen, hat auch nie den Namen erwähnt, er sagte immer nur ›der Gesprächspartner‹. Er hat mich nie dazu geholt. Diese außenpolitischen Dinge waren nicht mein Metier, er hat auch nie daran gedacht, mich zu seinen Reisen mitzunehmen, da hat er gesagt: Der muß hierbleben, das ist mein Hausmeier.«

Strauß aber schrieb in seinen Erinnerungen, er habe Tandler, Stoiber und Waigel eingeweiht. Der Kredit hatte Folgen. Mit den »Republikanern« von Franz Schönhuber war nicht zuletzt als Reaktion auf Strauß' DDR-Kredit eine »neue, konservative Partei« entstanden, wie sie der *Spiegel* damals noch umschrieb. Schönhuber und Stoiber verbargen ihre gegenseitige Antipathie nicht, und Stoiber war es gewesen, der Schönhuber aus dem »Franzensclub« und nach Erscheinen seines Buchs »Ich war dabei« (in der SS nämlich) auch aus dem *BR* drängte.

Auch anderswo regte sich Protest gegen die Parteiaristokratie in München. In Augsburg hatte sich schon zwei Jahre zuvor ein Teil der CSU-Stadträte unter dem Label »Christlich Soziale Mitte« (CSM) abgespalten, und Stoiber bemühte sich in sechs langen Gesprächen vergeblich, die Abtrünnigen zurück ins Boot zu holen. Der CSM-Vorsitzende Reinhold Wenninger sah die CSU weit nach rechts tendieren. Mit der Forderung nach Kadavergehorsam verprelle die CSU nicht nur ihre kommunalen Mandatsträger, sondern insgesamt die bürgerliche Mitte und sei auf einem ganz gefährlichen Weg, nämlich dem der »Parteitotalisierung«, so Wenninger. Das zielte gegen Strauß, aber auch gegen Stoiber.

Die Staatskanzlei dagegen bekam Stoiber schnell in den Griff: »In der Staatskanzlei wurde es sehr begrüßt, als Stoiber Staatssekretär wurde und endlich einer da war, der den Laden lenkte«, konnte Julian Gyger beobachten, lange Jahre als SPD-Sprecher im Landtag Widerpart der CSU-Regierung. »Stoiber hat die Staatskanzlei denn auch in den Griff bekommen.« Er sei »ein ausgezeichneter Administrator« gewesen, und damals habe man ihm auch noch alles an den Kopf werfen dürfen. »Heute allerdings nicht mehr«, bedauert Gyger.

Stoiber lernte in der Staatskanzlei, die Administration zu führen. Zum Lobe beider resümiert Stoiber: »Ich habe durch Franz Josef Strauß und seine gewaltigen Anforderungen die größte Bereicherung erfahren.«

Stoiber konnte in der Staatskanzlei das tun, was er am liebsten tat: regieren. Und Strauß war das so am liebsten. Stoiber war bei keiner von Strauß' Auslandsreisen dabei außer in Rußland und Albanien. Warum das so war, ist einfach zu verstehen: »Bei mir häuften sich die Anfragen. Ob das der Zimmermann war bis hin zum Kohl – die riefen mich an. Ich hatte immer ein Bündel von fünf, sechs, sieben Fragen, die ich zu klären hatte. Dann kriegte ich ihn nicht am Telefon, dann war er unwillig, dann wollte er der Entscheidung ausweichen – es war ja nicht so, daß Strauß immer schnell entschieden hätte.« Stoiber mußte Strauß regelrecht nachlaufen, um seine bzw. dessen Probleme lösen zu können, sogar Sitzungen des »Franzensclubs« suchte er aus diesem Grund auf: »Ich nutzte natürlich viele dieser Runden, saß neben dem Strauß und fragte ihn: Erstens, zweitens, drittens, und nach dem vierten wurde er sauer, das hat ihm nicht gepaßt, er war in anderen Dingen, und die anderen haben das gemerkt und gesagt: Mensch, der Stoiber stört immer die Gemütlichkeit. Laß doch den Mann jetzt endlich mal in Ruhe, der muß doch auch mal ausspannen. Hör doch mal auf, kannst du nicht mitfeiern?«

Nein, ums Feiern ging es ihm wirklich nicht, und Stoibers Not ist heute noch spürbar, wenn er erzählt: »Ich wußte oft nicht, was ich machen sollte. Am nächsten Tag hat der Kohl gefragt, ich möchte das jetzt wissen, oder der Zimmermann hat gesagt, Mensch, ich brauche dringend die Entscheidung, ob ich das so oder so machen kann, aber ich erwisch' den Strauß nicht. Oder der Blüm, oder oder oder. Das war mein Problem.« Richtig laut wird Stoiber, wenn er an diese Zeit zurückdenkt, und es ist zu erahnen, wie er damals die Zähne zusammengebissen hat, um der Loyalität zu Strauß nicht verlustig zu gehen. »Ich habe oft die Sekretärin gefragt, wann Strauß weggeht, wenn ich wußte, der hat eine Veranstaltung. Dann bin ich runter, hab' mich ins Auto neig'schmissen neben den persönlichen Referenten und hab' gesagt: Du, ich muß jetzt zwei Dinge klären. Dann bin ich mitgefahren, irgendwo hin, um das zu klären.« Das ging dann ganz hastig: »Das brauchst du nicht alles lesen, Franz Josef.« Und Strauß unterschrieb. »Aber das mußt du lesen, die entscheidende Frage ist auf Seite 18.« Strauß vertraute Stoiber blind, und der diente ergeben. »Da hat er gemerkt, der kennt seine Grenzen, der Stoiber, der weiß, was er nicht entscheiden kann, aber der weiß genau, wo der Punkt liegt.«

Auf der neuen Schlüsselstelle wurde Stoiber die graue Eminenz im Kabinett, und weil sein Meister häufig abwesend war, lernte er schnell, was es heißt, die Richtlinien der Regierungspolitik zu bestimmen. Als Stoiber ein Jahr später nicht das Sozialministerium von Fritz Pirkl übernahm, werteten viele dies bereits als Hinweis auf die Nachfolge von Strauß: Wer könnte ihn besser beerben als Stoiber?

»Ganz haarscharf«, weiß Stoibers Sprecher Friedrich Wilhelm Rothenpieler, sei Stoiber 1984 nicht Sozialminister geworden. Daß Stoiber überhaupt erwog, aus der Staatskanzlei auszuziehen, hatte andere Gründe. Auch noch nach dem »Denkzettel-Parteitag« grollte die Basis gegen ihn. Es hieß, Stoiber hetzte Strauß auf, er habe einen unheilvollen Einfluß auf ihn. »Damals habe ich ihm angeboten: Ich höre auf. Weil ich eine solche Reizfigur war«, beteuert Stoiber. »Ich glaube, daß ich dir nicht mehr nütze«, habe er Strauß gesagt. »Ich bin zu polarisierend. Ich glaube, es ist vernünftig, ich werde Nachfolger von Pirkl. Auch als Gegengewicht zu Geißler.« Doch dann sei Strauß' Frau Marianne gestorben, was diesem sehr naheging, und Stoiber sagte: »Wenn du willst, bleibe ich hier.«

Es ist sehr wahrscheinlich, daß das Amt des Sozialministers gar nicht in Stoibers Karriereplanung gepaßt hätte, genauso wenig wie ein Jahr zuvor ein Ministeramt in Bonn, das er angeblich angestrebt hat. Am 25. März schrieb er deshalb an die Parteifreunde im Stimmkreis Miesbach-Wolfratshausen, daß er »niemals die Absicht hatte, mein Mandat im Bayerischen Landtag und meine Position als Leiter der Bayerischen Staatskanzlei aufzugeben«. Das entsprach ziemlich sicher der Wahrheit. Auch als Sozialminister wäre Stoiber nicht wirklich vorangekommen. Er hätte sich der Kabinettsdisziplin beugen müssen und damit der Kontrolle durch Strauß und dessen Beamtenapparat samt seinem Nachfolger. Als engster Mitarbeiter des Ministerpräsidenten in der Staatskanzlei aber war er es, der Strauß – soweit das möglich war – kontrollieren konnte.

Offiziell ließ Strauß verlauten, Stoiber sei auch deshalb nicht ins Sozialministerium gewechselt, weil er in der Medienpolitik zum CSU-Experten geworden sei. Da sollte er in den folgenden Jahren eine Menge leisten. Julian Gyger erkennt die Neuordnung des Rundfunkwesens heute als »die größte politische Leistung Stoibers«. Nicht alle wollen das so euphorisch sehen.

## Stoibers Medienpolitik: Wider den Rotfunk

Zwei Thesen bestimmten Edmund Stoibers Medienpolitik: Erstens war der öffentlich-rechtliche Rundfunk für ihn ein »Rotfunk«. Zweitens setzte er darauf, daß dieses Ungleichgewicht durch die anstehenden Veränderungen der Rundfunklandschaft beseitigt werden könne. Öffentlich formulierte er diese zweite These allerdings nie als Devise seiner Politik.

Im Dezember 1982 brach Stoiber erstmals in der Öffentlichkeit eine Lanze für die künftige Medienvielfalt. Auf der Medientagung der Hanns-Seidel-Stiftung prophezeite er, die Unterhaltung werde an Bedeutung gewinnen. Ihm sei aber nicht bange, daß die Informationsseite zu kurz komme. »Allzu triviale Publikumsunterhaltung« werde nicht die Oberhand behalten, sondern anspruchsvolle Unterhaltung werde sich auf Dauer durchsetzen. Das Zeitbudget für Mediennutzung werde sich nur geringfügig verändern.

Mit Elisabeth Noelle-Neumann vom Institut für Demoskopie Allensbach hatte Stoiber die Meinung vertreten, daß die Union lange nicht an die Macht gekommen sei, weil die Medien, vor allem das Fernsehen gegen sie arbeiteten. 1983 gewann die

Union die Wahl – trotz TV-Manipulation. Aber es blieb dabei: Das Fernsehen erschien Stoiber wie eine Großmacht, die fest in den Händen der »Linken« sei, die es als »Mittel der Agitation« nützten. Schon im Bundestagswahlkampf 1980 hatte er der ARD vorgeworfen, Strauß mundtot machen zu wollen. In der Folge wurde die Medienpolitik einer von Stoibers Schwerpunkten. Ein »Gesprächskreis Bayerischer Rundfunk« wurde aufgebaut wie auch eine Runde für Nachwuchsjournalisten und junge Publizisten. Vor allem aber schwang sich Stoiber zum Oberzensor der Republik auf.

Franz Alts *Report* aus Baden-Baden, *Tagesschau* und *Tagesthemen* können die Einsprüche Stoibers in den achtziger Jahren gar nicht mehr zählen. Dessen Wachmannschaft – er selbst hatte ja keine Zeit zum Fernsehen – entging nichts, was Stoibers Vorstellung von Presse-, Meinungs- oder künstlerischer Freiheit zuwiderlief. Und das war eine ganze Menge. Wie viele Protestschreiben, Klagen und Beschwerden hat Stoiber eingereicht! Schon allein die in *Report* gestellte Frage: »Widerstand gegen die Nachrüstung – Kann Gandhi Vorbild sein?« brachte ihn in Rage. »Aufrufe zur Gesetzesverletzung« waren das in seinen Augen, im Sinne von Fritz Zimmermann, der gesagt hatte: Gewaltloser Widerstand ist Gewalt! Gezielte Agitation gegen Strauß entdeckte er zum Beispiel im Juni 1983 in einer Reihe von Fällen, über die er sich bei *BR*-Intendant Reinhold Vöth beschwerte. So hatte Klaus Bednarz in den *Tagesthemen* nach einem Bericht über argentinische Terrorkommandos gefragt, »wo eigentlich die Proteste derer blieben, die in anderen Fällen, wie etwa dem des nach wie vor ungeklärten Todes des Kraftfahrers Rudolf Burkert in der DDR, sogleich voll Empörung von Mord und den Foltermethoden des Herrn Barbie sprechen«. Johannes Gaitanides wagte sogar im Kommentar der Woche des *BR* eine Parallele zwischen den Todesschüssen von Drewitz (die auf Burkert) und denen von Gauting (ein bayerischer Polizist hatte im März 1983 einen betrunkenen 14jährigen erschossen, der ins Jugendzentrum eingestiegen war, um dort zu übernachten) herzustellen.

Bednarz' rhetorischen Kniff, zwei Tatsachen miteinander zu

verknüpfen, um die Gegenseite zu düpieren, wendete ansonsten Edmund Stoiber meisterhaft an. Doch wer hält schon gerne die Wange hin? Stoiber nicht. Er schlug zurück.

Auch eine *WDR*-Satire zur Versöhnungsreise des US-Präsidenten Ronald Reagan im Mai 1985 stieß Stoiber übel auf. In einem fingierten Telefongespräch zwischen Helmut Kohl und Ronald Reagan sagte der Reagan-Imitator, um keinerlei Gefühle zu verletzen, werde er nur mit dem Hubschrauber über Bergen-Belsen und Bitburg fliegen und dann weiter nach Berlin reisen, um über dem Spandauer Gefängnis auch Rudolf Heß zu grüßen. Das sei eine ebenso überfällige wie noble Geste, ließ die Kohl-Doublette vernehmen – allerdings habe Reagan nicht Heß, sondern Ulrich von Hassel gemeint, den Widerstandskämpfer. Der Hubschrauberflug sei eine ausgezeichnete Sache, auch über Gräber hinwegfliegend bleibe es eine Aussöhnung über Gräbern.

»Muß sich denn der *Bayerische Rundfunk* vom *WDR* alles gefallen lassen?« fragte Stoiber brieflich bei Reinhold Vöth an.

Man kann die Wut in dem Mann greifen, die ihn packt über die Ohnmacht, dieses widerspenstige Medium nicht beherrschen, nicht einmal kontrollieren zu können. Das Fernsehen galt Stoiber als Waffe, die sich viel zu oft auch gegen ihn richtete.

Denn nicht nur Reagan und Kohl durften sich angegriffen fühlen (Reagan äußerte sich nicht), sondern auch Stoiber. Daß Ronald Reagan sich von Helmut Kohl auf den Soldatenfriedhof von Bitburg hatte schleppen lassen, fand Stoiber bewundernswert. »Wir sollen nicht ewig im Büßergewand herumlaufen«, empfahl Stoiber in Anlehnung an seinen Vorsitzenden, der die Deutschen endlich wieder aufrecht gehen sehen wollte. »Es ist unglaublich«, wetterte Stoiber, »daß versucht wird, die jungen Soldaten, die in dem Friedhof Bitburg beigesetzt sind, als Nazis zu beschimpfen.« Daß dort auch Gräber von SS-Männern angelegt sind, verschwieg Stoiber im Bierzelt. Obwohl die Zuhörer auch dafür sicher Verständnis aufgebracht hätten.

Stoibers TV-Kritik betraf nicht nur Nachrichtensendungen und -magazine. Im Juli 1985 zeigte die *ARD* eine deutsch-russische Koproduktion, »Das Ufer«. Der Film handelte von einem jungen Mädchen, das ein russischer Soldat 1945 vergewaltigen wollte. Sein Offizier verhinderte das. In der Folge wurde die Romanze zwischen den beiden erzählt, die sich danach abspielte, sowie deren Wiedersehen nach vielen Jahren in Hamburg. Stoiber attestierte eine »Verharmlosung der massenhaften, offiziell geförderten Übergriffe und Mißhandlungen« und forderte *BR*-Intendant Vöth auf, die »geschichtsverfälschende Schnulze« im *ARD*-Programm abzusetzen.

Nachdem Dieter Hildebrandt in seiner satirischen Sendung *Scheibenwischer* über bayerische Minister in den Aufsichtsräten von Firmen gespottet hatte, die am Rhein-Main-Donau-Kanal mitbauten, beklagte Stoiber die »Verwilderung des Medienjournalismus«. Der *Scheibenwischer* wurde regelmäßig gerügt, in Bayern manchmal sogar abgeklemmt.

Statt »belehrender Einfalt« forderte Stoiber »abwechslungsreiche Vielfalt«. Eine Sendung zum Thema Angst in Deutschland – vor dem Atomtod oder vor Arbeitslosigkeit – mißbilligte er, weil sie Ängste nicht abbaue, sondern »geradezu propagiert und heroisiert« habe.

Pressefreiheit, das war und ist für Stoiber etwas anderes als die Freiheit der Andersdenkenden. Im November 1985 diskutierten in der *BR*-Sendung *Live aus dem Alabama* drei Gegner der WAA Wackersdorf über »Gewalt bei Demonstrationen«. Jeder könne bei uns doch frei seine Meinung äußern, hob Stoiber an, sofern er sich an die bestehenden Gesetze halte, selbst wenn sie noch so »dummdreist und verbohrt« sei. Daß aber ein »vermummter Berufsdemonstrant« seine Gewaltideologie im öffentlich-rechtlichen Fernsehen propagieren dürfe – »auf Kosten des Gebührenzahlers!« –, das ging zu weit.

Gerade bei politischen Inhalten sieht Stoiber die Ausgewogenheit dann gewährleistet, wenn innerhalb der Sendung alle Meinungen gleichgewichtig dargestellt werden – möglichst unter Mißachtung von Minderheitenmeinungen. Das ist zumal in einer Livesendung weder leistbar noch geeignet, um radikalere Positionen abseits des Mainstreams zu verdeutlichen. Gewalt gegen Sachen wurde in den achtziger Jahren, vor allem in der linken Szene, heftig diskutiert. Warum sollte es nicht möglich sein, diesen Streit im Rahmen einer Sendung öffentlich zu machen, wie es hier versucht wurde? Dem standen etliche Sendungen des *BR* entgegen, in denen Gewalt bei Demonstrationen eindeutig abgelehnt und die Wiederaufbereitungsanlage (WAA) für absolut unverzichtbar dargestellt wurden. Innerhalb des *BR*-Programms wurde so eine gewisse Ausgewogenheit erreicht. Oder traute Stoiber dem mündigen Bürger keine eigene Urteilskraft zu? Sollte er bevormundet werden durch ein Programm, das vor Ausstrahlung durch zahllose Zensurbehörden gelaufen war? Nein, das wollte Stoiber nicht, wie wir sehen werden – bei den Planungen für das kommerzielle Fernsehen.

Aber wie in so vielen Bereichen wollte Stoiber auch bei der Aktion sauberer Bildschirm die Nummer eins sein. Er bekannte sich selbst dazu, »aufmerksamer Beobachter des öffentlich-rechtlichen Rundfunks insgesamt« zu sein. Der Rundfunkrat des *BR* wollte sich »von keinem Aufsichtsgremium einer anderen Rundfunkanstalt übertreffen lassen«, wenn er seinen Aufgaben nachkommt.

Ein »Musterbeispiel an Desinformation und Agitation« lieferte nach Stoibers Ansicht auch ein *Monitor*-Beitrag über die WAA Wackersdorf. »Absolut einseitig ausgewählte Kronzeugen« hätten den »falschen Eindruck erweckt, die WAA sei unwirtschaftlich, könne zur Lösung des Entsorgungsproblems kaum etwas beitragen und gefährde erheblich die Gesundheit der Bevölkerung«. *Monitor* habe glauben machen wollen, die Wissenschaft und auch die einheimische Bevölkerung seien sich in der Ablehnung der Anlage einig. Durch Einblendung des Inserts »Prof. Dr. Dr. A. Weiß, Institut für anorganische Chemie, Universität München« sei bei einem Interviewten »der falsche Eindruck besonderer Objektivität und Wissenschaftlichkeit erweckt« worden. Die Sendung habe die Unwahrheit verbreitet und deshalb gegen das Rundfunkgesetz verstoßen. Stoiber legte Beschwerde ein und forderte den *BR* dazu auf, sich sachlich und fair noch einmal fürs *ARD*-Programm mit dem Thema zu befassen – unter Hinweis auf die *Monitor*-Sendung. Daß der *BR* dazu in der Lage sei, »das Thema Wiederaufbereitungsanlage bestens abzuhandeln, hat er durch seine ›Werkbesuche‹ bereits bewiesen.«

Wenige Jahre später gab die Wirtschaft das Unternehmen WAA Wackersdorf auf, weil die Brennstäbe in Frankreich billiger erneuert werden konnten. Sie folgte damit zumindest in einem Punkt der langjährigen Argumentation zahlreicher Wissenschaftler, u. a. des Prof. Dr. Dr. A. Weiß, Institut für anorganische Chemie, Universität München.

## Widerstand zwecklos: »Die kommerzielle Konkurrenz wird kommen«

Als der Schlierseer Skifahrer Markus Wasmeier im *Aktuellen Sportstudio* sprach und die Mainzer am unteren Bildrand den humoristischen Hinweis »Originalton Süd« einblendeten, legte Stoiber sich für die Bayern, die sich angeblich allesamt beleidigt fühlten, mächtig ins Zeug. Anstatt sich selbst zu amüsieren, lieferte Stoiber Gelegenheit, sich über ihn zu amüsieren. Wie hatte doch Loriot einst gesagt: »Was hierzulande den Humor behindert, ist die mangelnde Fähigkeit, über sich selbst zu lachen, sich selbst in Frage zu stellen.« Zitiert hatte diese Diagnose der Schweizer Universitätsprofessor Louis Bosshart auf einer Tagung der Hanns-Seidel-Stiftung über Fernsehunterhaltung im Jahr 1981. Auf derselben Tagung mäkelte Hans Rosenthal, daß nur gemäkelt werde, »aber man muß auch einmal sagen, daß es in Deutschland noch nie so viel Freiheit gab wie mit diesem Grundgesetz«. Was fehle, sei Humor, wie auch Bosshart anmerkte, und geeignete Schreiber: »Die jungen Autoren schreiben über Revolution und finden die ganze Welt zum Kotzen. Ich könnte zwölf Fernsehspiele über Heroin sofort produzieren, aber ich kann nicht zwanzig Minuten zum Lachen kriegen.« Das war Wasser auf Stoibers Mühlen, und als Allheilmittel präsentierte er das kommerzielle Fernsehen. In den dortigen Redaktionen sollte es bald heißen: Wer sich den ganzen Tag mit Problemen herumgeplagt hat, der will am Abend nicht auch noch Probleme serviert bekommen. Und tatsächlich: Die Masse der Zuschauer bevorzugt inzwischen seichte Unterhaltung und Zerstreuung. Stoibers Medienpolitik hat gesiegt.

Wer damals den Amerikaner Werner Baecker sprechen hörte, war schon froh, daß der kommerziellen TV-Glitzerwelt der Artikel 111a der bayerischen Verfassung entgegenstand, der Rundfunk ausschließlich in öffentlich-rechtlicher Verantwortung vorsah. Baecker hatte berichtet, daß die drei großen Anstalten in den USA »nur an Einnahmen aus Reklame interessiert« seien und ihr Programm darum herum bauten. Trotzdem war Stoiber sicher: »Die kommerzielle Konkurrenz wird kommen.« Er sollte recht behalten.

Die flächendeckende Kritik Stoibers, vor allem an Sendungen der *ARD*, entsprang also nicht allein Stoibers Wut über »unausgewogene« Berichterstattung. Sie diente auch einem höheren Zweck, nämlich den Boden für das Privatfernsehen zu bereiten. Schon arbeiteten Medienbeauftragte auf allen Ebenen der Partei an einem Landeskommunikationsplan, der die Grundlagen für eine neue medientechnische Infrastruktur in Bayern schaffen sollte. Stoiber setzte sich in weiser Voraussicht für ein Kabelpilotprojekt in München ein – wegen der beschränkenden Bestimmungen der bayerischen Verfassung zunächst unter dem Dach von *BR* und *ZDF*. Auf ewig würde das nicht so bleiben, denn Stoibers Motiv war ja, den öffentlich-rechtlichen Anstalten Konkurrenz zu machen.

Widerstand war tatsächlich zwecklos: Fernsehen würde in Zukunft auch kommerziell angeboten, als Ware in erster Linie, nicht als Kulturgut. Das Bundesverfassungsgericht hatte dazu 1981 den Weg frei gemacht. In Ludwigshafen lief schon 1984 das erste Kabelpilotprojekt an. 165 Zeitungen gründeten im selben Jahr in Frankfurt das *Aktuell Presse-Fernsehen*, das später in *Sat.1* aufging. Der private Kanal *RTL plus* sendete aus Luxemburg in den deutschsprachigen Raum. Und Stoiber wollte diese Entwicklung nicht verschlafen, nicht anderen überlassen, sondern selbst an der Spitze marschieren. Es ist Teil seiner Politik, bei technischen Entwicklungen die Chancen zu betonen und die Risiken zu vernachlässigen, und diese Entscheidung hat Stoiber wie auch die CSU stets getragen – bei der Atomkraft, bei der Gentechnik, und eben auch bei den neuen Möglichkeiten, die Breitbandkabel und Satelliten boten. Stoiber wollte auch hier die Weichen für die Zukunft lieber selbst stellen, statt später auf bereits verlegten Gleisen fahren zu müssen.

Als er aber Anfang Mai 1984 im Bayerischen Senat den Gesetzentwurf der Staatsregierung für ein neues Mediengesetz vortrug, erntete er Kritik. Die geplante Landeszentrale für neue Medien und der Medienrat seien nicht geeignet, die Ausgewogenheit der Programme zu gewährleisten, mahnte der Vorsitzende des Kulturausschusses, Audomar Scheuermann. Auch dem vorgesehenen Verwaltungsrat dürften in erster Linie wirtschaftliche Interessen am Herzen liegen. DGB-Landeschef Jakob Deffner befürchtete gar, nun beginne die Aushöhlung des öffentlich-rechtlichen Rundfunks. Die Landeszentrale sei überflüssig, man solle die Aufsicht über die Kabelgesellschaften dem *BR* übertragen. Und schließlich fragten die Senatoren, wer diese neue Landeszentrale finanzieren solle. Auch den Warnungen vor Gewalt, Horror und Sex im TV widersetzte sich Stoiber. Sich wegen potentiellen Mißbrauchs generell gegen die Freiheit zu entscheiden, widerspräche seiner politischen Grundauffassung. In diesem Fall wollte er der Urteilskraft der Bürger vertrauen.

Schließlich setzte sich Stoiber in allen kritischen Bereichen durch. Wer Konkurrenz wolle, wiederholte er mehrfach, könne die Kontrolle nicht einem der Konkurrenten übertragen. Deshalb sei eine Instanz ähnlich der des Rundfunkrats nötig, die nicht nur den verfassungsrechtlichen Erfordernissen in Bayern genügte, sondern auch der Politik eine Einflußmöglichkeit sichere. Die *Tagesschau*, versprach er, werde bleiben, die *ARD* ebenfalls. Was Stoiber nicht aussprach: Eine Zunahme von Programmen, so sein Plan, sorgt en passant für eine »Entautorisierung« der bestehenden TV-Anstalten – Stoiber nannte diesen Prozeß »Neutralisierung publizistischer Macht«.

Die Art und Weise, wie diese Macht bisher genutzt wurde, war Stoiber ein Dorn im Auge. Medien veränderten Realität, wußte er. Sie seien zum Beispiel verantwortlich für das negative Image von Ehe und Familie. Das Leitbild der berufsorientierten Frau herrsche im Fernsehen vor. Die mangelnde Bereitschaft, Verantwortung für Kinder zu übernehmen, werde kaum kritisiert. Überhaupt räume das Fernsehen abweichendem, ja abnormem Verhalten zu viel Raum ein. Stoiber konstatierte – für das öffentlich-rechtliche Fernsehen der achtziger Jahre – »eine nahezu perverse Lust am Verfall und Untergang« sowie eine »Hinwendung zum Asozialen«.

Er sagte nicht, daß sich das mit den »Privaten« ändern werde. Im Gegenteil: Er schien zu ahnen, wohin die schöne neue Medienwelt führen würde. Deshalb mahnte er die öffentlich-rechtlichen Anstalten, ein gewisses Niveau nicht zu unterschreiten, mit dem Ziel, den neuen Sendern das Wasser abzugraben. Allerdings weissagte er, die neuen Programme würden bunter, lebendiger und näher am Zuschauer sein als das, was *ARD* und *ZDF* mit ihrer »kritischen Distanz zu den klassischen Autoritäten Familie, Schule, Kirche, Politik und Wirtschaft« böten.

Schon damals ließ Stoiber die Bemerkung fallen, die Entwicklungsgarantie gelte nicht für einzelne Sender. Im Gegenteil: Die alten Anstalten dürften weder ihr Programm noch die Werbezeiten ausbauen, weil dies die Chancen der neuen Programme schmälere. Nachdem der *Hessische Rundfunk* in seinem dritten Programm geworben hatte, drohte Stoiber sogar damit, die *ARD* zu verlassen.

Die *Abendzeitung* stellte schon einmal ein Programm zusammen, wie es in Zukunft stets aussehen könnte: »Jetzt täglich ›Report aus München‹. Heute mit dem Beitrag: ›Ist Wallraff ein Türke? – Neue Enthüllungen des Bayerischen Verfassungsschutzes‹. Anschließend ›Auf los geht's los‹ mit ›Blacky‹ Fuchsberger (jetzt auch wieder wöchentlich im Programm – anstelle von Carrell, Kuli und Konsorten). Stargast: Franz Josef Strauß. Nach der ›Bayernschau‹ diskutiert im ›Brennpunkt‹ die Experten-Runde Wolf Feller, Helmut Oeller, Edmund Stoiber und Gerold Tandler über ›Die WAA-Lüge des exilierten Bayern-Dissidenten Hubert Weinzierl‹. Es folgt ›Heut' abend – Blacky stellt Duz-Freunde vor. Heute: Franz Josef Strauß‹. Und zum Sendeschluß ›Z.E.N.‹ (Zuschauen, Entspannen, Nicht denken). Gerold Tandler zeigt Fassaden altbayerischer Landgasthöfe – diesmal aus Altötting (Wdh.).«

Es kam nicht soweit. Zwar kündigte Bayern im Dezember

1986 zusammen mit Baden-Württemberg, Rheinland-Pfalz und Niedersachsen den *ARD*-Staatsvertrag. Stoiber wollte die »Hanswurstiaden« der SPD-Länder nicht mehr mitmachen. Damit wurden insbesondere die kleinen *ARD*-Sender unter Druck gesetzt, weil auch eine Kündigung des Finanzausgleichs angedroht wurde. Ob mit oder ohne die SPD-Länder konnte Stoiber nun daran gehen, die Finanzierung der Landeszentrale aus Rundfunkgebühren anzupeilen, was letztlich auch dauerhaft durchgesetzt wurde. Außerdem wollte Stoiber auch private Programmangebote aus Gebühren unterstützen, vor allem kirchliche und kulturelle. Schon immer legte Stoiber ein Augenmerk darauf, daß sich lokale und regionale Hörfunksender etablieren konnten; für ihn ein probates Mittel gegen die wachsende Entfremdung und Kälte der postmodernen Massengesellschaft.

Doch die Mehrheit der Deutschen wünschte damals noch gar nicht mehr TV. »Die Leute wollen ein gutes, repräsentatives und kontrolliertes Rundfunk- und Fernsehprogramm, allerdings ohne linke Einseitigkeit«, schrieb der niedersächsische Kultusminister und Vorsitzende des Koordinierungsausschusses für Medienfragen der Union, Werner Remmers, an Heiner Geißler. »Einer Marktöffnung jedoch trauen sie nichts Gutes zu.«

Stoiber stimmte dem zu, es sei ein Hauptproblem unserer Medienpolitik, sie mehrheitsfähig zu machen. Stoiber setzte darauf, wenn das kommerzielle Fernsehen erst einmal eingeführt sei, dann werde es auch angenommen. Recht hatte er. Stoiber kann es sich als Verdienst anrechnen, daß auch Deutsche in den folgenden Jahren mitverdienen durften an den Werbeeinnahmen im Umfeld solch »ausgewogener« Sendungen wie: *Tutti frutti*, *Glücksrad* oder *Big Brother*. Diese Entwicklung war vielleicht nicht aufzuhalten. Und, wird sich Stoiber sagen, hätten wir es nicht gemacht, hätten andere den Profit eingefahren.

Remmers bedauert heute, daß die Union seinerzeit wohl »eher blauäugig die Privaten gefördert hat, weil man gesagt hat: Das kommt uns zugute.« Die Hoffnung, Druck auf den »Rotfunk« sorge für größere Vielfalt, habe sich nicht bestätigt.

## Noten fürs Personal: »Unsägliche Moderatorin«

Um seine Vorstellungen eines demokratischen Rundfunks durchzusetzen, regierte Edmund Stoiber bis hin zu Personalentscheidungen auf Redakteursebene in den *BR* hinein. Das bewies u. a. ein Brief Stoibers an Intendant Reinhold Vöth im März 1987, den dieser unter dem Briefkopf der Staatskanzlei und mit dem Vermerk »persönlich/vertraulich« abgeschickt hatte. Nachdem Udo Lindenberg, nicht ganz nüchtern, es gewagt hatte, in der Sendung »Pink« das Jesuskind als »Fratz« zu besingen, suchte Stoiber Verantwortliche. Beurlaubt wurde sodann der Abteilungsleiter Jochen Filser, denn es sei ein massiver Fehler gewesen, Lindenberg überhaupt einzuladen. Filser kündigte und ging zu *RTL*. Auch Unterhaltungschef Christoph Schmid warf das Handtuch und ist inzwischen Fernsehdirektor beim *Südwestdeutschen Rundfunk*. Die »unsägliche Moderatorin« Sabrina Lallinger ging ebenfalls und ist heute in den USA mit einem Medienmanager verheiratet.

Stoiber kümmerte sich darum, daß es in seinem *BR* künftig besser werde. Als Nachfolger Filsers empfahl Stoiber zwei Bewerber, die er als »gute Lösung« ansah: Dieter Nubert und Hans-Jörg Vogel. Auch für die Nachfolge des »Korrespondenten in Bayern«, Bernhard Ücker, interessierte sich Stoiber. Ücker war verläßlicher Kommentator gewesen, und Stoiber mochte ihn keinesfalls durch Ernest Lang ersetzt wissen. Der habe nämlich in einem Kommentar zum Tschernobylprodukt, dem verstrahlten Molkepulver, Umweltminister Dick die Glaubwürdigkeit abgesprochen. Damals standen 5042 Tonnen cäsiumverseuchtes Molkepulver in Bahnwaggons auf dem Rosenheimer Bahnhof, und die Staatsregierung wußte nicht, wohin damit und wie sie die Bevölkerung beruhigen sollte. Stoiber schlug sogar vor, es in Bundeswehrkasernen zwischenzulagern. Der verteidigungspolitische Sprecher der SPD-Bundestagsfraktion, Erwin Horn, nannte die Idee damals »abenteuerlich«: Die Bundeswehr sei weder die »Risikomülldeponie der Nation« noch die »bayerische Nationalgarde«.

Jedenfalls erblickte Stoiber in Langs Kommentar »alles andere als ein Indiz für die erforderliche Qualifikation«. Stoiber intervenierte zu spät, Lang hatte das Amt des Kommentators bereits angetreten. Ferner wollte Stoiber wissen, welche Überlegungen für die Nachfolge von Friedrich Schreiber und Eberhard Büssem *(Weltspiegel)* sowie Dagobert Lindlau als Chefreporter bestünden und wo Peter Dudzik und Peter Miroschnikoff künftig eingesetzt würden. Die SPD sah die verfassungsrechtlich gebotene Staatsferne mißachtet und forderte Stoibers Rücktritt. Der gab sich verständnislos. Was daran verfassungsrechtlich bedenklich sei, war dem Juristen »völlig schleierhaft«.

Auch bei der Wahl des Nachfolgers von Fernsehdirektor Helmut Oeller hatte die Opposition Grund zum Veto. Mit Wolf Feller sollte ein Mann befördert werden, dem ausreichende Qualifikation von vielen Seiten, auch aus dem Hause des *BR*, abgesprochen wurde. Stoiber und CSU-Generalsekretär Tandler, so berichtete die *Welt*, hätten all diejenigen Rundfunkräte vor der Abstimmung im Rundfunkrat zum Essen gebeten, deren Stimmen sie gewiß sein wollten.

Weil ihm die Vorwürfe, er greife zu sehr in den *BR* ein, offenbar lästig wurden, stellte Stoiber eine Liste der »SPD-Sympathisanten« zusammen, die in der *ARD* Meinung machten, die Josef Nyary in der *Welt am Sonntag* gern abdruckte. Wenn diese politische Einflußnahme zunehme, drohe ein Auseinanderbrechen der *ARD*, warnte Stoiber abermals.

## Stoibers Rhetorik: Äpfel und Birnen

Stoiber wurde auch als Staatssekretär in der Staatskanzlei nicht ruhiger. Zwei Türen neben Franz Josef Strauß sitzend, perfektionierte er eine seiner unangenehmsten Eigenheiten: den volkstümlichen, bauernschlauen Sprachgebrauch. Die Kunst, Worte zu spalten, muß er bei seinem Mentor abgeschaut haben. Nachdem Strauß vorgeworfen worden war, als Vorsitzender einer Spruchkammer im Schongau reihenweise Nazis freigesprochen zu haben, wehrte der sich mit Erfolg: Er sei nie Vorsitzender einer Spruch- oder Berufungskammer gewesen, stritt er ab, verzichtete aber auf den erhellenden Hinweis, daß er Vorsitzender eines Spruchausschusses gewesen war, dem Vorläufer der Spruchkammern.

Auch Stoiber bestand in vergleichbaren Fällen stets auf eine genaue Wiedergabe der Fakten. Darüber hinaus entwickelte er eine zweite Technik zur Perfektion: Argumente des politischen Gegners verknüpfte er mit Sachverhalten, die miteinander nicht so recht zu tun haben. Indem er Äpfel und Birnen mischte, gelang es ihm, das Argument und damit den Gegner zu schwächen. Bis dieser die unstatthafte Verwirrung an einem Ende aufgedröselt und Äpfel zu Äpfeln sortiert hat, wurstelt Stoiber am anderen Ende ein neues Knäuel zusammen – oder, um im Bilde zu bleiben, mengt Birnen bei, wo sie nicht hingehören. Auf diese Weise bleibt der Gegner in der Defensive.

Beispielsweise versuchte er Umweltschützer gegen Abtreibende auszuspielen: »Während sich ein neues Verständnis für Natur und Umwelt entwickelt, während engagierte Tierschützer das Robbenschlachten und den Verzehr von Schildkrötensuppe und Froschschenkeln gesellschaftlich ächten, wird die jährlich 10 000fache Tötung werdenden Lebens gesellschaftlich hoffähig.«

Im Eifer des Gefechts griff er bei seiner Wortwahl auch mal daneben, wie etwa im April 1982, als, so Stoiber, Demonstranten Polizisten mit Fahrradketten und Bauklammern angegriffen hätten. Vielleicht wollte er diese Menschen »Chaoten« nennen, aber aus seinem Mund vernahm man das Wort »Kanaken«.

Im Laufe des Flick-Untersuchungsausschusses im November 1984 erklärte Stoiber, auf den Rechtsanwalt und Grünen-Abgeordneten Otto Schily gemünzt, es sei eine seltsame Moral, daß Leute, die früher Mörder und Terroristen verteidigt hätten, sich heute für Saubermänner hielten. Und er fragte nach der Herkunft der Honorare für Schily. Nachdem Bayerns SPD-Vorsitzender Helmut Rothemund, selbst Rechtsanwalt, darin die »Diffamierung eines parlamentarischen Gremiums« erkannt hatte, legte Stoiber nach. Rothemund verbünde sich mit Kräften, deren Haltung zu Grundprinzipien der Demokratie offen sei »wie manche Fragen nach den Kassibern der Terroristen und rechtswidriger anwaltlicher Unterstützung«. Als »engagierter Anwalt der Baader-Meinhof-Bande« habe Schily diese auch politisch verteidigt. »Makaber« sei es, wenn er sich nun zum Ankläger von »Kohl, Strauß und Schmidt« mache, die »im Krisenstab für die Rettung des Lebens von Geiseln kämpften«.

Das war wieder ein Beweis für Stoibers Gabe, nicht zusammengehörende Sachverhalte durch den Mixer zu drehen und damit das Publikum zu füttern. Doch Stoiber hatte vergessen, daß er selbst Anwalt war. Rudolf Schöfberger (SPD) verlangte von der Anwaltskammer, sich mit der Kollegenschelte Stoibers auseinanderzusetzen. »Wir wollen doch sehen, ob eine öffentlichrechtliche Körperschaft nach 27jähriger CSU-Herrschaft im Freistaat noch fähig ist, rechtsstaatliche Grundsätze gegen einen scheinbar allgewaltigen CSU-Politiker zu verteidigen.« Leider wollte sich die Kammer dazu öffentlich nicht äußern.

Es sollte nicht das letzte Mal sein, daß der Jurist Stoiber mit einem merkwürdigen Verständnis von der Unabhängigkeit der Justiz auffiel: Im Juni 1985 rügte er das Frankfurter Amtsgericht, weil es in einem Strafverfahren wegen einer Sitzblockade vor dem US-Militärdepot in Frankfurt-Hausen mehrere Angeklagte vom Vorwurf der Nötigung freigesprochen hatte. Stoiber sah einen »glatten Mißbrauch des Grundgesetzes durch einen Richter« und wollte die Dienstaufsicht ausweiten, damit »ein Richter disziplinarisch zur Rechenschaft gezogen wird, wenn er bewußt falsche Urteile fällt«. Das war bereits nach geltendem Recht möglich: Ein Richter, der das Recht beugt, konnte nach Paragraph 336 StGB nicht nur mit dienstaufsichtsrechtlichen, sondern auch mit staatsanwaltlichen Ermittlungen rechnen. Was Stoiber offenbar mehr ärgerte als der Freispruch, war die Begründung: Der Richter beurteilte die Zustimmung der Bundesregierung zur Stationierung der Pershing-II-Raketen, die die Kriegsgefahr »objektiv« erhöhe, als verfassungswidrig. Darin erkannte Stoiber eine Tendenz zu Urteilen, die von politischer Gesinnung diktiert würden.

Überhaupt erschien Stoiber Deutschland Anfang der achtziger Jahre von Gesinnung, und zwar von linker, geradezu infiziert, obgleich die von Helmut Kohl nach der Ablösung der alten Regierung angekündigte geistig-moralische Wende bereits in vollem Gange war. Und auch Stoiber leistete dazu seinen Beitrag. Den erstbesten Anlaß bot Walter Jens, der in der *BR*-Sendung *Zeitspiegel* Strauß' Wortwahl auf einem Kulturkongreß der CSU mißbilligt hatte. Strauß hatte dort von »kultureller Entartung« gesprochen, von »Afterkultur« und von »Kritikastern«. Der Rhetorikprofessor aus Tübingen erinnerte daran, daß das Goebbelssches Vokabular sei.

Edmund Stoiber meinte daraufhin offenbar, daß es nun nicht nur Zeit für den aufrechten Gang war, den Franz Josef Strauß den Deutschen wieder verordnen wollte, sondern daß es auch Zeit sei für eine Befreiung der deutschen Sprache.

Im Landtag dozierte er: »Wir müssen uns endlich einmal freischwimmen von all den Ängsten und Tabus, die eine echte intellektuelle und moralische Aufarbeitung der nationalsozialistischen Zeit eher hindert als fördert. Die Nationalsozialisten haben dem deutschen Namen und der deutschen Sprache große Schande zugefügt. Aber dies kann doch nicht heißen, daß wir etwa die deutsche Sprache nicht mehr verwenden dürfen. Der Mißbrauch eines Wortes, eines Begriffs, einer Idee, eines Gefühls durch gewissenlose Verbrecher bedeutet doch nicht, daß dieses Wort, daß dieser Begriff, diese Idee und dieses Gefühl schlecht oder falsch sind.« Da stimme ihm auch der Stammtisch sicher zu, hämte die Opposition: Wenn Klaus Staecks Plakate »entartet« waren, dann mußte man das endlich wieder sagen dürfen.

Oder wurde Stoiber falsch verstanden? Seine Äußerungen entbehren mitunter jeder Logik, jedes Sinns, sind voller Widersprüche und verleiten geradezu zum Mißverständnis. Ob man etwa auch das Wort Arbeit nicht mehr verwenden dürfe, fragte er, weil doch »über den Toren der (!) Konzentrationslager« die »zynische und menschenverachtende Aufschrift« von der Arbeit, die frei mache, gestanden habe. Sogar die Freiheit hätten die Nazis in Liedern besungen.

Gewiß! Die Nationalsozialisten sprachen ja dieselbe Sprache, da mußten sie schon ein paar deutsche Worte benutzen. Und die meisten gebrauchen wir auch heute. Manche allerdings verbieten sich, sind tabu. »Entartung« gehört dazu, weil die Denunzierung von Kunst der erste Schritt zur »Ausmerzung« dieser Kunst (und nicht selten auch der Künstler) war.

Mit der Sprache aber nimmt es Edmund Stoiber nicht immer genau. Und das liegt nicht nur daran, daß er an der Hochschule und im Streibl-Ministerium das Deutsch der Juristen eingeübt hätte. Zuvor lernte er die Sprache der Voralpen. Und dieses Deutsch trägt ein bißchen Provinzmief mit einem Hauch Bierdunst in sich, ein bißchen Gschaftlhuber, ein bißchen Blockwart. Und Superlative wie Endziel und Endkonsequenz gehören ebenfalls zum Wortschatz Stoibers. Vom Endsieg hat er noch nicht gesprochen, aber im Namen der Befreiung der Sprache sollten wir das nicht für alle Zeiten ausschließen.

Stoiber weiß, daß er kein guter Rhetoriker ist. Dieses Talent wünschte er sich herbei. Eher beherrscht er die Kunst der Polemik, häufig gelingt es ihm, beim politischen Gegner ohnmächtige Wut zu erzeugen, er kann polarisieren. Wenden seine Kontrahenten dieses Mittel an, bekommen sie es mit Stoiber zu tun.

## Der Feind im eigenen Lager: »Mangel an Prinzipientreue«

Sie hatte schon Tradition, und Stoiber entwickelte die bayerische Sonderrolle zur gleichen Meisterschaft wie Strauß: Bayern ist nicht Deutschland, und die CSU ist kein Teil der CDU. Rücksichtslos griff er öffentlich nicht nur die SPD, sondern auch die Schwesterpartei und mit Vorliebe den Bonner Koalitionspartner FDP an. Diese, sagte er auf einer CSU-Veranstaltung 1985 im Frühlingsfest-Bierzelt zu Fürstenried, sei auf dem Weg, sich zu einer »gnadenlosen« und unsozialen Wirtschaftspartei zu entwickeln, nachdem der FDP-Generalsekretär laut überlegt hatte, ob in Zukunft Erwerbslose unter Tarif eingestellt werden könnten. Der FDP-Bundesvorsitzende Martin Bangemann hatte darüber hinaus die Einführung einer niedrigen, einheitlichen

Grundrente befürwortet. Edmund Stoiber nutzte diese Aussagen, um sich als Anwalt des kleinen Mannes zu profilieren.

Einschnitte ins soziale Netz hatten ja auch große Teile der CDU und auch die CSU angekündigt, aber ein »sozialer Kahlschlag« und eine »Ausbeutung der Arbeitslosen« ging denn doch auch Stoiber zu weit. Die Wähler könnten das einer Volkspartei übelnehmen.

Innerhalb der Union entwickelten sich der stellvertretende CDU-Vorsitzende und Sozialminister Norbert Blüm und Generalsekretär Heiner Geißler zu »Lieblingsfeinden«, weil deren Sozialpolitik Stoiber wiederum zu weit ging und die Union nach links zu verschieben drohte. Für einen derart prinzipienfesten Mann wie Edmund Stoiber mußte es zweifellos unerträglich sein, mit ansehen zu müssen, wie die Schwesterpartei sich von der bisherigen Generallinie entfernte. Solch eine Drift stellte Stoiber Ende 1986 fest, und der Lotse des Geisterschiffs hatte einen Namen: Heiner Geißler.

Als Stoiber, inzwischen Staatsminister in der Staatskanzlei und Tür an Tür mit Strauß, vor Weihnachten, also kurz vor der Bundestagswahl im Januar 1987, in der Zeitung lesen mußte, daß Geißler Genscher öffentlich als »Pluspunkt der Koalition« belobigte, platzte ihm der Kragen. Ein solches Lob hielt er für absolut deplaziert, wie er Geißler wissen ließ. Er war mehr als empört. Hatte doch Genscher wenige Monate zuvor seinen Anspruch auf das Außenamt bekräftigt, obwohl sich der Kanzler Personalspekulationen verbeten hatte. Nun meldete Stoiber Ansprüche an, weil die CSU diesen Posten seit 20 Jahren nicht mehr innegehabt hatte. Dabei dachte Stoiber nicht in erster Linie an sich selbst, aber wenn Strauß nach Bonn gegangen wäre, wäre ja auch der Stuhl des bayerischen Ministerpräsidenten frei geworden, den keiner – außer Strauß natürlich – besser besetzen könnte als er, der geschäftsführend dieses Amt ohnehin schon ausfüllte.

Und nun das! Eine öffentliche Laudatio für Strauß' (und indirekt auch Stoibers) Konkurrenten! Ein erbitterter Streit entbrannte, und Geißler warf den Bayern auch noch vor, durch ihre Kritik an der zweiten Phase der Entspannungspolitik, die Genscher ausgerufen hatte, für das schlechte Bundestagswahlergebnis verantwortlich zu sein.

Geißler ging in seiner sogenannten Lagertheorie stets davon aus, daß die Union allein die absolute Mehrheit nicht erringen könne. Deshalb müsse die Koalition mit der FDP gepflegt werden, indem Auseinandersetzungen mit den Liberalen nicht zu heftig geführt und programmatische Unterschiede nicht betont würden. Dabei nahm Geißler sogar eine gewisse Wählerwanderung zur FDP in Kauf, wenn das die parlamentarische Existenz der Partei sicherte. Auf der anderen Seite müsse die Union ihre Wählerbasis verbreitern, und zwar bei früheren Schmidt-Wählern, die von Rot-Grün enttäuscht seien.

Im Institut für Gesellschaftswissenschaften Walberberg des Paters Basilius Streithofen schimpfte Stoiber im November 1987, eine Partei, die eine absolute Mehrheit für nicht erreichbar erachte, büße an Überzeugungs- und Durchschlagskraft ein. Zwar habe die FDP bei allen Wahlen der vergangenen vier Jahre zugelegt, die CDU aber noch mehr verloren. Geißlers Rechnung sei also außerordentlich gefährlich, seine Strategie schien Stoiber eher eine Hinwendung zu neuen denn ein Bemühen um bisherige Wähler zu sein. Mit seinen »weichen« Themen (Stoiber nannte beispielhaft die Rolle der Frau, aber auch die Abrüstung) versuche Geißler, Wähler am Rand des Einzugsbereichs der Union zu gewinnen. Das offenbare aber einen Mangel an Prinzipientreue, der viele Unionswähler abstoße. Stoiber legte Wert darauf, daß die Union weiterhin soziale, liberale, konservative und »geläutert-nationale« Elemente vereine, und zwar »integrativ«, und nicht verschiedenen Gruppen zugeteilt, indem etwa die Zuständigkeit fürs Soziale der CDU, fürs Liberale der FDP und fürs National-Konservative der CSU übertragen werde. Wähler ziehe laut Elisabeth Noelle-Neumann vom Allensbacher Institut nur an, wer Stärke und Geschlossenheit zeige. Und wofür man geschlossen aufzutreten hat, legten Stoibers Ausführungen nahe, das bestimme noch immer die CSU.

Als Norbert Blüm im Sommer 1987 in Chile weilte, versäumte er nicht, dort auch Folterungen an 14 Chilenen anzusprechen, die von der Todesstrafe bedroht waren. Vier der Inhaftierten, die der Untergrundorganisation MIR angehörten, hatten Morde gestanden. Dies löste einen heftigen Streit aus, stand doch im Bundeskabinett eine Entscheidung darüber an, den Chilenen Asyl zu gewähren. Kanzler Kohl und Innenminister Zimmermann stützten sich auf veröffentlichte Aussagen des Botschafters Horst Kullak-Ublick, der keinen Handlungsbedarf sah. Vor Vollstreckung der Todesurteile stünden noch zwei Verhandlungen, was bis mindestens 1990 dauere, und bis dahin wolle Chile sich in eine Demokratie umgewandelt haben.

Blüm wollte die Inhaftierten nicht so lange warten lassen. Für ihn, den »Herz-Jesu-Marxisten« (Strauß), reichte die Tatsache der Folter aus, um Hilfe anzubieten. Doch damit hatte er sich in die Entscheidungskompetenz des Innenministers eingemischt, und der gehörte der CSU an. Klar, daß sich dazu auch Edmund Stoiber zu Wort meldete. Es sei eine »Disziplinlosigkeit ersten Grades und eine Rücksichtslosigkeit gegenüber dem Bundesinnenminister« Friedrich Zimmermann. Auf der inhaltlichen Ebene sekundierte der *Bayernkurier*, indem er Blüm vorwarf, »nicht den Menschenrechten gedient« zu haben, »sondern der marxistisch-kommunistischen Propaganda«. Was den Inhaftierten zur Last gelegt werde, lese sich, so der *Bayernkurier*, wie ein »Katalog des Schreckens«. Offenbar trauten das Parteiblatt ebenso wie auch Stoiber den chilenischen Behörden nichts zu, was Asyl für die 14 Häftlinge gerechtfertigt hätte. Stoiber und die CSU standen weitgehend allein.

Ein Jahr später wagte sogar die JU Kritik an der CSU-Führung. Nachdem die CSU die Steuerbefreiung für Flugbenzin durchgesetzt hatte, stellte sich Stoiber im Münchner Hofbräukeller den »kleinen Negern«, wie sich die Jungunionisten nannten. Von »Großkopferten« war die Rede, die im Austausch gegen die Steuerbefreiung der Abschaffung der Gemeinnützigkeit für Wohnungen zugestimmt hätten, also höheren Mieten in München. Stoiber verteidigte die Position der bayerischen Regierung: »Wir wollten Ungerechtigkeiten beseitigen.« Alle lachten. Er wollte zwei Gründe angeben: Kaum sagt er »erstens«, rief einer im Saal: »Franz Josef Strauß«. Lachen und Beifall.

Wenn es um höhere Ziele ging, dann war Stoiber kein Opfer

zu groß. Gegen den Willen zahlreicher Architekten, Journalisten und 50 000 Münchner, die sich in Unterschriftenlisten eingetragen hatten, trieb er den Bau der neuen Staatskanzlei voran. Der Verein »Das andere Bayern« verlieh ihm dafür als »Symbol der Machtergreifung in Sachen Staatskanzlei« den Kulturpreis »Schwarze Kralle«. Die faustgroße Adlerkralle versinnbildlichte die Kraft Stoibers, den Bau gegen den Willen der Münchner Öffentlichkeit durchzusetzen. Allerdings in einer verkleinerten Version. Max Streibl verzichtete, kaum daß er Ministerpräsident geworden war, auf die beiden überdimensionierten Flügel des Gebäudes, das »Straußoleum« mutierte zum »Mini-Max«, der Hofgarten aber war gerettet.

## Die Ehe:
## »Moralische Voraussetzung für Zeugung und Geburt«

Inzwischen Vater von drei Kindern, entdeckte Stoiber Mitte der achtziger Jahre ein neues Thema für sich: die Familienpolitik. »Ich habe gemerkt, wie wenig die Belastung zum Beispiel einer Frau mit drei Kindern gewürdigt wird.« Schon als angehender junger Landtagsabgeordneter hatte er versprochen, sich für die Familien einzusetzen. Seit 1984 leitete Stoiber die neugegründete Familienkommission der CSU. Siegfried Möslein und Günther Beckstein, den Kabinettskollegen Albert Meyer und Hans Rosenbauer, dem ausgeschiedenen Arbeitsminister Fritz Pirkl sowie Barbara Stamm und Wolfgang Bötsch sei, so Stoiber, »für eine sehr fruchtbare und harmonische Zusammenarbeit zu danken«. Auch Marianne Strauß habe zu Lebzeiten noch an dem wegweisenden familienpolitischen Programm mitgewirkt.

»Liebe und Ehe«, erklärten die CSU-Vordenker 1985 bei der Präsentation ihrer familienpolitischen Thesen, seien noch immer »moralische Voraussetzung für Zeugung und Geburt«. Das ist wichtig, denn Stoibers Familienpolitik bezog sich damals ausschließlich auf »echte« Familien, also Ehepaare und deren Kinder. Um die Alleinerziehenden kümmerte sich die CSU nicht, auch

Männer kamen in Stoibers Argumentation lediglich als Teil der Familien, nicht aber als eigenständige Personen vor. Bis heute hat sich daran nicht viel geändert – außer die Rhetorik.

Was war nun das Ergebnis der »harmonischen und fruchtbaren Zusammenarbeit« der CSU-Pioniere? Stoiber ließ es die Öffentlichkeit nach und nach wissen – durch eine Reihe von Artikeln im *Bayernkurier:* »Wenn Kinder nicht zum Luxus für Spitzenverdiener und Millionäre werden sollen, dann muß der Familienlastenausgleich einen spürbaren Ausgleich der Lebenshaltungskosten für Kinder, für den Verzicht auf Erwerbseinkommen und für die Altersvorsorge leisten.« Da sprach der Familienvater. »Wenn sich ein Ehepaar, bei dem der Ehemann Allein- und Durchschnittsverdiener ist, drei Kinder leistet, so sinkt ihr (!) Einkommen gefährlich in die Nähe der Sozialhilfegrenze.« Und es sprach einer, der längst zu den Besserverdienenden gehörte. Auch diese Gehaltsklasse vergaß die Familienkommission der CSU nicht bei dem Forderungskatalog, den Stoiber vertrat: Höhere Kinderfreibeträge, Verzicht auf Einkommensgrenzen beim Erziehungsgeld, Baukindergeld von monatlich 100 Mark für jedes Kind, Aufhebung der Einkommensgrenzen beim Kindergeld, Anrechnung eines Erziehungsjahres für die Mütter in der Rentenversicherung. Was die »Sozialisten« mit ihrer Gleichmacherei anstrebten, war nicht Ziel der CSU-Familienpolitiker. Gleiches Geld für jedes Kind verstand Stoiber nicht als gerechte Lösung. Sozial gerecht hieß für ihn: »Jeder Familie das, was sie benötigt! Aber nicht allen Familien das gleiche!«

Aber auch CDU und FDP schonte er nicht, denn mit der christlich-liberalen Koalition war die Gerechtigkeit im Stoiberschen Sinne noch längst nicht eingekehrt, und Heiner Geißler legte er nahe, seine Generalsekretärspflichten zugunsten seiner Pflichten als Familienminister zurückzustellen. Auf seine unnachahmliche Art verknüpfte er wieder einmal zwei Themen: »Entscheidet sich eine Schwangere gegen das Leben, so hat sie einen Rechtsanspruch auf Übernahme der Abtreibungskosten. Entscheidet sich eine Frau dagegen für das ungeborene Leben, so hat sie keinen Anspruch, sondern lediglich Angebote auf besondere Hilfen.«

Die Verlängerung des Erziehungsgeldes auf zwei Jahre setzte Stoibers CSU ein paar Jahre später durch, und Bayern bezahlte aus der Landeskasse ein drittes Jahr dazu. Aber Geld, das erkannte auch Stoiber, war nicht alles. Ein wesentliches Problem junger Familien bestünde in der Unvereinbarkeit von Familien- und Arbeitsleben. Stoiber versprach dafür zu kämpfen, »daß sich die partnerschaftliche Aufgabenteilung in der Familie durchsetzt und daß Männer und Frauen Erwerbsarbeit und Elternpflichten sinnvoll miteinander verbinden können«. Nicht Frauen sollten zurück an den Herd, sondern die Arbeitsbedingungen müßten sich ändern.

Auch da sprach Stoiber aus eigener Erfahrung, seine Arbeitsbedingungen waren unabänderlich. Die Stoibers taugten keinesfalls als Vorbild einer fortschrittlichen Familie. Er war mit seiner politischen Arbeit immer enger verbunden als mit seiner Familie, und die Kinder beklagten sich manchmal sogar öffentlich. Aber anders war es nicht möglich.

»Wenn man eine solche Funktion hat wie ich, kann man beides häufig nicht miteinander verbinden. Ich kann nicht sagen, meine Tochter ist krank, ich komme heute nicht«, verteidigt sich Stoiber. »Ich bin heute stolz, daß ich wirklich hervorragende Kinder habe mit enger Bindung an den Vater. Wenn es darauf ankam, hatte ich genügend Zeit«, glaubt er. »Ich kann sagen, ich war für meine Kinder immer da, wenn sie mich wirklich brauchten. Und wir haben die gemeinsame Liebe zum Skifahren, die gemeinsame Liebe zum Fußball. Meine jüngere Tochter, die Veronika, hat als Kind mit sechs oder sieben Jahren aufgehört mit dem Puppenspielen und gesagt: Jetzt kommt doch die Sportschau.«

Ein Familienvater war Stoiber nie, wahrscheinlich war er dazu auch nicht geeignet. »Politik ist für ihn das Höchste«, urteilt Gerhard Maier. »Für die Politik hätte er alles zurückgestellt.« Stoibers Gegenspielerin, Renate Schmidt, meint: »Stoiber ist ein Mann, den über Politik hinaus nur wenig bewegt.« Und auch Stoiber selbst hat ja von einem »erotischen Verhältnis« gesprochen, das er zur Politik habe, zur Macht.

Meinte Stoiber mit »partnerschaftlicher Aufgabenteilung«

das, was bei ihm zu Hause üblich ist? Karin Stoiber widmete sich Haus und Familie, ganz im Sinne ihres Mannes, der von Theodor Hellbrügge gelernt hatte, daß ein Kind in den ersten drei Jahren eine verläßliche Bezugsperson, »in der Regel die Mutter«, brauche, um ein »Urvertrauen« zu entwickeln. Wer wie Karin Stoiber in respektvollem Abstand drei Kinder gebiert, der hat annähernd zehn Jahre lang ein Kind unter drei Jahren. Und wer einen Mann hat, der sogar am Wochenende noch die Akten mit nach Hause nimmt, kann sich gar nicht anders entscheiden als gegen eine Berufstätigkeit.

Karin Stoiber scheint aber mit ihrer Rolle zufrieden zu sein. Sie sähe ihre Aufgabe darin, ihrem Mann den Kopf freizuhalten für die Politik. Schon zwischen sechs und sieben Uhr morgens nahm er sich den Zeitungsstapel vor. Wenn sie das Frühstück bereitet hatte und die Kinder wach waren, trafen sich alle am Frühstückstisch. Dann sahen sie ihren Vater nicht mehr. Er arbeitete stets bis tief in die Nacht. An einem Sommerabend, als ein Mitarbeiter Anstalten machte, nach Hause aufzubrechen, soll er ihn gefragt haben: »Wieso, es ist doch noch hell draußen.«

Bei einem so von seiner Arbeit besessenen Ehemann bleibt einer Frau die Verantwortung im Heim: Karin Stoiber erzog die drei inzwischen erwachsenen Kinder, kümmert sich bis heute um Haus und Garten, erledigt die Post, informiert ihren Mann über Neuanschaffungen erst hinterher und legt ihm vor Dienstreisen kleine Zettelchen zu den Sakkos, damit er weiß, welches Jackett zu welchem Hemd und welcher Krawatte paßt.

Edmund Stoiber war für die Familie selten da. Als er im Umweltministerium arbeitete, rief ihn einmal seine Frau an. Tochter Constanze hatte ihre ersten Schritte gemacht, die Mutter war ganz aus dem Häuschen. Und Edmund Stoiber? »Ich Depp hab' gefragt: Deswegen rufst du jetzt an?« Nicht daß Stoiber nicht lernfähig wäre, das zeigt ja auch dieser Ausspruch. Aber er gehört sicher zu den Männern, die ihren Frauen keine Wahl lassen. Wenn seine Wahl auch ihre ist, dann ist dagegen gar nichts einzuwenden, würde der Mann bei seinen politischen Stellungnahmen nicht den Eindruck erwecken wollen, durchaus für die Ideen des Feminismus aufgeschlossen zu sein. Tatsächlich machte

Stoiber Karriere auf Kosten von Frauen, die solch ein Arbeitspensum kaum bewältigen können, weil sie auch noch für die Familie sorgen wollen oder müssen.

Stoibers Einstellung war in diesem Punkt von vorgestern. Trotzdem räumte er ganz auf der Höhe der aktuellen Diskussion ein, Frauen hätten es noch immer schwerer bei der Einstellung. Das hatten ihm die Töchter beigebracht. Im selben Moment aber dachte er an die Menschen, die ihm vertraut waren: die Arbeitgeber, die Betriebe! Auch diese hätten Probleme mit der Anstellung von Frauen, darauf wies Stoiber ausdrücklich hin: bei schwangerschaftsbedingten Ausfällen und erziehungsbedingten Unterbrechungen. Seine Lösung waren befristete Arbeitsverträge. »Wenn wir Familie und Beruf nicht miteinander versöhnen, dann werden immer mehr junge Menschen ihr Lebensglück außerhalb der Familie suchen.« Die Gewerkschaften hätten dieser für Frauen und Kinder so entscheidenden Frage nicht genügend Aufmerksamkeit geschenkt, dabei habe sie – man beachte den Zusammenhang – »mindestens die gleiche Bedeutung wie die Forderung nach der Arbeitszeitverkürzung«.

Als Stoiber 1993 das neue Grundsatzprogramm der CSU vorstellte, appellierte er an die Männer, »mehr Mitverantwortung für die Familienarbeit zu übernehmen ... Viele Frauen fordern das massiv und mit Recht.« Stoiber meinte damit, die Männer müßten auch mal den Müll nach unten tragen und Geschirr abspülen. Für Stoiber blieb immer das eigene Familienmodell beispielhaft, und er persönlich könnte sich auch kein besseres vorstellen. Daß Frauen auch Karriere machen wollen, hat ihm seine älteste Tochter anvertraut, aber recht ist ihm diese Entwicklung nicht: Die Emanzipation der Frau sah er verantwortlich dafür, daß »das Gleichgewicht zwischen Rechten und Pflichten zugunsten des Rechts- und Anpruchsdenkens und zu Lasten des Pflichtbewußtseins und der Verantwortungsbereitschaft verschoben« sei.

In Stoibers traditionellem Gesellschaftsbild ist die Ehe erste und einzige Institution, die Familie repräsentiert. In ihr müssen Tugend und Werte vorgelebt werden. »Die Ehe bezeugt die Bereitschaft von Partnern zu lebenslanger Verantwortung und Sorge füreinander. Wer dazu nicht bereit ist, der will mehr Freiheit und weniger Bindung. Wir respektieren, daß andere anders leben wollen«, gelobte er 1993. »Aber deshalb gibt es mit uns konsequenterweise auch keine rechtliche Gleichstellung nichtehelicher Lebensgemeinschaften mit der Ehe.«

## § 218:
## »Die Qual einer Abtreibung«

Der Vorsitzende des gesundheitspolitischen Ausschusses der CSU, der Internist Hartwig Holzgartner, verglich 1979 Abtreibung mit Auschwitz und der Ermordung von Juden. Da fühlte sich der Generalsekretär Stoiber persönlich aufgerufen, den aus seiner Sicht zweifellos richtigen Ansatz in einen vertretbaren Rahmen zu rücken. Der Vergleich sei »sicherlich überzogen und unglücklich«, wand sich Stoiber. Die »verfassungswidrige Novelle« des § 218 sorgte aber dafür, daß die soziale Indikation »zum Teil erheblich überstrapaziert« werde. Und die hatte nicht die CSU zu verantworten. Stoiber jedenfalls zeigte Verständnis dafür, daß ein Arzt, der seinen Beruf mit Leib und Seele ausübe, daran verzweifle, daß in unserem Land »die Zahl der Abtreibungen als Erfolgsziffern gemeldet und dafür noch jährlich 200 Millionen an Steuergeldern aufgewendet« würden. Die CSU und die Mehrzahl der Bürger seien der Auffassung, daß das menschliche Leben grundsätzlich unantastbar sei. Wenn ein Staat wie der deutsche Schwangeren in Not nicht »auf eine humanere Art und Weise helfen kann als durch Abtreibung, so bedeutet dies eine Pervertierung unseres Strebens nach Wohlstand«.

Die massenhafte Abtreibung aus, so Stoiber, niederen, egoistischen Gründen wurde neben der Medien- und der Familienpolitik sein drittes wichtiges Thema Mitte der achtziger Jahre. Stoiber empörte vor allem, daß es Abtreibung sogar auf Krankenschein gab, bezahlt von allen Beitragszahlern, auch denen, die gegen diese Tötung menschlichen Lebens waren. Die Kosten für die Pille aber, die das Fiasko verhindern könnte, übernähme die Kasse nicht.

Im Juni 1985 zeigte der *Bayerische Rundfunk* im *Report*, sehr zum Wohlgefallen seines Oberkritikers, Ausschnitte des Films »Abtreibung«. Ein Fötus »wittert die tödliche Gefahr«, analysierte Stoiber die Bilder, »und spürt die Qual einer Abtreibung«. Intendant Reinhold Vöth und *Report*-Chef Günther von Lojewski mußten den Dank Stoibers persönlich und noch einmal öffentlich, in einem Artikel des *Bayernkurier* entgegennehmen.

Der *WDR* dagegen bekam zur gleichen Zeit wieder einmal Schelte von Stoiber. *Ratgeber Recht* berichtete von einer Frau, die wegen einer psychischen Zwangslage hatte abtreiben wollen. Der Vater klagte. Das Gericht beraumte offenbar absichtlich einen Termin an, zu dem die Frist für eine legale Abtreibung bereits abgelaufen war. Die Ratgebersendung rügte den Richter, weil er durch Nichtstun Tatsachen geschaffen hatte. Stoiber dagegen hätte den Richter belobigt sehen wollen, weil er seiner Pflicht nachgekommen war – nämlich der, das Kind zu retten. »Das Gericht bewahrte ein werdendes Leben vor der Tötung, die an dem Kind nicht mehr nachgeholt werden kann.«

Das Gericht schuf Fakten, die nicht mehr korrigierbar waren – auch für die unfreiwillige Mutter. Man fragt sich, wie der Jurist Stoiber reagiert hätte, hätte das Verfahren ihm als Richter vorgelegen. Hätte er, wie das Gericht, sich des Problems durch Nichtstun entledigt? Sicher nicht. Er hätte darauf bestanden, daß der Richter seine Entscheidung vor Ablauf der Frist treffen konnte. Stoiber hätte ein Urteil gefällt und davor die Gründe der Mutter angehört. Wären sie ausreichend für eine soziale Indikation gewesen, hätte Stoiber einer Abtreibung zustimmen müssen, wenn er nicht das Gesetz hätte beugen wollen. Der Politiker Stoiber allerdings sah bei Abtreibungsfragen immer nur den Fötus, das Problem der Frauen war allenfalls ein finanzielles. Allen Frauen müßten deshalb nur die sozialen und materiellen Bedingungen geboten werden, sagte Stoiber, die es ihnen leichter machen, ihr Kind auszutragen.

Im Oktober 1986 beschwerte sich Stoiber über eine Stellenanzeige der Frauenklinik am Klinikum Nürnberg. Zwei leitende Ärzte/Ärztinnen wurden gesucht, die Bereitschaft der Bewerber zu Schwangerschaftsabbrüchen »im Rahmen der gesetzlichen Bestimmungen« setzte der Arbeitgeber voraus. Stoiber nannte die Anzeige »rechtswidrig«, sie verstoße gegen das Grundrecht der Gewissensfreiheit. Klinikleitung und Stadtrat dagegen meinten, kein Arzt sei gezwungen, sich nach Nürnberg versetzen zu lassen.

Wer abtreibt, sollte nach Stoibers Willen aus der Gesellschaft ausgeschlossen werden: 1987 regte er an, es gebe keinen Grund, einen Arbeitgeber über die Lohnfortzahlung hinaus an den Folgekosten der Abtreibung zu beteiligen. Die Zahlen, die Stoiber nannte, nahmen mit den Jahren immer mehr zu. 250 000 Abtreibungen waren es 1987, 680 jeden Tag, wie Stoiber errechnete. Und um wieder ein Problem mit einem anderen zu verquicken: »Wo bleiben hier die scheinliberalen Rechtsstaatsapostel Baum, Hirsch und Co., die peinlich darauf achten, daß keinem vermummten, gewalttätigen Demonstranten ein Haar gekrümmt wird?«

Als die Hexal AG Ende des vergangenen Jahrhunderts ausgerechnet in Holzkirchen, also im Wahlkreis Stoibers, eine Tochterfirma gründete, die die Abtreibungspille Mifegyne in Deutschland verbreiten sollte, war die Staatsregierung »not amused«, wie Geschäftsführerin Petra Schoettler feststellen mußte. Sozialministerin Barbara Stamm hielt die Zulassung des Medikaments für falsch und nannte es besonders bedauerlich, daß die Abtreibungspille ausgerechnet von Bayern aus vertrieben werde. Der Hexal-Tochter Femagen half es auch nichts, daß in Holzkirchen nur die wissenschaftliche Betreuung geleistet wird, der Vertrieb hingegen über Barleben in Sachsen-Anhalt läuft. Das alteingesessene Unternehmen Hexal (Warteschleife auf dem Telefon: »Don't worry, be happy«) war jedenfalls die Mutterfirma und machte sich nach Meinung der Demonstranten vor dem Firmentor zur »Mörderin«. Bei den kleinen Demonstrationen in Holzkirchen seien auch CSU-Mitglieder aus München gesichtet worden, erzählt Martin Erhard. Den Firmenchef, bekannt als Sponsor von Vereinen, sozialen Einrichtungen und auch der örtlichen CSU in Holzkirchen, hat das offenbar so geärgert, daß er seine Spendierhosen erst einmal in den Schrank gehängt hat. Jedenfalls, so Erhard, soll der hiesige

CSU-Chef Ludwig Artmann seinem Sohn, der bei der SPD ist, geklagt haben: »Nix mehr krieg' i jetzt.«

Das Wichtigste an dieser Etappe seiner politischen Karriere war das Wissen, das Stoiber ansammelte. Er arbeitete unermüdlich, war immer verfügbar, und Strauß übertrug ihm nahezu jede Art von Arbeit. »Es gab nichts, was an ihm vorbeigelaufen ist«, glaubt SPD-Fraktionschef Franz Maget. Und Stoiber hielt seine Augen und Ohren auf. Nach den sechs Jahren in der Staatskanzlei wußte er alles, was dort vorging, wahrscheinlich deutlich mehr, als er zugeben wollte, als die Machenschaften von Strauß die CSU wieder einholten.

# 5

## Innenminister: »Den Willen der Bürger beachten«

Am 3. Oktober 1988 starb Franz Josef Strauß, 73 Jahre alt, nachdem er bei einem Jagdausflug zusammengebrochen war. Für Edmund Stoiber kam Strauß' Tod zu früh. Er sei »altersmäßig noch nicht in dieser Etage«, hatte Strauß zuvor erklärt. Nur Max Streibl oder Gerold Tandler kämen in Frage. Hätte der Verstorbene seinen Nachfolger bestimmen können, seine Wahl wäre auf Tandler gefallen. Als aber Strauß noch auf der Intensivstation im Regensburger Krankenhaus der Barmherzigen Brüder lag, versammelte sich im Vorraum fast das gesamte Kabinett. Im Zentrum der Gruppe stand Max Streibl, die Minister ordneten sich um ihn herum. Noch während Strauß mit dem Tode rang, war klar, wer sein Nachfolger werden würde. Ohne große Mühe bremste Streibl Tandler aus, vielleicht weil er wie auch Stoiber ein Geheimnis Tandlers kannte, das später gelüftet werden sollte. Nicht Wirtschaftsminister wurde Tandler, was er sich gewünscht hätte, sondern Finanzminister, auch das eine pikante Entscheidung Streibls. Dabei hatte ein anderer auf dieses Amt ein Auge geworfen: Edmund Stoiber. »Ich wollte Finanzminister werden. Und ich hatte mit Streibl geredet und ihn gefragt: Könntest du dir vorstellen, daß ich dein Nachfolger werde? ›Das könnte ich mir schon vorstellen‹, hat Streibl geantwortet, aber die älteren Rechte habe Tandler.«

Warum wollte er Finanzminister werden, obwohl er eingestandenermaßen damals weder Finanz- noch Wirtschaftspolitik zu seinen Steckenpferden zählte? Regierungssprecher Friedrich Wilhelm Rothenpieler hat die griffigste Antwort:

»Das ist der Minister, der bei allem dabei ist, weil er das Geld hat.«

Wäre es nach Streibl gegangen, hätte Stoiber das Wirtschaftsministerium übernommen. Es war Fraktionschef Alois Glück, der meinte, Bayern brauche einen starken Innenminister. Als Stoiber das Haus in der Orleansstraße betrat, muß ihm eine Flut entgegengeschlagen sein, die »Asylantenflut«. Kaum ein paar Tage im Amt, rutschte ihm vor zwei Dutzend Journalisten heraus, wovor er stellvertretend für alle Bayern und Deutschen am meisten Angst hatte: 50 bis 60 Millionen »Asylanten« könnten in den nächsten Jahren nach Deutschland »schwappen«, falls die SPD nicht mitziehe bei der dringend gebotenen Änderung des Asylrechts. Oskar Lafontaine wolle »eine multinationale Gesellschaft auf deutschem Boden, durchmischt und durchraßt«. Es sei aber doch so: »Unsere Aufgabe ist es, in erster Linie Politik für die Deutschen zu machen.«

Stoiber, in diesem Fall wurde es erschreckend deutlich, redet manchmal, bevor er denkt, jedenfalls bevor er die Konsequenzen abgeschätzt hat. Wieder einmal hatte er einfach gesagt, was er aus Gesprächen mit den Seinen herausgefiltert hatte. Vielleicht war er vorher mit einem Schulfreund auf einen Berg gestiegen, vielleicht hatte er mit einem früheren Wahlhelfer am Biertisch gesessen, der ihm das Herz des Ortsvereins ausgeschüttet hat, vielleicht hatte er auch am frühen Morgen beim Zeitungsstudium begriffen, daß die Rechtsextremisten Boden gutmachen. Das wird niemand erfahren. Fakt ist: Stoibers Schulfreunde dachten mehrheitlich so wie er, seine damaligen Studienfreunde ebenfalls und seine heutigen Parteifreunde auch. Was hatte er also Falsches gesagt? Wieder so ein Wort, das nur durch den Mißbrauch der Nazis nicht mehr ausgesprochen werden darf!

Stoiber verstand die ganze Aufregung nicht. Aber bitte, wenn die Herren Journalisten darauf bestehen und man dann wieder in der Sache statt um Worte streiten könne, dann werde er künftig auf diesen Begriff verzichten.

Erst viele Jahre später zeigte Stoiber wirkliche Reue: »Die Sache mit dem Wort ›durchraßt‹. Ich würde es nicht mehr in den

Mund nehmen, weil es einfach eine Gesinnung suggeriert, die ich nicht habe. Ich wollte damals eigentlich auf den Punkt bringen, daß ich gegen eine multikulturelle Gesellschaft bin. Aber es gibt eben bestimmte Begriffe, die man als Deutscher nicht verwendet.« Auch die »Schwarz-Weiß-Malerei« bei seinem Vergleich von Sozialisten und Nationalsozialisten würde er heute nicht mehr anstellen, sagte er im Januar 1996 der *Frankfurter Rundschau*.

Unmittelbar nach dem »Sprechverbrechen« konnte Stoiber nicht über seinen Schatten springen und sich glaubhaft entschuldigen. Bayerns stellvertretende SPD-Landesvorsitzende Renate Schmidt forderte den Rücktritt des »Rassefanatikers auf dem Ministersessel«. SPD-Vize Rudolf Schöfberger stieg noch einmal in die Archive und fand heraus, welche Völker jahrtausendelang auf die schwäbisch-bayerische Hochebene geströmt seien, und bewies damit, daß der Landstrich zwischen Alpen und Donau »der größte Völker- und Rassenschmelztiegel des alten Kontinents« gewesen sei. Sogar Franz Schönhuber sorgte sich – um die Gunst seiner Wähler: »Nach Straußens Tod geht die CSU noch stärker dazu über, unsere Positionen zu übernehmen.«

Die Sorge war begründet. Stoiber wollte Schönhubers Wähler an die CSU binden, als würden sie und ihre Xenophobie dadurch besser. Was aber, wenn die Wähler bei den »Republikanern« blieben und mit Verweis auf die CSU behaupteten, daß ihre Positionen legal seien? Stoiber, so mahnten nicht wenige in Bayern und anderswo, mache Schönhuber hoffähig.

Stoiber hörte nicht auf solche Kassandrarufe. Im Gegenteil. Als er im März 1989 als Vorsitzender der Grundsatzkommission die überarbeiteten Leitlinien der Partei präsentierte, verdeutlichte er seine Sicht mit einem biblischen Begriff. Als besonders bibelfest hat sich der Politiker der Christlich-Sozialen Partei dabei nicht gezeigt. Nächstenliebe, erläuterte Stoiber, wolle er schon praktizieren, aber nicht Fernstenliebe. Also: Nicht den nach Deutschland strömenden Ausländern gelte seine Zuwendung, nicht denen, »die nicht zu unserer Nation gehören«, sondern den Nächsten, den Deutschen eben und auch den

Bayern im speziellen. Und natürlich auch den Aussiedlern, die seien schon »familienzugehörig«. Bei einem späteren Besuch in der Oberpfalz versicherte er seinen Zuhörern, der Wohnungssuche eines Busfahrers mit drei Kindern räume er größeren Stellenwert ein als der Bleibe für Asylanten, wie *Der Neue Tag*, Weidens Tageszeitung, berichtete. Stoibers Worte waren nichts anderes als neuer Wein in alten Schläuchen, etikettiert mit Volksgemeinschaft.

Er hatte sich zum Ziel gesetzt, den Schönhubers die ureigenen Themen konservativer Parteien wieder abzunehmen. Und er wollte Wähler zurückgewinnen, die nach Stoibers Meinung Politiker wie Heiner Geißler und Sabine Leutheusser-Schnarrenberger leichtfertig preisgegeben hatten. Und das betraf nicht nur ihre – wie Stoiber meinte – ausländerfreundliche Asylpolitik. Während Stoiber noch immer vor der RAF warnte, sprach die FDP von Zusammenlegung der Gefangenen und vorzeitiger Haftentlassung. Während die FDP – die SPD sowieso – über Resozialisierung von Vergewaltigern nachdachte, so Stoiber, ließ man die Opfer mit ihren Leiden allein. Wer unter den Wählern sollte das noch verstehen können?

Deren Ängste vor Kriminalität, vor Fremden, vor wirtschaftlichem Niedergang und damit einhergehende Vorurteile nutzte Stoiber aus oder, wie er es formulieren würde: nahm er ernst. Schließlich ist ein Politiker Stellvertreter, um nicht zu sagen Diener des Volkes, hat für einen gewissen Zeitraum eine öffentliche Aufgabe übernommen. Wenn er diese behalten will, muß er dem Willen der Wähler folgen. Ein Glücksfall, wenn beide, Repräsentant und Wähler, sich einig sind.

Als Stoiber den ersten Bericht des bayerischen Landeskriminalamtes seiner Amtszeit referierte, legte er besonderes Augenmerk darauf, daß ein Viertel der Straftäter in Deutschland keinen deutschen Paß besitze. Klar, sagt der Stammtisch, das haben wir immer schon gewußt, und deshalb hat der Stoiber ganz recht, wenn er vor einer »durchraßten Gesellschaft« warnt. Doch die Zahlen von Kriminalstatistiken verzerrten und verzerren bis heute die Realität. Sie erfassen, und das weiß auch ein Innenminister, lediglich die Strafverdächtigen. Daß ein Polizist schneller bei denen zugreift, die »ausländisch« wirken, ist länglich bekannt. Außerdem sammelt(e) die bayerische Kriminalstatistik auch alle Fälle von Verstößen gegen das Ausländer- und Asylverfahrensgesetz, also Delikte, die Deutsche gar nicht begehen können. Auch die Straftaten von ausländischen Urlaubern und Angehörigen der hier stationierten ausländischen Streitkräfte erhöhten die von Stoiber zitierten Zahlen. Wer keiner geregelten Arbeit nachgehen darf, weil das Asylverfahrensgesetz es so bestimmt, wer in menschenunwürdigen Sammelunterkünften zusammengepfercht wird, der verfällt leichter auf illegale Geschäfte; das ist bei Deutschen, die, wie man sagt, sozial schwach sind, nicht anders. In dieser Gruppe sind auch schwere Straftaten genauso häufig wie unter Ausländern.

Die wachsenden Zahlen von Asylbewerbern, aber auch Aussiedlern (1986 bis 1991 kamen 1,3 Millionen Aussiedler nach Deutschland, überwiegend aus Rumänien, Polen und der Sowjetunion) dienten Stoiber und anderen Unionspolitikern als gefundenes Fressen. Im Februar 1989 sprach Stoiber im Haushaltsausschuß sogar von Aussiedlungs-Mißbrauch. Als die Opposition im Landtag nachhakte, fand er – in bewährter Äpfel-Birnen-Manier – rasch die Kurve zur Asylproblematik. Um die Integration von Ausländern zu erleichtern, erklärte er, müsse der Zuzug aus Ländern außerhalb der Europäischen Gemeinschaft eingeschränkt werden. Unbegründete Asylfälle müßten wie in Dänemark schon an der Grenze abgewiesen werden. Es werde von der Bevölkerung nicht akzeptiert, daß auf der einen Seite eingespart werde, andererseits aber drei Milliarden Mark für Asylbewerber ausgegeben werden.

120 000 Personen beantragten in der BRD 1989 Asyl. Die Rede von der »Asylantenflut« kam in Deutschland im selben Jahr auf, in dem Pakistan 3,6 Millionen Flüchtlinge aus Afghanistan und dem Iran aufnahm, Iran umgekehrt 2,8 Millionen aus Afghanistan und dem Irak, Malawi 812 000 aus Mozambique, Äthiopien 740 000 aus dem Sudan und Somalia, Thailand 436 000 aus Kambodscha und Laos, Somalia 350 000 aus Äthiopien. Nach Deutschland hatten sich von 1953 bis 1991, in knapp 40 Jahren, insgesamt 1,4 Millionen Flüchtlinge als Asylbewerber

gemeldet, mit steigender Tendenz. Während Politiker wie Stoiber von einer Schwemme sprachen, klärte niemand darüber auf, daß jährlich 400 000 Ausländer das Land verließen.

Die zuständigen Stellen lehnten Asylsuchende immer rigider ab, und Stoiber deklarierte bald 95 Prozent der Asylsuchenden als Wirtschaftsflüchtlinge. »Wann wird die Bundesrepublik Deutschland endlich das Asylproblem lösen? Wie lange müssen wir dem massenhaften Mißbrauch des Asylrechts noch zusehen?« Diese Antwort seien die Politiker den Bürgerinnen und Bürgern in unserem Land schuldig, sagte Stoiber. Was die dachten und wünschten, wußte keiner so gut wie er: Wer deutsches Asylrecht mißbraucht, soll künftig schneller herausgefiltert werden, statt ihn das ganze rechtsstaatliche Verfahren durchlaufen zu lassen, das sich über Jahre hinzog. Erstens sei das unmenschlich, zweitens erhöhe das nur den Anreiz eines Asylantrags in Deutschland und führe drittens dazu, daß die Antragsteller hier »Wurzeln schlagen«. Und das, wußte Stoiber aus zahlreichen Gesprächen mit der oberbayerischen Basis, wollten die Menschen auf keinen Fall.

Dann beschloß der rot-grüne Senat in Berlin – den es nach Stoibers Rechnung ohne den Wahlerfolg der sogenannten Republikaner nicht gegeben hätte –, abgelehnte Asylbewerber nicht mehr zurückzuschicken, wenn sie länger als fünf Jahre bereits in Berlin lebten. Auch solche aus Krisengebieten durften bleiben, zum Beispiel Kurden. Stoiber recherchierte schnell und fand heraus, daß es fünf bis zehn Millionen von denen gebe. Natürlich sagte er das auch laut: Wenn die alle zu uns kämen, über das Berliner »Tor zur Masseneinwanderung«, das wäre ein »Irrweg in die Sackgasse«, warnte Stoiber vor nicht zu bewältigenden Konflikten.

Weil Stoiber dem Volk aufs Maul schaut, wußte er natürlich längst, daß es am meisten störte, daß diese »Schmarotzer« nicht einmal arbeiteten. Das sei ein »ungeheures Ärgernis«, betonte Stoiber und verschwieg dabei, daß das Ärgernis nicht bestand, weil die Asylsuchenden nicht arbeiten wollten, sondern weil sie nicht durften. Nun aber, im Juli 1989, sollte das Arbeitsverbot gelockert werden. Selbstverständlich durften sie keinem Deutschen einen Arbeitsplatz wegnehmen. Und viel verdienen durften sie auch nicht, das würde nur weitere Asylbewerber anlokken. Aber nützlich sollten sie sich machen. Wozu noch Erntehelfer aus Polen ins Land holen, wenn das auch die Jugoslawen aus dem Kosovo leisten können? Wozu Krankenschwestern aus Rumänien anstellen, wenn ihre geflüchteten Landsleute einfache Pflegedienste genauso gut erledigen können? Fürs Abspülen in Gaststätten oder Steineschleppen auf dem Bau braucht's ohnehin keine Experten. Und so wurde, um weiteren legalen Zuzug zu vermeiden, Stoiber einer der Kämpfer für ein Arbeitsrecht für Asylbewerber.

Wer allerdings Rechte beansprucht, der muß auch Pflichten auf sich nehmen. Wer nicht bereit sei, sich innerhalb Bayerns dahin zu begeben, wo er gebraucht wird, verfügte Stoiber, müsse damit rechnen, zu gemeinnütziger Arbeit nach dem Bundessozialhilfegesetz herangezogen zu werden. Dies sei die konsequente Fortentwicklung der bayerischen Asylpolitik.

Zehn Jahre später sprach sich Stoiber für ein Einwanderungsgesetz aus. Ziel des Vorstoßes: Welche Ausländer ins Land dürfen, sollten in Zukunft staatliche Stellen beurteilen, und zwar auch für bisherige Asylbewerber. Stoibers Vorschlag folgte einer Initiative der Bundesregierung von Gerhard Schröder, der einen Mangel an Computerexperten dadurch beheben wollte, daß ausländische Fachleute eine Green Card beantragen konnten, die einen zeitlich begrenzten Aufenthalt in Deutschland ermöglichte. Eine derartige Position hatte in der Union schon zwanzig Jahre zuvor u. a. Heiner Geißler vehement verfochten und war dafür regelmäßig von Stoiber angegriffen worden. Nun aber, im Zeitalter der Globalisierung und des weltweiten Kampfes um Standortvorteile, mußte wohl oder übel die Überzeugung von damals revidiert werden.

2,65 Milliarden Mark hatte Stoiber in eine bayerische High-Tech-Initiative investiert. Als er im Oktober 1999 Silicon Valley besuchte, muß sich der Ministerpräsident ziemlich klein vorgekommen sein. Etliche der Firmen auf dem Gelände haben einen Jahresumsatz, der größer ist als der gesamte bayerische Staatshaushalt. Ein bayerischer Unternehmer, der mehr als zehn Jahre zuvor den Sprung nach USA gewagt hatte, kannte auch keine Hemmungen, Stoiber zu sagen, warum es in Deutschland so langsam vorangehe. Nicht mangelndes Risikokapital sei es, schon eher die steuerlichen Rahmenbedingungen. Aber vor allem fehle es an Fachkräften. Dieses Defizit behindere eine schnellere Entwicklung. Stoiber hörte aufmerksam zu, verwies dann auf die 450 US-Firmen, die sich in Bayern angesiedelt hätten. Reine Vertriebstöchter, kanzelte ihn der Unternehmer ab. Woher aber die Spezialisten nehmen?

Die Bundesregierung beschloß also, zur Behebung des Fachkräftemangels die Green Card einzuführen, und weil die Industrie um Hilfe rief, wollte auch Stoiber nicht zurückstehen. Grundsätzlich, mahnt er seither, benötige Deutschland alle Köpfe, die »unserem Land und der Wirtschaft helfen können, voranzukommen«. Um auch in dieser Frage an der Spitze des Fortschritts zu marschieren, erfand die Staatsregierung eine eigene Initiative, die Blue Card. Derartige Vergünstigungen für Ausländer seien aber mit eben jenem Zuwanderungsgesetz zu verknüpfen, ließ Stoiber verlauten, das er als Einwanderungsbegrenzungsgesetz verstanden wissen wollte. Die umworbenen Experten sahen allerdings wenig Grund, ins gelobte Deutschland zu kommen, der Run auf deutsche Arbeitsplätze blieb aus. Rechtsextremistische Schläger brachten zur selben Zeit mehrere Ausländer zu Tode; da überlegten es sich die Spezialisten noch mal.

## Kirchenasyl: »Ein Stück Kreativität der Staatsregierung«

Nachdem Bundesinnenminister Wolfgang Schäuble im Herbst 1989 seinen Referentenentwurf zur Neuordnung des Ausländerrechts präsentiert hatte, schrieb ihm Stoiber auf 17 Seiten nieder, was er unter einer sachgerechten Asylpolitik verstand: Die Bundesrepublik sei kein Einwanderungsland, bemerkte er, dieser Hinweis fehle im Entwurf. Wenn ein Ausländer in den letzten drei Jahren strafrechtlich belangt worden sei, sah er keine

Basis für eine Aufenthaltsberechtigung. Stoiber verstand nicht, daß jemand eine unbefristete Aufenthaltserlaubnis bekommen konnte, wenn er gerade arbeitslos war. Außerdem war Stoiber der Meinung, ein ausländischer Antragsteller dürfe sich nicht »unerlaubt politisch betätigt« haben. Das zielte gegen Kurden. Stoiber forderte den Zusatz: »Ausländer haben bei der politischen Betätigung Mäßigung und Zurückhaltung zu wahren.« Ausländern sollte also ein Teil der Grundrechte konsequent vorenthalten bleiben.

Auch die Bestimmungen für den Familien- und Ehegattennachzug erschienen dem bayerischen Innenminister zu großzügig. Insbesondere dürften dadurch keine Nachteile für andere Bewerber bei der Vergabe von Sozialwohnungen entstehen: »Wir dürfen uns nicht zusätzlich eine Wohnungsnot importieren.« Einen Rechtsanspruch auf Familiennachzug wollte Stoiber nicht gewähren. Weil Stoibers Position zum Nachzug von der FDP als »unfreundlich« kritisiert wurde, schlug Stoiber zurück. Die CSU müsse sich den Grad der Familienfreundlichkeit nicht von der FDP vorschreiben lassen.

Abgelehnte Asylbewerber wollte Stoiber auch dann abschieben, wenn dem Betroffenen in seinem Heimatland die Todesstrafe drohte. Schließlich werde die in vielen Ländern bei Rauschgifthandel ausgesprochen, und, das wollte er wohl eigentlich sagen, Dealer bleiben auch hier Dealer. Später revidierte Stoiber: Man könne Asylanten nicht in solche Länder zurückschicken, »leider«, wie er ergänzte. Nach zähen Verhandlungen einigte sich die Koalition schließlich auf einen Kompromiß. De-facto-Flüchtlinge, also Flüchtlinge, die aus humanitären Gründen trotz eines negativen Asylbescheids nicht ausgewiesen werden konnten, durften bleiben, wenn sie acht Jahre in der Bundesrepublik gelebt hatten – allerdings ohne Rechtsanspruch. Von dieser Ausnahmeregelung abgesehen, konnte Stoiber seine Positionen weitgehend durchsetzen.

Unmittelbar vor den Wahlen im Oktober 1990 wollte Stoiber den Wählern offenbar noch einmal beweisen, daß er in der Lage war, hart durchzugreifen. Im Gemeindezentrum zu Gerolzhofen (Landkreis Schweinfurt) saßen seit Mitte September der linksoppositionelle Türke Sadettin Öztürk, dessen Frau und deren drei- und vierjährige Kinder. Sie sollten abgeschoben werden, nachdem Öztürks Asylantrag abgelehnt worden war. Öztürk war vor der Flucht 1988 in der Türkei mehrfach verhaftet und mißhandelt worden. Weil ihm, davon war er überzeugt, nach seiner Rückkehr erneut Haft und Folter drohten, rief er den Petitionsausschuß des Landtages an. Das Schweinfurter Amtsgericht beschloß, die Abschiebung bis zu einem Votum des Ausschusses aufzuschieben.

Nun ist aber Folter kein hinreichender Grund für Asyl nach deutschem Recht. Nur wer politisch verfolgt wird, hat Aussicht auf Asyl. Die europäische Menschenrechtskonvention, die auch von der Bundesrepublik unterzeichnet wurde, verbietet hingegen die Abschiebung eines Flüchtlings in ein Land, in dem ihm Gefahr für Leib und Leben droht. Derartige Fälle durften meist bleiben, wurden als De-facto-Flüchtlinge geduldet. Nicht so von Stoiber. Er ließ die Familie aus der Kirche holen und in die Türkei zurückfliegen. Angekommen in Istanbul, wurde Öztürk sofort verhaftet. Er habe, lautete die Begründung, das Ansehen der Türkei im Ausland beschmutzt. Im Gefängnis soll er Angaben von amnesty international zufolge mißhandelt worden sein.

Stoiber zweifelte dies an. Auch sei Öztürk »wegen krimineller Delikte verurteilt« worden. Der Fall sei »so glasklar, wie es kein zweiter sein kann«. Pfarrer Holger Bischof dagegen, der die Flüchtlinge aufgenommen hatte, erklärte, Öztürk sei bei politischen Auseinandersetzungen in der Türkei wegen Körperverletzung bestraft worden. Die Strafe habe er abgebüßt. Er habe ein Anrecht auf Hilfe gehabt »wie jeder andere Mensch, der sich in einer Notlage befindet«.

Auch bei den Roma aus Rumänien und Jugoslawien lag Stoiber formaljuristisch richtig: Daß Angehörige dieser Volksgruppe in ihrer Heimat »von der Bevölkerung massakriert und unmöglich behandelt« werden, mochte der Innenminister in der »Woche der Ausländer« einräumen. Gleichwohl, so erklärte er, könnten sie sich nicht auf das Asylrecht stützen.

Nicht ohne Schmunzeln vernahm das geneigte Publikum

fünf Jahre später den Vorschlag von Stoibers Innenminister Günther Beckstein, Kirchen ein Kontingent der abgelehnten Asylbewerber zuzuteilen – wenn sie für diese alle Kosten übernähmen. Und noch mehr schmunzelte es, als der damalige Innenminister, der inzwischen Ministerpräsident geworden war, dazu Stellung nahm: Becksteins Vorstoß beweise »ein Stück Kreativität der Staatsregierung«.

Gleichwohl wird in Bayern bis heute nach den Buchstaben der Gesetze abgeschoben, und ein Richter tut gut daran, sich an eben diese zu halten. Im November 1999 wollte sich ein Amtsrichter von einer Entscheidung über eine Abschiebung befreien lassen. Er sei von seiten der Politik unter Druck gesetzt worden. Das Ausländeramt der Stadt Nürnberg habe ihm gesagt, der Innenminister erwarte eine Haftanordnung, die er offenbar nicht für angemessen hielt. Bei einem derartigen Spruch aber, so habe das Ausländeramt kolportiert, werde der Minister ihn »einen Kopf kürzer« machen. Günther Beckstein bestritt den Vorwurf. Es stand Aussage gegen Aussage. Der Richter aber wurde nicht ausgetauscht, er mußte entscheiden; und er blieb stark. Bisher hat ihm sein widerspenstiges Urteil nicht geschadet.

## Asylrecht ändern: »Unter bewußter Umgehung der Verfassung«

Nach der Maueröffnung nahm die Zahl der Antragsteller weiter zu. Stoiber fürchtete, das Thema Asylrecht könnte hinter der Euphorie und den Problemen der Wiedervereinigung verschwinden, und wurde nicht müde, vor der »mißbräuchlichen Ausnutzung unseres Asylrechtssystems« zu warnen. Die Zugangszahlen seien im Jahr 1990 »dramatisch« gestiegen, gab er kurz vor den ersten Wahlen im wiedervereinigten Land zu bedenken. Und nur 3,3 Prozent von den Antragstellern kämen wirklich berechtigt. »Die Masse der Asylbewerber, daran besteht kein Zweifel, kommt also einfach deswegen, weil sie sich bei uns eine sehr viel positivere Lebensperspektive erhofft.« Dabei sei Deutschlands Aufnahmefähigkeit schon längst überschritten. Zum Teil könnten die Asylbewerber »unter Inkaufnahme eines sofort einsetzenden Sturmlaufes der örtlichen Bevölkerung« nur noch in Turnhallen untergebracht werden.

Ein Sturmlauf gegen den »Asylantenstrom«. Das war Notstand! Was würde als nächstes passieren, wenn der Staat das Problem, das »Asylchaos, das weltweit einzigartig ist«, nicht zu lösen imstande ist? Wenn die Politiker nicht das Grundrecht auf Asyl änderten, der »einzige Ausweg aus der Sackgasse«, zu welchen Maßnahmen würden die Bürger dann greifen?

Wer trug Schuld nach Ansicht Stoibers? Die SPD! Die demonstrierte lieber mit Kerzen in der Hand gegen Fremdenhaß, statt das Ausländerproblem zu beseitigen. Die SPD, sagte er, habe schon immer Wert darauf gelegt, Minderheitenpositionen zu vertreten, »und sich einen Dreck um die Interessen der Mehrheit unserer Bevölkerung geschert«. Dagegen habe Franz Josef Strauß den »Massenzustrom von Wirtschaftsflüchtlingen« schon 1986 vorausgesehen und eine Grundgesetzänderung verlangt. Damals sei ihm nur Baden-Württemberg gefolgt. Jetzt aber war es für Stoiber fünf vor zwölf, schließlich hatte sogar Kanzler Kohl vom »Staatsnotstand« gesprochen, und Stoiber erwog, das Asylgesetz auch mit drastischen Mitteln in seinem Sinne zu modifizieren – »auch unter bewußter Umgehung der Verfassung«, wie er im *Zeitspiegel* des *BR* ankündigte. Manfred Fleischer, inzwischen von den Grünen zur CSU gewechselt, nannte Stoiber damals einen »Fall für den Verfassungsschutz«, und Stoiber mußte tatsächlich zurückrudern. Er habe nur die Notwendigkeit formuliert, daß man die Grenzen des Grundrechts neu ausloten müsse, wenn die SPD weiter starr und steif eine Änderung blockiere. Mit anderen Worten: Das Asylrecht sollte entweder legal abgeschafft werden oder eben anders, wenn die SPD nicht mitspielte?

In Wirklichkeit hatten es die Bayern in ihrer Umgebung kaum mit »Asylanten« zu tun. Aber Ängste machten sich breit, nicht zuletzt durch Aussagen wie die Stoibers.

Als selbst die *Frankfurter Allgemeine Zeitung* von einem bloß »dünnen Rinnsal« gesprochen hatte, das im Vergleich zu den weltweit 15 Millionen Flüchtlingen nach Europa fließe, führte das bei Stoiber keinesfalls zu Mäßigung. Im Gegenteil: Wenn die alle nach Deutschland kämen, gäbe es eine Springflut!

Keine Frage, das Flüchtlingsproblem besteht. Aber nicht, weil die Zahl der Flüchtlinge steigt, sondern weil die Akzeptanz sinkt, sie aufzunehmen, und die Bereitschaft zunimmt, Sündenböcke zu suchen. Jeder angegriffene Ausländer ist ein Opfer deutscher Politik.

## Anschläge: »Ausländer sind kein Freiwild«

»Die Asylanten sind unser Untergang!« hatte der *Zeit*-Reporter Bartholomäus Grill in einem Wirtshaus in Oberaudorf vernommen. Aber im Gespräch mit Stoiber tippte der ihm nun im Garten in der Gartenstraße aufs Knie und fragte rhetorisch: »Was soll ich den Leuten sagen, wenn in der Nähe eines Asylantenheimes ein junges Mädchen vergewaltigt wird?«

So etwas wollte Stoiber auf jeden Fall verhindern, und deshalb dachte er 1991 darüber nach, wie Deutschlands Grenzen so dicht gemacht werden könnten, daß möglichst kein »Wirtschaftsasylant« mehr hereinkommen konnte: Bei »offensichtlich unbegründeten« Asylanträgen sollte sofort »zurückgeschoben« (wer schiebt eigentlich hin?) werden, an den Flughäfen sollten Kontrollen mit ebenfalls sofortiger Entscheidung »die Spreu vom Weizen trennen«. Personen, die nicht unter das Asylrecht fallen, wollte er jedenfalls »nicht in unser Land lassen«. Damit die Millionen erst gar nicht auf die Idee kämen, sich nach Mitteleuropa aufzumachen, sollten vielmehr die Fluchtursachen beseitigt werden. Deshalb schlug Stoiber beispielsweise bei dreitägigen Gesprächen mit Politikern in Moskau eine autonome Wolga-Republik für die Rußlanddeutschen vor. Stoiber erkannte darin einen Beitrag zur Bekämpfung des Rechtsradikalismus, wie er in einem Interview mit Heribert Prantl von der *Süddeutschen Zeitung* versicherte.

Die Liste der Übergriffe von Deutschen gegen Ausländer ist lang: Im November 1990 griffen in Eberswalde-Finow etwa 50

Skinheads mehrere Afrikaner in einer Diskothek an. Der Angolaner Amadeu Antonio Kiowa starb. Am Ostersamstag 1991 stießen Skinheads den Mosambikaner Jorge Gomodai in Dresden aus einer fahrenden Straßenbahn; auch er starb. Nach gewalttätigen Ausschreitungen gegen mehrere ostdeutsche Aufnahmelager im April 1991 flohen die Asylbewerber nach Schwalbach in Hessen. Im Mai stürmen 15 Jugendliche im brandenburgischen Wittenberge die Wohnungen von Namibiern, zwei junge Afrikaner stürzten aus dem vierten Stockwerk vom Balkon. Im August zündeten Rechtsradikale das Asylbewerberheim Aschersleben bei Magdeburg an. Vorläufiger Höhepunkt der Anschlagserie waren im September 1991 die mehrtägigen Angriffe auf das Ausländerheim in Hoyerswerda, bis sich die Behörden schließlich der Macht der Straße beugten und die Asylsuchenden abtransportierten. Das Schlimmste aber: Erstmals durften sich die Rassisten der offenen Sympathie der Bevölkerung erfreuen.

Für Stoiber war klar: 1. Gewalt gegen Ausländer ist nicht gut, vor allem nicht fürs Image im Ausland. 2. Wären keine Ausländer da, gäbe es keine Gewalt gegen sie. Der bayerische Innenminister hatte die Wahlen des Jahres 1990 zu einer »Volksabstimmung zum Asylmißbrauch« erklärt, und weil inzwischen nur noch drei Prozent der Antragsteller anerkannt wurden, galten praktisch alle Ausländer als Wirtschaftsflüchtlinge. Diese Stimmungslage wollte die Union ausnutzen.

CDU-Generalsekretär Volker Rühe hatte an alle Orts- und Kreisfunktionäre ein Papier verschickt, in dem er diesen nahebrachte, wie man »die Asylpolitik zum Thema machen und die SPD dort herausfordern« könne. Nach der Höhe der staatlichen Unterstützung solle beispielsweise gefragt werden. Ob Asylbewerber in Hotels untergebracht seien, solle eruiert werden, und schließlich solle nachgefragt werden, was das denn alles koste. Auch CSU-Generalsekretär Erwin Huber mischte sich ein; nach der Weigerung der SPD, das Grundgesetz gemeinsam zu schleifen, betrachte er jeden Asylanten nun als »SPD-Asylanten«.

In diesen Wochen muß Edmund Stoiber einmal in sich gegangen sein, denn laut vernehmlich stellte er am 7. Oktober 1992 vor dem Landtag eine Selbstverständlichkeit richtig: Ausländer seien Menschen und »kein Freiwild«. Rief da ein erschrockener Brandstifter die Feuerwehr? Fakt war: Die schlimmsten Überfälle auf Ausländer gab es zu dieser Zeit nicht dort, wo die vielbeschworene »Asylantenflut« schon angerollt war. Stoiber registrierte sehr wohl, daß Bayern in der Statistik der fremdenfeindlichen Straftaten auf dem günstigsten Platz lag. Doch er interpretierte das als Erfolg der bayerischen, sprich seiner Sicherheitspolitik: »In Bayern wäre ein Hoyerswerda oder ein Rostock, solange die CSU den Innenminister stellt, nicht möglich.«

In Ostdeutschland lebten in den ersten Jahren nach der Wiedervereinigung verschwindend wenige Ausländer, 1993 ganze 212 000, drei Prozent aller in Deutschland lebenden Ausländer. Die häufigen Ausschreitungen gegen sie interpretierte Stoiber als Folge der geschlossenen Grenzen und der ideologisch verordneten Völkerfreundschaft im SED-Regime. »Von dem, der andere Länder, andere Menschen und andere Sitten nicht kennenlernen durfte, kann man nicht verlangen, daß er sie heute versteht.« Als Auslöser der Angriffe muß aber vor allem die hysterische Angst einkalkuliert werden, das zu verlieren, was einem nach dem Zusammenschluß geblieben war. Die Westdeutschen lebten vergleichsweise friedlich mit den »ausländischen Mitbürgern« zusammen.

Stoiber agitierte immer weiter. Wenn Asylanten möglicherweise in Zukunft in Kasernen untergebracht würden, dann – »ich sehe es kommen« – würden sich Bürgerinitiativen bilden, »die Sturm laufen gegen die Asylantenheime in der Nachbarschaft«. Im *Bayernkurier* schrieb er für die CSU-Wähler: »Für jemanden, der jeden Tag zur Arbeit geht und seine Steuern zahlt, ist es nicht mehr verständlich, wenn Milliardenbeträge einfach sinnlos für nicht politisch Verfolgte aus dem Fenster geworfen werden.«

Stoiber nennt es noch heute »infam«, wenn ihm unterstellt wird, seine Äußerungen über Asylsuchende und Ausländer ermutigten rechtsextreme Schläger dazu, Menschen zu Tode zu prügeln. »Steilvorlagen« spielte den Rechtsradikalen seiner Meinung nach Heiner Geißler zu, inzwischen stellvertretender

CDU-Fraktionsvorsitzender im Bundestag. Schon als Generalsekretär hatte Geißler in den achtziger Jahre darauf hingewiesen, daß Deutschland längst ein Einwanderungsland war. Mehr noch, Deutschland müsse sich zu einer multikulturellen Gesellschaft entwickeln. Wenn mit diesem Gerede nicht schnellstens Schluß gemacht werde, schrieb Stoiber »Heiner Geißler ins Stammbuch«, sehe er im nächsten Bundestag eine stramme Riege der Republikaner sitzen. Es bleibe dabei: Deutschland ist kein Einwanderungsland!

An der großen Berliner Demonstration gegen Ausländerhaß – nach den Ausschreitungen in Rostock – nahmen weder Streibl noch Waigel und schon gar nicht Stoiber teil. Auch nicht am 9. November 2000. Dafür sprach er von 800 000 Asylbewerbern, die wir »morgen« haben würden. Demonstrieren hielt Stoiber für verfehlt, weil man statt dessen handeln müsse.

Nachdem 17 Koalitions- und SPD-Politiker Ende November 1992 erneut vergeblich um einen Kompromiß gerungen hatten, titelte die *Bild*-Zeitung: »Feuer, Mord, Wut – Asyl. Entscheidung wieder vertagt« und nannte die Verantwortlichen »die 17 Versager«. Einer von ihnen war Stoiber. Er drohte mit dem »Ende der Einheit der Union«, falls die CDU weiter auf den Kurs von FDP und SPD einschwenke. Wenige Tage später konnte er jubeln: Die SPD- und auch einige FDP-Politiker hatten am Ende einem Entscheid zugestimmt, der kein Kompromiß mehr war. Faktisch bedeutete er, daß kein Asylbewerber mehr zu Lande legal die Bundesrepublik erreichen konnte. Denn wer aus einem sicheren Drittstaat einreiste, durfte umgehend in diesen »zurückgeschoben« werden. Auch Polen galt als sicher, und so war Deutschland eingekreist von sicheren Staaten. Selbst per Flugzeug, ohnehin nur wohlhabenden Asylsuchenden verfügbar, kamen bald weniger Flüchtlinge. Die Visumbestimmungen mit den Hauptherkunftsländern wurden verschärft. Damit war das Grundrecht auf politisches Asyl weitgehend ausgehöhlt, es war zu dem geworden, was Stoiber schon seit langem angestrebt hatte: zu einem Gnadenrecht. Die Anschläge gegen Ausländer endeten damit freilich nicht.

## Republikaner: »Der Feind steht rechts«

»Weitgehend CSU-Positionen«, urteilte Max Streibl, als er das Programm der »Republikaner« gelesen hatte. Das Bekenntnis empörte zwar Edmund Stoiber, aber offenbar dachten auch die Wähler in Bayern so wie ihr neuer Ministerpräsident. Jedenfalls gaben im Juni 1989 bei den Europawahlen 14,6 Prozent von ihnen nicht der CSU ihre Stimme, sondern der Partei von Franz Schönhuber. Der *BR* verzichtete von diesem Tag an auf Anweisung des Chefredakteurs auf das Beiwort »rechtsradikal«, wenn über die Rechtsradikalen berichtet wurde. Als Stoiber das vernahm, war er fassungslos. Ausgerechnet jetzt, da sein Gegner am stärksten war, ließ ihn der Haussender im Stich. Wo er doch als Innenminister gerade den Verfassungsschutz auf die Schönhuber-Partei angesetzt hatte.

Auch der angestrengte Versuch, seine Partei durch eine rigide Ausländerpolitik weit genug von den Reps abzugrenzen, scheiterte. Ausgerechnet in den Bundesländern, deren verantwortliche Politiker am lautesten über die »Asylantenflut« klagten, erzielte die Rechtsaußenpartei die besten Ergebnisse: In Bayern erhielten sie auch bei den Landtagswahlen 1990 fast fünf Prozent, in Baden-Württemberg lagen sie 1992 sogar bei mehr als zehn Prozent. Allerdings fiel der Stimmenanteil nicht hoch genug aus, um der CSU entscheidend zu schaden. Max Streibl nahm die 54,9 Prozent, die er unerwartet einfuhr, als persönliche Huldigung der Bayern an ihn, und Stoiber reklamiert heute für sich: »Ich habe die Republikaner aus dem Landtag herausgehalten.«

Max Streibl und ein nicht unerheblicher Teil der CSU hielten die »Republikaner« zu dieser Zeit für einen potentiellen Koalitionspartner. »Streibl war nicht begeistert, daß ich die Republikaner so stark angepackt habe«, weiß Stoiber, schließlich konnte man nicht sicher sein, ob man sie vielleicht einmal brauchte. Für ihn aber sei immer klar gewesen: »Wenn man die mal braucht, dann braucht man uns nicht mehr.« Nachdem er erfahren hatte, daß sich Streibl in einem *BR*-Interview erneut unklar zu einer eventuellen Koalition mit den Reps geäußert hatte, drohte Stoiber für den Fall der Ausstrahlung der Aufzeichnung mit dem Rücktritt. Das Interview wurde nie gesendet. Stoiber will nach wie vor das Erbe Strauß' fortsetzen, der einmal formuliert hatte, rechts von der CSU dürfe es keine demokratisch legitimierte Partei geben: »Wir sind die Heimat der demokratischen Rechten, aber Rechtsradikalismus werde ich immer bekämpfen.«

Stoiber verabscheut Hitlers Nationalsozialismus. »Ich bin fassungslos, was die in zwölf Jahren angestellt haben, wie sie die Gesellschaft usurpiert haben, umgedreht haben. Die müssen wirklich in einem schrecklichen Sinn fleißig gewesen sein. Die haben binnen kurzer Zeit das Land so geistig in den Griff bekommen, das hat mich immer wieder abgestoßen.« Damit begründet er auch sein Vorgehen gegen die »Republikaner«: »Als ich Schönhubers These von der Umerziehung der Deutschen durch die Amerikaner gelesen habe, da habe ich rot gesehen.«

Nach den Landtagswahlen umarmte Stoiber die Wähler der Rechtsaußen-Partei, indem er versprach, auch weiterhin zwischen ihnen und den Parteifunktionären zu unterscheiden. 1991 galten die »Republikaner«, auf die Stoiber seine Verfassungsschützer angesetzt hatte, diesem nicht mehr als verfassungswidrig; Stoiber bescheinigte ihnen sogar ausdrücklich, ihre Politik richte sich nicht gegen die freiheitlich demokratische Grundordnung. Möglich, daß Stoiber dabei auch auf kommunale Interessen Rücksicht nahm. Die Augsburger CSU-Fraktion etwa war seinerzeit von den Stimmen der Reps im Stadtrat abhängig. Zwei Jahre später wählte der Kreistag in Cham Paula Volkholz (Rep) in den Krankenhausausschuß – mit dem Einverständnis der CSU-Mehrheit, darunter laut *Focus* der CSU-Landrat Ernst Girmindl und sogar Markus Sackmann, JU-Chef, Landtagsabgeordneter und Mitglied des Vorstands und des Präsidiums der CSU. Zu allem Überfluß hatte sich auch noch Max Streibl heimlich mit Franz Schönhuber getroffen. Stoiber beschwor immer wieder, daß er niemals mit den Reps zusammenarbeiten werde – zumindest solange Schönhuber ihr Vorsitzender sei.

Inzwischen hatte CSU-Chef Theo Waigel in Bonn die Parole

ausgegeben, die nächsten Wahlen würden rechts von der Mitte gewonnen. »Der Feind steht rechts!« So pauschal wollte Stoiber das nicht unterschreiben. Sein besorgter Blick galt immer auch den »Linken«. Schon im Januar 1991 und noch einmal im Mai hatte er sich der PDS gewidmet. Dabei rückte er die SED-Nachfolgepartei im Parteienspektrum ganz nach rechts, indem er sie mit der NSDAP verglich. Er kündigte an, die PDS vom bayerischen Verfassungsschutz observieren zu lassen. »Solange solche Gauleiter wie Herr Modrow in der Partei sind, bin ich skeptisch, was die Verfassungstreue dieser Partei anbelangt«, erklärte Stoiber. Es wäre doch auch nach 1945 unvorstellbar gewesen, »wenn ein Gauleiter später irgendwo ein Vorsitzender oder Ehrenvorsitzender einer Partei gewesen wäre«.

Da hatte Stoiber einen Teil der deutschen Geschichte ausgeblendet: Im Nachkriegsdeutschland konnten Männer sogar Bundespräsident werden, die Hitler als Politiker ermächtigt und das entstehende »Großdeutschland« als Journalist gefeiert (Theodor Heuss) oder die Konzentrationslager gebaut (Heinrich Lübke) hatten, die der NSDAP (Walter Scheel) oder der SA angehört hatten (Karl Carstens). Spätere Bundeskanzler hatten Josef Goebbels zugearbeitet (Kurt Georg Kiesinger) oder auch nur als Leutnant der Wehrmacht angehört (Helmut Schmidt). In allen gesellschaftlichen Schichten fanden sich nach 1945 die Täter wieder, und die Geschichte der Gründer der CSU wurde schon erzählt.

Stoiber negierte das. Er wollte ein Verbot der PDS durch das Bundesverfassungsgericht prüfen lassen. »Was«, fragte Stoiber, »wäre eigentlich gewesen, wenn die NSDAP nicht durch die Alliierten aufgelöst worden wäre, sondern sich einfach einen neuen Namen und ein neues Tarn-Programm gegeben hätte?« Diese Nachfolgepartei gab es in der Tat nicht, aber es war Stoiber offenbar nicht bewußt, daß jeder achte Abgeordnete des ersten deutschen Bundestages Mitglied der NSDAP gewesen war. Ganz zu schweigen davon, daß auch die Ost-CDU einen Teil der SED gebildet hatte.

Es gibt nur wenige Politiker in der Bundesrepublik, die Vergleiche mit dem Nationalsozialismus so häufig bemühen wie

Edmund Stoiber – gegen links wie rechts. Das mutet an wie das Pfeifen im Wald. Die CSU und Edmund Stoiber scheinen es sehr nötig zu haben, auf ihre Faschismus-Ferne zu insistieren.

## Die bayerische Art: »Ausschöpfung aller rechtlichen Möglichkeiten«

Seit Stoiber Innenminister war, sollten in Bayern die Daten aller jemals identifizierten Graffiti-Sprayer in den Computern des Verfassungsschutzes erfaßt sein. Farbschmierereien, so referierte Stoiber im Mai 1991, und andere relativ kleine Delikte hätten nämlich »nachweislich am Anfang einiger Terroristenkarrieren (ge)standen«. Stoiber fürchtete eine Erosion der wehrhaften Demokratie, weil sich Vertreter der FDP jahrelang darin gefallen hätten, »die Arbeit von Staatsschutzstellen und Kriminalisten mit von Orwellschen Alptraumphantasien geleiteten kritischen Äußerungen zu begleiten«. Das Ergebnis sei ein gefährliches Zaudern der Kripo und des Verfassungsschutzes, die künstlich dumm gehalten worden seien. »Menschenschutz geht aber für die CSU vor Datenschutz!«

Auch auf Stasiakten wollte Stoiber zurückgreifen, um der organisierten Kriminalität (OK) Herr zu werden. Im Falle einer *ZDF*-Sendung über Verbindungen von Strauß, Honeckers Devisen- und Technologiebeschaffer Schalck-Golodkowski und einem Rosenheimer Fleischfabrikanten, die sich auf Stasi-Informationen gründete, hätten die Redakteure nicht nur »saumäßig recherchiert«, sondern auf Material zurückgegriffen, »das von einer durch und durch verbrecherischen Organisation stammt«. Daß die Recherchen ungenügend waren, konnte Stoiber nur behaupten, wenn er entweder um Strauß' Verbindungen aus seiner Tätigkeit als Staatssekretär, dann als Minister in der Staatskanzlei wußte, oder wenn er die Stasiakten, die das von ihm beaufsichtigte Landesamt für Verfassungsschutz 1990 aufgekauft hatte, doch eingesehen hatte. Nachdem der Ankauf der 500 Stasi-Dossiers über Politiker, Manager und Militärs bekannt geworden war, schwor Stoiber, die Unterlagen seien allesamt vernichtet worden, ohne daß jemand auch nur hineingeschaut hätte. »Ein solcher Verzicht auf natürliche Neugierde und – damals völlig legale – Prüfung des Inhalts«, spottet Hannes Burger, »hätte als wirklich übermenschliche Askese jederzeit für eine spätere Heiligsprechung ausgereicht.« Unter den Dossiers sollen sich solche über führende SPD-Politiker ebenso befunden haben wie eines über Franz Josef Strauß. Stoiber begründete die Vernichtung mit einem Beschluß der Bundesregierung und der Innenminister. Diese seien der Meinung gewesen, »daß das Unrecht, das durch die rechtswidrigen Abhörmaßnahmen des ehemaligen Staatssicherheitsdienstes begangen wurde, nicht noch dadurch perpetuiert werden soll, daß die so gewonnenen Informationen durch Nachrichtendienste ausgewertet werden«.

Bei Graffiti-Sprayern, RAF-Anhängern oder auch »ausländischen Banden«, bei denen »eine bestimmte Herkunft oder ein sizilianischer Dialekt Voraussetzung jeder Mitgliedschaft ist«, wollte Stoiber auf Informationen aus Stasi-Akten jedoch nicht verzichten. Stoiber schrieb eine lange Liste von Maßnahmen, die ergriffen werden müßten, um der OK entgegenzusteuern. Der FDP in Person von Justizministerin Sabine Leutheusser-Schnarrenberger warf er vor, ein Gesetz über die organisierte Kriminalität zu verzögern oder gar zu verhindern. Das traf allerdings nicht zu. Die FDP wollte lediglich nicht alles mitmachen, was Stoiber für richtig hielt, und auch die Schwesterpartei sowie Bundesinnenminister Wolfgang Schäuble waren dazu nicht bereit. Über Rasterfahndung, höhere Strafen bei Rauschgiftdelikten und Geldwäsche, das Einziehen von Gewinnen aus Straftaten, den Einsatz von verdeckten Ermittlern und den Schutz von (Kron-)Zeugen bestand in der Koalition schon im September 1990 weitgehend Einigkeit. Was aber den Einsatz von Wanzen in Wohnungen anging, sowie Polizeibeamte, die Straftaten begehen, versuchte Stoiber über die CSU-Landesgruppe im Bundestag Einfluß zu nehmen. Schärfere Gesetze konnten deshalb erst im Sommer 1992 verabschiedet werden. Stoiber forderte sogleich Nachbesserungen, neben dem Lauschangriff auch die Erlaubnis für verdeckte Ermittler, »Keuschheitsproben« abzuliefern, also Straftaten begehen zu dürfen, ohne dafür später belangt zu werden.

Schon in den Jahren zuvor hatte sich Stoiber als Hardliner profiliert. Als nach dem Atomunfall in Tschernobyl die Forderungen nach einem Ausstieg aus der Atomkraft zu immer größeren Demonstrationen und auch zu Zusammenstößen mit der Polizei führten, ordnete Stoiber im Juni 1986 eine Verschärfung des Demonstrationsrechts an. In Bayern verlängerte er im April 1989 den sogenannten Unterbindungsgewahrsam von 48 Stunden auf 14 Tage. Die Opposition sprach von »Vorbeugehaft«. Und nach dem Geiseldrama von Gladbeck forderte Stoiber bundesweit den finalen Rettungsschuß, der in Bayern bereits seit 1978 im Polizeiaufgabengesetz vorgesehen ist. Innenstaatssekretär Peter Gauweiler hatte damals den Deutschen gezeigt, wie die bayerische Polizei die Entführung beendet hätte, indem er die Geiselnahme nachstellen ließ.

Auch im Zusammenhang mit Anti-Aids-Maßnahmen machte Stoiber sich einen zweifelhaften Namen. Wie sein Parteifreund Gauweiler verlangte Stoiber 1987 ein Aids-Gesetz mit Meldepflicht. Er befürchte sonst Selbstschutzmaßnahmen der Bevölkerung – und meinte damit nicht Kondome, sondern Pogrome. Fürchtete Stoiber solche Ausschreitungen wirklich, oder redete er sie herbei? Burkhard Hirsch jedenfalls verlieh Stoiber für seine außerordentlichen Mühen für mehr öffentliche Sicherheit das Prädikat »Extremist im öffentlichen Dienst«.

Stoiber ist ein demokratischer Patriarch, einer, der »die Handlungsdefizite der Autorität des Staates« beheben möchte und der keinen Widerspruch sieht in der Freiheit des einzelnen zum Anspruch des Staates respektive seiner Vertreter auf autoritäre Stärke im Gewand wohlmeinender Fürsorge. Das sei schließlich der Wille der Mehrheit, die einen starken Staat begrüße. Und den Willen der Bürger zu achten sei etwas anderes, als bloß ihre Gunst gewinnen zu wollen. Den Vorwurf des Populismus ließ Stoiber an sich abgleiten: »Ich betrachte den Begriff Populist als Ehrenauszeichnung.«

Dem Volk beizubringen, was gut für es ist – das ist das Demokratieverständnis von Edmund Stoiber. Aber nicht alle Menschen wollen sich vorschreiben lassen, wie sie zu leben haben und was »normal« ist. Stoiber argumentiert dagegen, die Mehrheit müsse sich schon genug von Minderheiten aufzwingen lassen.

Im Laufe des Jahres 1992 meldeten sich auch in der SPD Stimmen, die für den Einsatz von mehr technischen Mitteln gegen das organisierte Verbrechen plädierten. Stoiber durfte sich bestätigt fühlen. Als er längst Ministerpräsident geworden war, warb er im Bundesrat gemeinsam mit Gerhard Schröder und Henning Voscherau für schärfere Methoden bei der Bekämpfung von Kriminalität, etwa der Absenkung der Strafmündigkeit auf zwölf Jahre oder Ausweisungen für ausländische Straftäter auch bei Haftstrafen unter drei Jahren oder die dauerhafte Verwahrung von Sexualstraftätern. Selbst Bundesinnenminister Manfred Kanther, sonst als Hardliner bekannt, lehnte diese Vorstöße damals ab mit der Begründung, man müsse Erfolge durch Taten erbringen, nicht durch immer neue Gesetze. Dafür aber seien die Länder zuständig, sie müßten die bereits bestehenden Gesetze »mit einem strikten Leben erfüllen«.

Wie schon beim Asylrecht sank die SPD langsam in Stoibers Richtung, und auch beim Einsatz von Bundeswehrsoldaten in Krisengebieten sollte es so kommen. Doch viele Politiker in der SPD und auch in der FDP fürchteten einen Mißbrauch der erweiterten Polizeirechte in Einzelfällen. Stoiber wischte derartige Bedenken vom Tisch. In den USA seien achtzig Prozent der aufgeklärten Verbrechen der OK dem Einsatz solcher Mittel zu verdanken. Und waren die USA etwa keine Demokratie mehr?

Weil ein Innenminister ständig mit Terrorismus und organisierter Kriminalität konfrontiert wird, kann es schon einmal passieren, daß er die Gefährlichkeit und die Größe solcher Gruppierungen überschätzt. So kam es, daß Anfang Juli 1992 in München 491 Menschen von der Polizei in den Marienhof gesperrt wurden, von denen einige ihren Protest gegen den Weltwirtschaftsgipfel und die Macht der Weltwirtschaftsorganisationen ausgedrückt hatten, indem sie auf Pfeifen trillerten. Stoibers Ministerpräsident verteidigte das harte Vorgehen der Polizei als »bayerische Art«, aber mit Scherzen war die Öffentlichkeit nicht mehr zu beruhigen. In einer Pressekonferenz listete Stoiber – als Innenminister letztverantwortlich für den Einsatz – die Attentate der RAF, der ETA, der irischen PIRA, sogar der japanischen »Chukakuha« auf, vermutlich um das Gefahrenpotential aufzuzeigen, das auch den Münchner Demonstranten eigen sein sollte. Aber das Gewaltpotential konnte nicht bestätigt und auch kein einziger »Politkrimineller« aus dem RAF-Umfeld identifiziert werden. Dafür hatte die Polizei eine Zwölfjährige abgeführt. Stoiber rekurrierte sodann auf die »Würde der Zeremonie«. Dem Schutz der Gäste sei im Vorfeld »höchste Priorität« zugewiesen worden, bei »Ausschöpfung aller rechtlicher Möglichkeiten«. Kritik übte Stoiber an der Kritik am Polizeieinsatz (»rüpelhaft«) sowie an dem Amtsrichter, der die Festgenommenen noch in derselben Nacht wieder auf freien Fuß setzte. Er hatte keine Nötigung gesehen.

## Osterweiterung: »Denksportgruppe Stoiber«

Im Februar 1990 stand Edmund Stoiber in der Kathedrale zu Dresden, freute sich über die »christliche Revolution« und sprach: »Ihr seid zur Freiheit berufen.« Nun, da die Bremsklötze der Zwangswirtschaft weggezogen worden seien, prophezeite er ein zweites deutsches Wirtschaftswunder. Er erklärte den Ostdeutschen die Marktwirtschaft, das politische System der Bundesrepublik und den Weg zur Einheit, für die keiner so leidenschaftlich gekämpft habe wie Franz Josef Strauß. Stoibers Anliegen war es, den Noch-DDR-Bürgern Mut zu machen – vor allem Mut zum Bleiben. »Es ist ein Gebot der Solidarität, zu verhindern, daß sich Schlaumeier jetzt in die Bundesrepublik absetzen, dort die arbeitsreichen und anstrengenden Jahre des Aufbaus in der DDR umgehen, um später mit gutem Startkapital und bestens versorgt wieder zurückzukehren. Unsere Hilfe und Solidarität gilt vor allem den Menschen, die hier in ihrer Heimat etwas aufbauen wollen.«

Mit dabei war auch Monika Hohlmeier, die Tochter von

Franz Josef Strauß, die im Herbst für den Landtag kandidieren wollte. »Dreck auf der Straße« sahen sie, »die meisten Wohnungen ohne WC, barscher Umgangston, Tristesse«. Am Mahnmahl für die Opfer der Zerstörung Dresdens legte Stoiber einen Kranz nieder, der »Gruppe der 20« stiftete er ein ausrangiertes Polizeiauto.

Sollte die CSU den Sprung in die künftigen neuen Bundesländer wagen? Der DSU gab Stoiber keine langfristigen Chancen, es sei denn, sie dehne sich auf Gesamtdeutschland aus oder vereinigte sich mit einer westlichen Partei. Dafür stand die CSU bereit, denn sie suchte offensiv nach einer Möglichkeit, im größer werdenden Deutschland nicht relativ an Gewicht zu verlieren. Stoiber wollte den Startvorteil der DSU nutzen, die DSU in die CSU integrieren und die CSU damit auf Sachsen und Thüringen, vielleicht auch auf andere neue Länder ausweiten. Vor allem aber würde damit das rechte Wählerpotential gesichert, das angesichts der Ost-CDU nicht ausreichend gebunden erschien.

Große Teile der JU teilten Stoibers Ziele, einige sicher mit der Erwartung, im weitgehend unorganisierten Osten reputierliche Aufgaben übertragen zu bekommen. Und auch die Basis im Osten sprach sich für Stoibers Pläne aus, etwa der damalige DSU-Bezirksvorsitzende von Frankfurt/Oder, Dirk Weßlau. Zusammen mit seinem Chemnitzer Kollegen Karsten Degner, der stellvertretender DSU-Fraktionsvorsitzender der Volkskammer war, verteilte Weßlau auf dem deutschlandpolitischen Kongreß der CSU Flugblätter, mit denen für eine Vereinigung plädiert wurde.

Die CSU-Spitze war nicht begeistert von diesem Vorschlag. Streibl nannte Stoibers »Zündeln« einen »Schmarr'n«. Auch Waigel hat, so Weßlau, »als Statthalter Kohls diese Position nicht mitgetragen«. Er habe sich zwar zum Ehrenvorsitzenden der DSU ausrufen lassen, aber »einen Zusammenschluß wollte er nicht«. Helmut Kohl hatte für den Fall weiterer Expansionsbestrebungen der Schwesterpartei angekündigt, dann werde die CDU nach Bayern gehen.

Auch die in der Volkskammer sitzenden DSU-Funktionäre

wünschten nicht, in der CSU aufzugehen. Parteichef Hans-Wilhelm Ebeling und Generalsekretär Peter-Michael Diestel sahen voraus, daß sie bei einem Zusammengehen mit der CSU ihre ersten frisch erworbenen Pfründe schnell wieder verlören. Weßlau aber und viele andere an der Basis forderten ein baldiges Signal in Stoibers Sinne, sonst würden viele Mitglieder sich enttäuscht zurückziehen. Nach dem CSU-Beschluß vom Juni 1990, in den bayerischen Grenzen zu bleiben, wechselte Weßlau zur CDU, für die er bis heute Lokalpolitik in Barnim macht.

Stoiber dagegen grub seine Idee einer Osterweiterung (aus Münchner Sicht ja eine Norderweiterung) im März des folgenden Jahres wieder aus, als die CSU in Bayern wie die CDU in Ostdeutschland merklich an Zustimmung verlor. Rechts von der CDU im Osten sah die CSU noch genug Platz. Der Münchner CSU-Bezirkschef und bayerische Umweltminister Peter Gauweiler, der sich von der CDU nicht bevormunden lassen mochte, hatte wenige Tage zuvor für einen gleichlautenden Vorstoß noch ordentlich Prügel einstecken müssen. Alois Glück befürchtete eine Spaltung der Partei. Ministerpräsident Streibl versuchte das Problem auf unkomplizierte Weise zu lösen: »Gehts halt mal a Bier miteinander trinken.« Theo Waigel meinte schließlich diplomatisch, die CDU werde auf die CSU zukommen. Es kam aber ein anderer, nämlich der Kanzler selbst. Im Mai traf man sich in Kloster Irsee, und Helmut Kohl nannte eine CSU-Erweiterung indiskutabel. Stoiber gab sich geschlagen und mußte damit zufrieden sein, daß die CSU künftig die dahinsiechende DSU unterstützte. Heute sagt er: »Waigel hat recht gehabt, das habe ich ihm auch gesagt.«

Waigel hielt zwar nichts von einer Ost-CSU, aber an der DSU hielt er fest, die zu diesem Zeitpunkt in Stoibers Umfeld längst als »Fehlgeburt« charakterisiert war. »Die CSU hat bisher Millionen DM für die DSU in den Sand gesetzt. Dies kann sie sich in Zukunft nicht mehr leisten. Es besteht aus heutiger Sicht nicht die geringste Chance, daß die DSU – selbst bei weiterer finanzieller Unterstützung durch die CSU – bei kommenden Wahlen besser abschneidet als in der Vergangenheit.« Wenn in Thüringen und Sachsen sofort eine CSU und »nicht die Tarnpartei DSU« zur Wahl gestanden hätte, dann wären die jungen Wähler nicht zur Blockpartei CDU gewechselt. Das resümierte »Führungshilfe 3«, einer aus Stoibers »Denksportgruppe« *(Die Rheinpfalz)*, bestehend aus sechs Beamten, im März als Lagebeurteilung. Für den Fall der Ausweitung der CDU nach Bayern nach dem Gang der CSU in Richtung Ostdeutschland empfahl »Führungshilfe 3« die Ausdehnung der CSU nach Baden-Württemberg, was »wohl mit Sicherheit den Verlust der absoluten CDU-Mehrheit bei den Landtagswahlen 1992 zur Folge« hätte. Daß dieser Mann, Michael Höhenberger, nicht nur Mitglied der CSU-Grundsatzkommission, sondern auch Oberregierungsrat des Innenministeriums war, der möglicherweise in seiner Dienstzeit Arbeiten für seine Partei erledigte, empörte die Opposition. Sie fragte, wie es denn um die Gewaltenteilung und die Überparteilichkeit von Beamten bestellt sei. Stoiber erklärte, Höhenberger habe seine Erkenntnisse und Empfehlungen in seiner Freizeit aufgeschrieben, eine Fleißarbeit also. Allerdings habe eine Sekretärin des Ministeriums die sechs Seiten getippt. Das sei eine »Panne« gewesen. Dem Korrespondenten der *Süddeutschen Zeitung*, dem das offenbar bei einer CSU-internen Sitzung liegengebliebene Papier zugespielt worden war, versicherte Stoibers Sprecher Friedrich Wilhelm Rothenpieler, der Innenminister nehme die Trennung von Regierungs- und Parteiamt sehr genau. Alle »Führungshilfen«, deren Existenz in diesem Zusammenhang bekannt wurde, erhielten nachträglich ausgestellte Nebentätigkeitsgenehmigungen. Die Führungshilfen schwiegen zu dem Thema, und Stoiber verließ den Untersuchungsausschuß des Landtages unbeschädigt. Aber, fragten Nörgler, hat er sich mit dieser Affäre in die Hand seiner Mitarbeiter begeben?

Die Opposition beendete die Arbeit im parlamentarischen Untersuchungsausschuß im März 1993 mit der Überzeugung, die Verquickung von Staats- und Parteiarbeit nachgewiesen zu haben. Zumal Max von Heckel (SPD) bei der Einstellung Höhenbergers »offenkundige Spezlwirtschaft« diagnostizierte. Dem Juristen habe die Ministerialnote gefehlt. Stoiber dagegen lobte den »exzellenten Mitarbeiter«, Ausschußvorsitzender Peter Welnhofer (CSU) das »engagierte Mitglied der CSU«. Heute ist Höhenberger Chef des Planungsstabes von Stoiber sowie sein Büroleiter in der Landesleitung.

Das Thema Osterweiterung war für die CSU damit noch nicht erledigt. Beständig hielt Theo Waigel in Sachsen und Thüringen an der DSU fest, und der sächsische Ministerpräsident Kurt Biedenkopf sah sich 1993 schon etwas eingeengt. Er schrieb einen Brief an den »lieben Helmut« (Kohl), in dem er sich beklagte, Theo Waigel arbeite weiter daran, die DSU in Sachsen als selbständige Partei zu etablieren. Die DSU hatte bei den Wahlen zum ersten sächsischen Landtag zwar nur 3,8 Prozent der Stimmen erhalten, aber das waren immerhin potentielle CDU-Wähler. Pläne, die DSU in die CDU aufzunehmen, so Biedenkopf, würden vom Bundesfinanzminister hintertrieben. Die CSU finanziere die DSU. Biedenkopf mutmaßte, Waigel verspreche sich »Chancen, statt der Republikaner all diejenigen um sich zu scharen, die in der unzureichenden Aufarbeitung der Vergangenheit, in Asylfragen und in zu wenig Härte gegen Bonn die Ursache für ihre Probleme sehen«.

Auf einer DSU-Veranstaltung hatte Waigel sogar gesagt, die DSU könne die Probleme im Osten besser lösen als die CDU. In der DSU müsse man erst lernen, daß das Geld, das man verlange, zuvor erarbeitet werden müsse. Biedenkopf fürchtete, Waigel wolle in Sachsen, aber auch in Thüringen und Sachsen-Anhalt eine Konkurrenz zur CDU aufbauen. »Mir«, schrieb Biedenkopf an Kohl, »raubt er damit die Chance, noch einmal eine echte CDU-Mehrheit zu erhalten.« Eine Koalition mit der DSU erschien ihm »kaum politisch möglich« und angesichts der Führungspersonen dieser Partei »nicht zumutbar«.

## Wohnungsbau: »Immobilienspekulant DGB«

Wer in Edmund Stoiber bis dahin nur den Rechtsausleger der CSU sah, den verwies er als Innenminister auf eine ganz neue Seite: »Wer mich als Rechtsaußen hinstellt, der hat meine alte

Affinität zur Sozialpolitik noch immer nicht zur Kenntnis genommen.« Das »S« führe seine Partei nicht umsonst und mit Stolz im Namen. Nach der Familienpolitik, die er frühzeitig als Thema entdeckt hatte, kümmerte Stoiber sich als Innenminister um den Wohnungsbau. Ende 1988 griff er sogar seinen Parteifreund an, den Bonner Wohnungsbauminister Oscar Schneider. Sich in dieser Frage allein auf den Markt zu verlassen genüge nicht. Der Minister müsse für den sozialen Wohnungsbau künftig »stärker auf die Barrikaden steigen«.

Ende der achtziger Jahre gab es, etwa in München, viel zu wenig Wohnungen, und allen, die sich für bessere Wohnverhältnisse engagierten, gebührte Lob. Als »Wegbereiter des Wohneigentumsgedankens in der Bundesrepublik Deutschland« bezeichnete Stoiber deshalb in einem Grußwort für einen Werbeprospekt die Gründer der in München und Nürnberg ansässigen Wohnbau-Treuhandgesellschaft mbH. Stoiber, hierfür heftig kritisiert, konnte daran »nichts Anrüchiges« erkennen. CSU-Generalsekretär Erwin Huber hatte zwar kurz zuvor in einem ähnlichen Fall unwidersprochen den Rücktritt einer Bonner Ministerin gefordert: »Das ist untragbar.« Aber Irmgard Schwaetzer gehörte der FDP an, und inzwischen war sie die Bauministerin. Nun, nachdem Stoibers Grußwort bekannt geworden war, galt Hubers Einlassung als Einzelmeinung. Stoiber legte zu seiner Entlastung einen Brief von Johannes Rau vor, in dem der nordrhein-westfälische SPD-Vorsitzende gefragt hatte: »Was ist eigentlich an einem Grußwort für unternehmende Unternehmer zu bemängeln, denen unser Land schließlich einiges zu verdanken hat?« Danach hörte man weder etwas von Stoiber noch von Huber, und schon gar nichts zur Sache.

Stoiber wollte den Wählern endlich wieder zeigen, wofür das »S« in seiner Partei steht. 200 000 Wohnungen fehlten 1991 allein in Bayern, vor allem bezahlbare. Gründe dafür waren nach Ansicht Stoibers die Zuwanderer aus Osteuropa, die Übersiedlungen aus der ehemaligen DDR, die hohe Zahl der Asylbewerber und der Nachzug von Angehörigen der »Gastarbeiter«. Im Gegensatz etwa zu den vergleichsweise fundierten Analysen seines CDU-Kollegen Kurt Biedenkopf verlor Stoiber kein Wort darüber, daß die Deutschen immer größere, immer komfortablere Wohnungen wünschten. Keine Rede davon, daß die Zahl der Single-Haushalte zunahm. Statt dessen mußten wieder die Ausländer herhalten, und Stoiber konnte sich zum Retter der Einheimischen aufschwingen. Vor allem hatte der Innenminister endlich ein neues Thema, das sich obendrein mit einem alten verbinden ließ: den Nöten junger, wachsender Familien, denen die steigenden Mieten über den Kopf wuchsen.

Und ein alter Gegner ließ sich auch damit angreifen: die Gewerkschaften. Sein Herz für Mieter hat Stoiber entdeckt, nachdem der DGB Mitte der achtziger Jahre sich daran gemacht hatte, die gemeinnützige Neue Heimat wegen des hohen Schuldenstandes zu verkaufen: »Der DGB hat sich wie der schäbigste kapitalistische Bankrotteur aus der Verantwortung gezogen«, klagte Stoiber, und Sozialmieter »Immobilienhaien ausgeliefert«. Nun gibt es keine gute und schlechte Mißwirtschaft, aber auf dem »freien« Markt ist es üblich, daß defizitäre Unternehmen verkauft werden und die Käufer dann versuchen, aus der Konkursmasse Gewinn zu schlagen, statt weiter draufzuzahlen. Weil der DGB eigentlich kein Profiteur sein sollte und sich mit Mitgliedsbeiträgen verspekuliert hatte, bekam Stoiber Gelegenheit zum Angriff. Allerdings hatte sich zuvor schon die Bundesregierung mit ihren CSU-Ministern und den Ministerpräsidenten der unionsregierten Länder geweigert, auch nur eine Mark zur Sanierung der Neuen Heimat beizutragen. Bei AEG beispielsweise, alles andere als gemeinnützig, hatten dieselben Politiker zuvor noch tief in die Tasche gegriffen.

Als 1990 auch die bayerische Tochter der Gewerkschaftsholding BGAG, die Neue Heimat Bayern (NHB), privatisiert werden sollte, verlangten die betroffenen Gemeinden vom Freistaat, er solle einspringen. Stoiber dagegen reichte den Schwarzen Peter an die BGAG zurück; sie solle den Verkauf unterlassen. Er sehe keinen Grund, ein gesundes Unternehmen abzustoßen. Insbesondere störte Stoiber der Verkaufspreis. 947 Millionen Mark wollten die Gewerkschafter für die 33 000 Wohnungen der NHB, im Durchschnitt also 30 000 Mark pro Einheit. Drei Jahre zuvor war noch ein Gesamtpreis von 320 Millionen Mark zur Debatte gestanden. Doch inzwischen hatte sich die Geschäftsgrundlage geändert. Die Bonner Koalition hatte die gesetzlich verfaßte Wohnungsgemeinnützigkeit gekippt, damit war der Spekulation Tür und Tor geöffnet. Und so titulierte Stoiber die Gewerkschaften denn auch: »Der DGB als Spekulant.« Durch den hohen Verkaufspreis sei der Käufer gezwungen, Teile des Unternehmens zu versilbern und höhere Mieten zu fordern. Als 1992 der »Immobilienspekulant« Alfons Doblinger damit begann, seine Neue-Heimat-Wohnungen zu verkaufen – unter anderem in Regensburg und Murnau –, sah sich Stoiber bestätigt. Aber wer hätte versichern können, daß der Käufer das bei niedrigeren Einstandskosten nicht auch getan hätte? Schließlich ist das ein Grundprinzip des kapitalistischen Wirtschaftens: Kaufen und verkaufen, möglichst mit Gewinn, Geld investieren und möglichst viel Rendite daraus erzielen, zum Beispiel durch Mieten.

Hinter den Kulissen sah das alles ganz anders aus. Der neue bayerische DGB-Chef Fritz Schösser hielt es für einen Fehler, daß die Staatsregierung die NHB nicht kaufen wollte, und verabredete sich deshalb mit Stoiber. Der versprach, noch einmal mit Streibl darüber zu reden. Schösser flog nach Berlin, um mit Ernst Breit und Hans Matthöfer zu sprechen. Bei einem Preis zwischen 800 und 850 Millionen Mark sahen Stoiber und Schösser einen Kompromiß, der doch beide Seiten zum Einlenken zwingen müßte. Schösser wurde abgebügelt und hatte Sorgen: »Was, wenn Stoiber bei Streibl erfolgreich war, dann stand ich mit leerer Hose da.« Im Landtag trafen sich die beiden danach wieder. Sie gingen nur aneinander vorbei, sahen sich in die Augen und schüttelten den Kopf. Stoiber hatte bei Streibl ebenfalls nichts erreicht.

Trotz dieses Mißerfolgs verstand Stoiber seine Partei als Anwalt der Mieter, insbesondere der sozial schwachen. Die bayerische Staatsregierung, die gerade 33 000 Sozialwohnungen verschmäht hatte, betrachte den Bau von Sozialwohnungen als Daueraufgabe. Die Bonner Koalition, an der auch die CSU beteiligt war, handelte allerdings ganz anders und kürzte Jahr für Jahr die Ausgaben für den sozialen Wohnungsbau. Dafür wurden das Baukindergeld von 750 auf 1000 Mark, die Abschreibungsmöglichkeiten nach dem § 10e des Einkommensteuergesetzes von 15 000 auf 16 500 Mark erhöht. 40 Milliarden Mark an Finanzhilfen standen damals für den Wohnungsbau bereit, davon etwa ein Viertel für Sozialwohnungen. Die Bonner Koalition handelte in erster Linie nicht für sozial Schwache, sondern für kapitalstarke Bauherren, die Wohneigentum schaffen wollten.

Auch Stoiber handelte nicht wirklich für Sozialmieter. In Bayern fielen bis Mitte der neunziger Jahre ein Drittel der 450 000 Sozialwohnungen aus der Belegungs- und Mietpreisbindung. Stoiber empfahl den verschuldeten Gemeinden, diese anzukaufen. Ansonsten riet er, mehr Bauland bereitzustellen, was nicht durch überzogene Forderungen des Naturschutzes behindert werden dürfe. Dafür, versprach Stoiber, wolle er sich »mit Nachdruck« einsetzen. Im April 1992 griff er Bundesbauministerin Irmgard Schwaetzer und Justizminister Klaus Kinkel an. Ganze Heerscharen von Beamten kümmerten sich im Justizministerium um das neue Namensrecht für Ehepaare, aber bei der Vorlage eines einfachen Gesetzes zur Begrenzung des Mietanstiegs seien diese regelrecht überfordert. Statt sich um die wirklichen Sorgen der Bürger zu kümmern, »schwadroniert Kinkel fast täglich mit öffentlichkeitswirksamen Forderungen nach einer Versöhnung des Staates mit der RAF«. Sie sollten endlich einen längst überfälligen Gesetzentwurf zur Begrenzung des Mietanstiegs von 30 auf 20 Prozent in drei Jahren vorlegen. Das hatte im Koalitionsbeschluß von 1991 gestanden, aber nicht nur Irmgard Schwaetzer sah noch Diskussionsbedarf. Stoiber verlangte wählerwirksam sogar eine Reduzierung auf 15 Prozent, vergaß aber zu erwähnen, daß der Obmann der Unionsfraktion im Bauausschuß, der schwäbische Diplomverwaltungswirt Hans Raidel, diese Grenze am liebsten ganz streichen würde. Raidel gehörte der CSU an, Stoibers Ziele wurden nicht verwirklicht. Als die rot-grüne Bundesregierung im Rahmen einer geplanten Mietrechtsreform die Kappungsgrenzen auf eben jene 15 Prozent festlegen wollte, trat Stoiber gegen seine eigenen alten Forderungen an.

Zu guter Letzt mußte Stoiber sich auch bei der Frage der Umwandlungsspekulation geschlagen geben. Indem die Obersten Gerichtshöfe des Bundes bayerische Restriktionen aufgehoben hatten, unterstützten sie spekulative Geschäfte. Ein Investor konnte nun alte Mietshäuser kaufen, die Wohnungen sanieren und sie als Eigentumswohnungen teuer verkaufen. Stoiber hat sich nicht damit durchsetzen können, daß solche Umwandlungen von den Gemeinden zu prüfen und zu genehmigen wären. Nicht einmal eine Sozialklausel, die Kündigungsschutz bei Arbeitslosigkeit, Schwangerschaft, hohem Alter oder niedrigem Einkommen vorsah, fand im Bundestag Zustimmung. Im Vermittlungsausschuß reichte es gerade zu einer Verdopplung des Kündigungsschutzes bei Umwandlung im Falle einer »nicht zu rechtfertigenden Härte«. Diese war in München vor Gericht auch in der Vergangenheit nur selten einzuklagen. Außerdem galt der Mieterschutz bloß in von den Landesregierungen festzulegenden wohnungspolitischen Notstandsgebieten. In Bayern waren dies München, Augsburg und Regensburg. Auch den 15 000 Münchnern, die damals eine Sozialwohnung suchten, war damit nicht geholfen.

## Aufwärts in der Partei: Dem Gemeinwohl verpflichtet

Theo Waigel mochte Edmund Stoiber nie. Als einmal beide etwa zur gleichen Zeit am Meniskus operiert worden waren, sollte das niemand als Gleichklang auch in politischen Fragen interpretieren. Er sei am linken Knie behandelt worden, merkte Waigel an, Stoiber dagegen am rechten. Und doch war es Theo Waigel, der Stoiber dazu verhalf, eine weitere Sprosse nach oben zu klettern. Unmittelbar nach seiner Wahl zum Parteivorsitzenden berief Waigel den neuen Innenminister zum Leiter der Grundsatzkommission der Partei. Stoiber ging die Aufgabe mit großem Eifer an und lud alle ein, daran mitzuwirken. Vier Jahre lang arbeitete er an den neuen Grundsätzen, nicht nur mit den Mitgliedern der Kommission. Er forderte alle Parteiebenen auf,

Ideen einzubringen, Fragen zu stellen und zu diskutieren. Da wurden weitere Bindungen geknüpft. Auch mit diesem Engagement und im persönlichen Umgang miteinander hat sich Stoiber Respekt, vereinzelt sogar Sympathien erworben. Theo Waigel saß der Partei zwar vor, war von dieser aber viel weiter entfernt als Stoiber, nicht nur weil er sich meistens in Bonn, Washington, London, Paris oder wo auch immer aufhielt, selten aber in München.

Wenige Monate später, im November 1989, erlebte Fritz Zimmermann in seinem angestammten Wahlkreis Landshut/Kehlheim eine Pleite, seine letzte. Statt seiner nominierten die Delegierten den jungen Landshuter Rechtsanwalt Wolfgang Götzer. Wenig später erklärte Zimmermann seinen Verzicht auf das Amt des stellvertretenden Parteivorsitzenden. Vier Stellvertreter hatte Parteichef Waigel damals, zwei Stellen waren fest vergeben: Jürgen Warnke als Protestant und Mathilde Berghofer-Weichner als Frau waren gesetzt. Für Landtagspräsident Franz Heubl, das war beschlossen, sollte Gerold Tandler nachrücken. Um Zimmermanns Erbe stritten sich Edmund Stoiber und Alois Glück. Der Fraktionsvorsitzende hatte seine Kandidatur sofort angemeldet, Stoiber, der das wenige Wochen zuvor noch ausgeschlossen hatte, erst am nächsten Tag. Er sei von vielen dazu aufgefordert worden, ließ er zu seiner Rechtfertigung wissen. Friedrich Wilhelm Rothenpieler, der eine gezielte Karriereplanung Stoibers abstreitet, beurteilt Stoibers Kandidatur heute so: »Ich möchte«, habe Stoiber angesichts der unerwarteten Chance gesagt, »einmal wissen, was meine Arbeit im Urteil eines Parteitages wert ist.«

Das hatte es lange nicht gegeben – eine Kampfabstimmung um eines der höchsten Parteiämter. Alle hatten erwartet, daß es knapp wird, doch Stoiber erhielt von den 1100 Delegierten 139 Stimmen mehr als Glück. Ein weiterer Schritt nach oben, und kontinuierlich setzte sich der Aufstieg Stoibers fort. Im gleichen Maße, in dem Max Streibl in Bayern und Theo Waigel in Bonn an Reputation einbüßten, stieg Stoibers Stern immer höher.

Es grummelte gewaltig in der CSU. Bei den Europawahlen 1989 und den Kommunalwahlen 1990 hatte die CSU verloren, und zur Verantwortung gezogen wurde Generalsekretär Erwin Huber, der als ein Waigel treu ergebener Parteifunktionär galt. Zwar gewann die CSU bei den Bundestags- und Landtagswahlen satte Mehrheiten, aber die Stimmung besserte sich nicht nachhaltig – wegen der alles überstrahlenden Bundespolitik. Die Umfrageergebnisse waren in dieser Zeit katastrophal für die Union; 1991 hielten 25 Prozent der Bayern die »Republikaner« für »durchaus wählbar«.

Das hatten Max Streibl und Theo Waigel zu verantworten, klagten die CSU-Mitglieder. Als der Bonner Finanzminister im Juni 1991 das Podium im Salvatorkeller bestieg, in dem Peter Gauweiler und die Münchner CSU ihren Bezirksparteitag abhielten, rührte sich keine Hand. Kein Musiker blies Marschmusik, kein Mitglied klatschte Beifall. Waigel mußte seinen Kopf hinhalten für die Kosten der Einheit, die im Jahr zuvor abgestritten worden, nun aber doch sichtbar waren. Stoiber hielt insbesondere die »Steuerlüge« für eine Entscheidung, die bei den Wählern für Frustration sorgte und die nun jeder Ortsvereinsvorsitzende nicht nur seinen Mitgliedern erläutern mußte, sondern auch den schimpfenden Stammtischbrüdern. Die JU wagte es zu dieser Zeit sogar, Waigel als »Genscher der CSU« zu bezeichnen, zweifellos kein Kompliment in der Partei. Streibl legte sich mit den »Linksorganen« resp. »Kampforganen einer unfähigen Opposition« an, der Presse. Gleichzeitig beschrieb er Jörg Haider als »Hoffnungsträger«, der »genauso gut in der CSU« mitarbeiten könnte. Wegen seines Lobs der »ordentlichen Beschäftigungspolitik« Hitlers mußte Haider wenig später als FPÖ-Landeshauptmann von Kärnten zurücktreten. Stoiber schloß damals die Reihen gegen jede Zusammenarbeit mit den sogenannten Republikanern, indem er, wie wir gesehen haben, deren Positionen insbesondere bei der Asylfrage selbst besetzte. »Die CSU wäre dann eine rechte Partei gewesen«, erläuterte Stoiber seine harte Linie gegen rechts, »wir hätten international am Pranger gestanden.« Streibls Stern sank zusehends, und die Zustimmung für den österreichischen Rechtspopulisten war nur einer von mehreren bedenklichen Ausrutschern des Ministerpräsidenten.

Im Sommer des Jahres 1991 stieg Max Streibl, um seine angezweifelte Leistungsfähigkeit und Gesundheit unter Beweis zu stellen, auf den Kofel, den Hausberg von Oberammergau. Stoiber war dabei und auch die Presse. Weil ihm der Landesvater zu langsam ging, strebte Stoiber mit kräftigem Tritt an ihm vorbei. Doch Streibl wies seinen Innenminister zurecht, er solle gefälligst hinter ihm bleiben.

Die CSU schwankte Anfang der neunziger Jahre zwischen Depressionen und Diskussionen, die vor allem die Landes-CSU mit den Bonnern führte. Die Partei suchte, ähnlich der SPD, ihren neuen Platz. »Unser Programm hat sich in wesentlichen Feldern erfüllt«, hatte Waigel bald nach dem Zusammenbruch des Ost-Sozialismus erkannt. Fraktionschef Alois Glück aber grämte sich: »Es ist eine gewisse Tragik der Geschichte, daß die Partei, die am Ziel der Wiedervereinigung am konsequentesten festgehalten hat, von dieser geschichtlichen Veränderung am meisten betroffen ist.« Die Partei sorgte sich um ihre Bedeutung im »neuen« Deutschland, und der neuen Situation entsprechend mußten neue Ziele gesteckt werden.

Stoiber versprach von seiner Grundsatzkommission »Antworten auf neue Fragen«, und zugleich ein »Weiterbauen am bewährten Fundament«. In den siebziger Jahren habe Deutschland noch im Windschatten der Weltpolitik gelegen, nun aber müsse Deutschland entsprechend seiner gewachsenen Größe mehr Verantwortung übernehmen. Endlich aufrechter Gang! Endlich wieder gleichberechtigtes Mitglied der westlichen Völkergemeinschaft! Als »ernsteste Gefahr für den Frieden unseres Kontinents« machte Stoiber das Wohlstandsgefälle aus, das zwischen Ost- und Westeuropa herrsche. Und wieder einmal verlief die Grenze direkt am Ostrand Deutschlands. Als hätte es in Europa zu Beginn der neunziger Jahre nicht bereits Konflikte gegeben: In Jugoslawien begannen die Völker, sich die Köpfe einzuschlagen, und das keineswegs wegen Hungers. Aber Stoiber hatte Anfang 1992, als er die Leitlinien des Grundsatzprogramms im *Bayernkurier* vorstellte, das Schreckbild von Heerscharen aus dem Osten flüchtender »Asylanten« im Kopf. Und so verlegte er den Nabel der Welt wieder einmal fast direkt nach

Bayern, das Osteuropa immerhin näher lag als Paris oder London.

Im Osten zu helfen, damit die Menschen bleiben, wo sie sind, erforderte zu Hause natürlich Sparmaßnahmen. Also lautete seine Devise in der Gesundheits- und Sozialpolitik nicht mehr Ausbau, sondern Umbau. Stoiber sprach zwar nicht explizit von Abbau, aber davon, daß Entbehrliches abzuspecken sei. Da fühlt sich niemand betroffen, denn wer gibt zu, daß er etwas entbehren kann. Das Motto des neuen Grundsatzprogramms hat Stoiber selbst erfunden: »In Freiheit dem Gemeinwohl verpflichtet«.

Die CSU wußte inzwischen längst, daß sie Edmund Stoiber nicht mehr entbehren konnte. Er war Strauß am ähnlichsten, nicht von Statur, aber in seinen politischen Ansichten, und das qualifizierte ihn mehr als alles andere für höhere Aufgaben. Selbst Münchens SPD-Oberbürgermeister Georg Kronawitter hatte schon 1991 prognostiziert, daß in drei Jahren nicht mehr Max Streibl für das höchste bayerische Amt kandidieren werde, sondern Edmund Stoiber. Doch der wollte keine Personaldiskussion – jedenfalls nicht jetzt. Als erster warnte er statt dessen vor der SPD-Kandidatin Renate Schmidt, erklärte aber auch selbstbewußt, die CSU könne sich nur selbst schlagen. Sie müsse endlich wieder mit einer Stimme sprechen, so wie das früher war, bei FJS. Heute spräche jeder Ortsvorsitzende über Dinge, die früher ganz klar als Chefsache galten. Strauß entschied, das Volk stimmte per Akklamation zu – oder auch nicht, jedenfalls begehrte keiner auf.

Von Stoiber versprachen sich die Mitglieder offenbar wieder Führung. Und so erhielt er beim Parteitag am 24. November 1991 das beste Ergebnis aller Stellvertreter und zehn Stimmen mehr als Parteichef Waigel, der damit freilich mit gutem Ergebnis bestätigt war. Doch Stoiber galt von diesem Tag an als Kronprinz, als aussichtsreichster Kandidat für das Amt des Ministerpräsidenten in Bayern. Nachdem der selbstgefällig gewordene Max Streibl schon an eine zweite und sogar dritte Amtszeit gedacht hatte, noch bevor die erste abgelaufen war, hätte er nun erkennen müssen, daß ihm ein ernstzunehmender Rivale erwachsen war. Und so sorgte sich die Partei um einen kräftezehrenden Machtkampf, der am Horizont dräute, »während Renate Schmidt für die SPD punktet«.

Ein Jahr später war es soweit. Auf dem Nürnberger Parteitag forderten ihn Freunde und Berater zum Kampf auf. Die CSU brauche wieder personelle und inhaltliche Visionen, der bayerntümelnde Streibl müsse in den Ruhestand. Doch Streibl war einmal Stoibers Förderer gewesen. In dessen Ministerium hatte der junge Jurist seine ersten Schritte auf der politischen Bühne gemacht. Streibl hatte ihn bei seinen Anstrengungen um die erste Landtagskandidatur unterstützt. Und Stoiber in sein Kabinett geholt. Wie undankbar, den Förderer nun vom Seil zu schneiden. Und war es nicht so, daß das Volk zwar den Verrat liebte, nicht aber den Verräter?

In der Partei wurde unterdessen gestichelt und intrigiert, hinter vorgehaltener Hand kritisiert und offen opponiert – zum Beispiel gegen Theo Waigel, der dauernd nach Moskau oder Washington reiste, aber seinen Laden wegen der überbordenden Aufgaben im Bund nicht im Griff hatte. Und in Bonn lief auch nicht alles so, wie es sich die CSU-Wähler wünschten. In einer Sondersitzung des CSU-Vorstands hatte Umweltstaatssekretär Otto Zeitler gelästert, er komme sich vor wie im Finanzausschuß des Bundestages. Stoiber griff die Spitze auf dem Neujahrsempfang in Wildbad Kreuth auf und mahnte, die CSU dürfe »nicht nur ein Finanzausschuß werden«. Da klatschten seine alten Freunde Beifall. »Mir tät'n uns ja so sehr wünschen«, stieß Jakob Kreidl aus Miesbach Richtung Himmel, »daß er unser Ministerpräsident wird.«

Anfang 1993 kam ihm dann die Amigo-Affäre zupaß. Sie beförderte Edmund Stoiber dahin, wo Kreidl seinen Parteifreund sitzen sehen wollte: wieder in die Staatskanzlei, dieses Mal aber im Chefzimmer.

## Saludo Amigo: »Der Streibl muß weg«

Max Streibl hatte einen »sehr, sehr guten, alten Freund«. Mit dem flog er ab und an nach Brasilien, auf dessen Hacienda in der Nähe von Sao Paolo. Auch nach Kenia nahm der Spezl den Politiker in einem gecharterten Flugzeug mit. Revanchiert hat sich Streibl 1983 mit großzügigen Spenden für soziale Projekte im Umfeld des Zweigwerks des Freundes in Brasilien – aus der eigenen Tasche, wie Streibl betonte.

Alles ganz privat? Damals war Streibl noch Finanzminister unter Strauß, und der Freund, Burkhart Grob, war, was er seit jeher war: Hersteller von Flugzeugen und Werkzeugmaschinen. Er habe nie, behauptete Streibl, dienstlich mit Grob zu tun gehabt. Später stellte sich heraus, daß Streibl mit Grob über eine Beteiligung an Krauss-Maffei verhandelt hatte, was allerdings am Ende gescheitert ist. 1991 hatte Streibl mit Grob und Bundesforschungsminister Heinz Riesenhuber Fördermöglichkeiten für Grobs Forschungsflugzeug »Strato 2C« erwogen. Grob erhielt 28 Millionen Mark zinsgünstige Aufbaukredite, darüber hinaus Aufträge des Verteidigungsministeriums. Der CSU spendete er 105 000 Mark.

Die Opposition nutzte bei ihren Angriffen gegen Streibl Informationen aus einem der SPD-Fraktion im Januar 1993 anonym zugegangenen Brief mit präzisen Angaben zu den fragwürdigen Reisen des Ministerpräsidenten. SPD-Fraktionschef Albert Schmid las im Landtag aus einer Dienstanweisung für Beamte der Finanzbauverwaltung vor, die ihnen die Annahme von Geschenken untersagte. »Die Akzeptanz staatlicher Entscheidungen hängt ... entscheidend von der Gewißheit des Bürgers ab, daß dienstliche Entscheidungen nicht durch sachfremde Erwägungen und Einflüsse, wie z.B. der Zuwendung materieller und immaterieller Vorteile an staatliche Entscheidungsträger, beeinflußt sind.« Öffentlich Bedienstete hätten »jeden Anschein zu vermeiden«, im Zusammenhang mit ihrer Tätigkeit für persönliche Vorteile empfänglich zu sein. Als Wertgrenze für Geschenke nannte die Dienstanweisung 35 bis 40 Mark, die auch im Falle von mehreren Geschenken über mehrere Jahre hinweg in der Summe nicht mehr wert sein durften. »Ein Zusammenhang mit einer konkreten Amtshandlung ist nicht erforderlich.« Bei Zuwendungen sei »grundsätzlich davon auszugehen«, daß sie im Bezug auf das Amt gewährt würden. Ausdrücklich genannt sind neben kleinen Aufmerksamkeiten »die Mitnahme auf Urlaubsreisen« sowie »die kostenlose Überlassung von Unterkunft, Fahrzeugen und dgl.«.

Streibl verstand die ganze Aufregung um die paar Flüge nicht und begrüßte seine Parteifreunde beim Politischen Aschermittwoch in Passau mit der Formel: »Saludos, amigos.« Und dann versuchte Streibl, den Untersuchungsausschuß, den die Opposition im Landtag einrichten wollte, zu einer Lachnummer zu degradieren. Er strich die Fragen der SPD zusammen und zwang die CSU-Fraktion, den so zurechtgestutzten Untersuchungsauftrag abzusegnen. Die Opposition reichte Verfassungsklage ein und bekam schließlich recht.

Streibl hätte sich nur halten können, wenn die Partei zu ihm gestanden hätte. Münchner Journalisten verweisen heute darauf, daß die Informationen aus der CSU selbst kamen. Auch von Stoiber hörte man, wenngleich hinter vorgehaltener Hand: »Der Streibl muß weg.« Schließlich standen im Superwahljahr 1994 drei Wahlen in Bayern an. Und so verwundert es nicht, daß viele in der CSU einen baldigen Rücktritt des Ministerpräsidenten unter Hinweis auf »gesundheitliche Gründe« – Streibl war Diabetiker – befürworteten. Als Thronfolger stand Edmund Stoiber bereit. Doch im Februar raunte es, man solle doch mal nachsehen, mit wem der Stoiber so herumgeflogen sei. Damals, so Julian Gyger, habe die SPD – er selbst und Carmen König – »dauernd anonyme Briefe gekriegt, die sie an die Presse weitergab«.

### Kostenlose Leihwagen: »Dem Gemeinwohl dienende Beziehungen«

Plötzlich holte Stoiber eine Geschichte ein, die ihn schon einmal in Gefahr gebracht hatte: Es war zur Jahreswende 1989/90, der Innenminister freute sich auf ein paar Tage mit seiner Familie in den Bergen. Stoiber war auf dem Weg in den Skiurlaub nach Obertauern, als seinem Wagentroß, drei geliehenen Audi Quattro, auf einer Paßstraße ein roter Seat entgegenschleuderte. Stoibers Fahrer konnte gerade noch ausweichen, doch der Seat knallte gegen eine Betonwand, überschlug sich und prallte gegen den Wagen, in dem Karin Stoiber und die Kinder Veronica (damals 10) und Dominik (8) saßen. Karin Stoiber erlitt ein Schleudertrauma, Dominik verlor einen Zahn, die Insassen des Seat mußten mit dem Hubschrauber ins Krankenhaus gebracht werden.

Vier Jahre nach diesem Zusammenstoß berichtete die *Süddeutsche Zeitung*, daß Edmund Stoiber mehrfach mit kostenlos zur Verfügung gestellten Leihwagen von Mercedes, BMW und Audi in Urlaub gefahren sei. Schon am nächsten Tag verteidigte sich Stoiber vor der kurzfristig geladenen Presse, anders als Streibl: »Ich lege meine Fakten auf den Tisch.« Seinen Dienstwagen hat Stoiber demnach nicht verwendet, weil man bei Fahrten ins Ausland immer die Funkanlage ausbauen müsse. Und den Privatwagen? Er habe ja nur einen normalen Opel, aber mit den schweren Autos, erläutert sein Pressesprecher, könnten die Fahrer ganz andere Wendungen machen. Wer weiß, vielleicht hätte Stoibers Fahrer dem Seat auf der Paßstraße im Opel nicht ausweichen können.

Jedenfalls, so Stoiber vor der Presse, hole sein Fahrer immer dann ein Ersatzfahrzeug, wenn der eigene Wagen in der Werkstatt stehe. »Im Grunde genommen geht das relativ automatisch«, erläuterte Stoiber. So auch bei den Urlaubsreisen: »Ich wollte nicht mit dem Dienstwagen fahren, und mein Fahrer holt eben einen Wagen von Audi oder BMW, das war keine große Besonderheit. Das habe ich bisher immer gemacht.« Und die Firmen machten das immer bei guten Kunden. Und Stoiber ist schließlich ein guter Kunde. Die geliehenen Autos habe er als »läßliche Sünden« betrachtet, heute freilich sehe er das anders.

Daß er mit Flugzeugen von MBB viermal mit Familie zu Strauß' Urlaubsort nach Südfrankreich geflogen war, konnte Stoiber ebenfalls erklären: Strauß, der als MBB-Aufsichtsratsvorsitzender firmeneigene Flugzeuge nutzen durfte, habe Wert darauf gelegt, daß sein Mitarbeiter auch im Urlaub verfügbar war. Wenn Strauß gesagt habe, »Edmund, ich brauch' dich da, du kannst deine Familie mitbringen, in Riem wartet ein Flugzeug«, dann war das »für mich schon eine gewisse hart vorgetragene Bitte«. Hätte er erwidert, er habe aber etwas anderes vor, »dann hätte mich Strauß sicher etwas eigenwillig angeschaut«.

Vergnügungsreisen seien das nicht gewesen, so Stoiber. Max Strauß erklärte später dazu: »Mein Vater hat niemanden gebeten, mit ihm Urlaub zu machen.« Wahr daran ist, daß Strauß sich im Urlaub bestimmt humorvollere und partyfestere Begleiter gewünscht hätte, aber die Aussage seines Sohnes dokumentiert auch, daß das Verhältnis der beiden nicht mehr zum besten bestellt ist. Die Ursache dafür lieferte Stoiber im Laufe der Amigo-Affären.

Einmal, mußte Stoiber einräumen, sei er ohne Strauß mit der Familie nach Italien geflogen, weil er seine Pläne umgeworfen hatte. Auch zu einem Vortrag in Dresden und zu einer Montagsdemonstration war Stoiber mit der »CSU-Airline« angereist. Daß es ausgerechnet MBB-Flugzeuge waren, sei aus heutiger Sicht »ein Fehler« gewesen. Aber er habe »dienstlich und außerdienstlich keinen unlauteren Einfluß auf oder für diese Firmen genommen«.

Nachdem auf dem Parteitag 1991 ein Antrag des mittelfränkische Försters Josef Göppel, Vorsitzender des Arbeitskreises Umwelt, für ein Tempolimit abgelehnt worden war, argwöhnte die Presse, das sei eine Gegenleistung für die erwiesenen Vergünstigungen gewesen. Auch Streibl, so war inzwischen bekannt geworden, hatte die Firma BMW kostenlos Motorräder zur Verfügung gestellt. Stoiber hielt sich vornehm zurück: Er hatte sich immer schon gegen Tempolimits ausgesprochen, setzte aber auf Freiwilligkeit. Daß er stets die Linie der Autoindustrie gefahren wäre, konnte ihm nicht unterstellt werden. Vielmehr wechselte er seine Meinung zu Fragen des Straßenverkehrs je nach Opportunität. Im Vorjahr hatte er dafür plädiert, Autofahren teurer zu machen. Eine Autobahngebühr war nur eine von Stoibers Maßnahmen, die er damals (und später immer wieder) vorschlug – um Straßen zu bauen. Andererseits erwog er Anfang der neunziger Jahre sogar eine Umweltschutzabgabe auf den Benzinpreis, die er zehn Jahre später vehement angriff, nachdem die rot-grüne Bundesregierung ihre Pläne für eine Ökosteuer umgesetzt hatte und die Benzinkosten wegen des hohen Dollarkurses und der gestiegenen Rohölpreise auf mehr als zwei Mark pro Liter geklettert waren. Als CSU-Vizegeneralsekretär Joachim Herrmann 1997 ähnliche Vorschläge aus dem Wuppertal-Institut für Klima, Umwelt, Energie aufgegriffen hatte und erwog, die Senkung der Lohnnebenkosten durch eine Energiesteuer auf den privaten Energieverbrauch zu finanzieren, war Stoiber wütend: »Der hat keine Mehrheit.«

1991 aber hatte Stoiber sich lernfähig und »grün« gezeigt, es standen keine Wahlen vor der Tür: Umweltschäden und Unfallkosten müßten beim Benzinpreis berücksichtigt werden, forderte er, selbst wenn das zu Lasten der Autofahrer im Flächenstaat Bayern gehe. Diese Maßnahme würde die Menschen zwingen, sparsamere Autos mit schadstoffarmen Motoren zu kaufen. Stoiber wies darauf hin, daß »freie Fahrt für freie Bürger« in die Sackgasse münde. Überflüssiger Verkehr müsse vermieden werden.

Daß Autofirmen mit einer mehr als sportlichen Fahrweise werben, gefiel Stoiber überhaupt nicht: »Laßt doch den Quatsch«, forderte er. Leben und Gesundheit müßten Vorrang vor Mobilität und Schnelligkeit haben. Er könne überhaupt nicht verstehen, »daß derselbe, sonst so risiko- und umweltbewußte Bürger, der zum Beispiel in einer Bürgerinitiative leidenschaftlich dafür eintritt, daß Gefahren so gering wie möglich sind, sich oft ins Auto setzt und dann geradezu risikobesessen in eine Nebelwand fährt«.

Wenige Jahre später, im Frühjar 1994, raste Stoiber mit Tempo 160 durch den Landkreis Deggendorf und wurde vom Münchner Ex-Stadtrat Gerd Baumann (SPD) angezeigt. Stoiber verteidigte die Raserei im Dienst damit, sein Konvoi sei von einem Streifenwagen angeführt worden.

Die wahren Verhinderer ökologischer Fahrweise waren damals andere: Theo Waigel, Ignaz Kiechle, Bayerns Umweltminister Peter Gauweiler und Verkehrs-Staatssekretär Wolfgang

Gröbl. Und natürlich die Industrie selbst. Zweimal tauchten BMW-Manager »aus dem Vorstandsbereich« bei Josef Göppel auf, um ihm die Sache mit dem Tempolimit auszureden, einmal sogar in seinem Forsthaus. BMW-Chef Eberhard von Kuenheim schrieb seinerzeit einen Protestbrief an Max Streibl: Das Umweltprogramm enthalte »so viele wirtschaftsfeindliche Aussagen, daß es für mich unverständlich ist, auf welcher Basis die bislang doch so hervorragend dem Gemeinwohl dienenden Beziehungen zwischen Politik und Wirtschaft in Bayern beruht haben könnten«.

## Streibls Sturz: »Bis Pfingsten hab' ich's«

Im Gegensatz zu Streibl hatte Stoiber das Problem erkannt. Für Korruption hatten die Deutschen inzwischen eine feine Nase entwickelt. Zurücktreten wollte er auf keinen Fall, so kurz vor dem Ziel. Und daß die Indiskretionen erneut aus der CSU kommen sollten, wollte er auch nicht glauben: »Wer so etwas aus persönlichen Motiven täte, nimmt in Kauf, daß die CSU erheblich geschwächt wird.«

Für Streibls Denunzianten galten andere Maßstäbe. Die Partei befürchtete weitere Aussetzer, die ihr schaden könnten. Noch aber hielt Stoiber seinem ersten Förderer die Stange. 200 Eilbriefe, bedruckt vom Freistempler des Ministeriums mit jeweils 9,40 Mark Porto, gingen an die wichtigsten Parteipolitiker in Bonn und München, einer versehentlich auch an die SPD-Vorsitzende Renate Schmidt. Stoiber beklagte darin eine »Kampagne« gegen den Ministerpräsidenten, die nun auch auf ihn und andere führende Vertreter der Partei ausgeweitet worden sei. Er habe sich in einer Pressekonferenz »um eine schnelle Aufklärung und Beendigung der Kampagne bemüht«, stehe aber für weitere Fragen in der nächsten Fraktionssitzung zur Verfügung.

Stoiber hatte gebeichtet, und die Bayern haben ihm vergeben. Nicht sofort, aber seinen Kopf hatte er gerettet. Der Sprung auf den Ministerpräsidentensessel schien allerdings fürs erste verschoben. »Von diesem Kronprinzen dürfte kein Druck mehr ausgehen«, orakelte Hannes Burger in der *Welt*.

Wie aber Ruhe hineinbringen in die zerstrittene Partei? »Wir werden erst wieder stärker, wenn die innerparteilichen Informationen über Parteifreunde auf ein normales Maß zurückgehen«, mahnte Finanzminister Georg von Waldenfels.

Die Parteibasis auf dem schwäbischen und dem oberpfälzischen Bezirksparteitag rief nach Theo Waigel, der wieder nach Bayern kommen sollte. Doch der zauderte. Zwar hatte er angedeutet, nicht noch einmal vier Jahre als Finanzminister in Bonn dienen zu wollen, die Jahre seit 1989 bezeichnete er als »Hundejahre«, von denen jedes bekanntlich wiegt wie sieben. Andererseits hatte er erklärt, daß er seinen Platz in der Bundeshauptstadt sehe. Aber er mußte fürchten, ein Ministerpräsident Stoiber werde sich auch um den Parteivorsitz bemühen. Also doch? Wenn Waigel sich für München entschieden hätte, wäre Stoibers Aufstieg wohl beendet gewesen. Unter Waigel wäre er garantiert nicht Minister geblieben, nach Bonn aber wollte Stoiber auch nicht. Das sagte er laut genug, so daß es jeder hören konnte: »Ich stehe für ein Amt in Bonn nicht zur Verfügung.« Theo Waigel stichelte angesichts dieser Bescheidung auf ein Münchner Amt, er »höre mit Staunen, daß der Edmund sich als Landespolitiker versteht. Aber wenn er im Parteivorstand gesprochen hat, konnte man oft meinen, wir sitzen im Weltsicherheitsrat.«

Stoiber sagt heute, er hätte auch dann kandidiert, wenn Waigel rechtzeitig für München optiert hätte: »Ich wäre auf jeden Fall angetreten, weil ich mich für diese Position prädestiniert gehalten habe.« So oder so wäre der Machtkampf also entbrannt, hätten die Helfer der Kontrahenten die Bataillone in Stellung gebracht: Peter Gauweiler die JU in München für Stoiber, dessen enger Mitarbeiter Michael Höhenberger die Parteijugend in Franken, vor der Höhenberger über Streibls »Trottelrede« gelästert haben soll, was Stoiber und sein Mitarbeiter dementierten. Auch die Frauenunion votierte für Stoiber. Der Kreisverband Neu-Ulm hielt zum Schwaben Waigel. Stoiber war sich schon im März sicher, Streibl bald beerben zu können.

Im kleinen Kreis, kolportiert Julian Gyger, habe Stoiber durchblicken lassen: »Bis Pfingsten hab' ich's.«

Als Max Streibl Anfang Mai 1993 die neue, um ihre Flügel gekappte Staatskanzlei feierlich eröffnete, zählte der Ministerpräsident unter den Gästen nur zwei seiner Minister: Sozialminister Gebhard Glück war gekommen, und auch Landwirtschaftsminister Hans Maurer ließ sich sehen. Alle anderen hatten wichtige Dienstgeschäfte.

Am 11. Mai mußte Stoiber dennoch befürchten, daß es gegen ihn lief. Die folgende Woche wurde zur heißesten politischen Auseinandersetzung, die im Freistaat seit langem stattgefunden hatte, und das Überraschende war: Die Öffentlichkeit durfte beim Fingerhakeln zusehen. Im Münchner CSU-Hauptquartier hatten sich an diesem Tag Theo Waigel, Max Streibl, Alois Glück und *Bayernkurier*-Chef Winfried Scharnagl getroffen. Im Anschluß kündigte Streibl, sehr verklausuliert, seinen Rücktritt für einen noch nicht feststehenden Zeitpunkt an. Es war die Rede vom »wohlverstandenen Interesse der CSU« und von »bestmöglichen Ergebnissen bei den drei Wahlen im nächsten Jahr«, die mit einem angeschlagenen Streibl sicher nicht zu erzielen gewesen wären. Sein Bestreben sei es, das Amt »in seiner Würde zu erhalten. Ich werde mich mit der CSU-Spitze dabei um die bestmögliche und vor allem einvernehmliche Lösung bemühen. Persönliche Interessen haben zurückzustehen. Das gilt für mich wie für alle anderen.«

Alois Glück sprach sich für eine rasche Entscheidung noch vor der Sommerpause aus. In Bonn nannte Michael Glos Waigel und Stoiber als mögliche Bewerber um die Nachfolge des noch amtierenden Ministerpräsidenten. »Pure Eitelkeiten und Karrierewünsche« hätten sich den Interessen der Partei unterzuordnen, als Parteivorsitzender habe aber Waigel das »natürliche Recht«. Stoiber, so sah es aus, sollte ins Bonner Innenministerium fortgelobt werden. Der Unmut der Partei werde sich gegen diejenigen richten, die sich verweigern, hieß es in der CSU. Die *Bild*-Zeitung präsentierte dagegen eine Umfrage, wonach 56 Prozent der Bevölkerung für Waigel plädierten, nur 28 für Stoiber. Und der ehemalige Kultusminister Hans Maier, einst unter maßgeblicher Mitwirkung Stoibers (und Tandlers) aus dem Amt getrieben und diesem deshalb in Abneigung verbunden, lobte in einem offenen Brief an das bayerische Volk die »hohe Integrationskraft« Waigels. Bayern brauche »eine Persönlichkeit, die sich gleichermaßen durch Menschlichkeit, Charakterstärke und Einsatzbereitschaft auszeichnet«. Das traf nach Ansicht Maiers auf Waigel zu, keinesfalls auf Stoiber. Die meisten Zeitungen titelten: »Streibl-Nachfolge läuft auf Waigel zu«.

Es kam anders.

Entschied Helmut Kohl die Nachfolge Streibls? Hätte Waigel Bonn den Rücken gekehrt, wäre das Bonner Finanzressort im Sommer 1993 vor einem Neuanfang gestanden. Denn auch Staatssekretär Horst Köhler ging, er wurde Präsident des Sparkassen- und Giroverbandes. Ein Rechtsaußen wie Stoiber als Innenminister mag vielleicht auch bei Kohl nicht als beste Lösung gegolten haben, und auch nicht bei der FDP. Doch am Rad drehten andere: Die CSU-Fraktion des Landtages verdächtigte die Parteispitze der Kungelei, Streibls verdeckte Unterstützung Waigels wertete sie als Undank gegenüber Stoiber, der ihm zuletzt die Geschäfte geführt hatte, und die Fürsprache aus Bonn als Einmischung in innerbayerische Angelegenheiten. »Was hat bloß der Stoiber dem depperten Glos gezahlt«, fragten sich die SPD-Abgeordneten im Landtag, erinnert sich Julian Gyger. Und tatsächlich machten einige CSU-Abgeordnete ihren Bonner Parteifreund darauf aufmerksam, daß sie es seien, die den Ministerpräsidenten wählen.

Auf 70 Prozent schätzte der Abgeordnete Walter Eykmann die Zustimmung für Edmund Stoiber in der Fraktion. »Wir lassen uns doch nicht von Bonn sagen, wer neuer Ministerpräsident wird.« Als sich die Landtagsfraktion zum ersten Mal traf und gleich für Stoiber aussprach, meldete sich nicht einmal Fraktionschef Glück zu Wort, von dem man wußte, daß er Stoiber alles andere als zugeneigt war.

Am dritten Tag nach München, es war der 14. Mai 1993, trafen sich Stoiber und Waigel bei Kaffee und Butterbrezen zu einem ersten Gespräch unter vier Augen – in der CSU-Geschäftsstelle Augsburg, weil die Landesleitung in der Nymphenburger

Straße in München von Kamerateams blockiert war. Es wurde schnell klar, daß Waigel keine Kraftprobe wünschte und Stoiber auf eine Arbeitsteilung setzte: Er wird Ministerpräsident, Waigel bleibt Parteivorsitzender. Der Parteichef war in einer Zwickmühle gefangen, womöglich weil er aus Loyalität gegenüber seiner Partei bereit war, nach München zurückzukehren. Würde er Bayernchef, würde man ihm das als Flucht vor den Schwierigkeiten der Finanzpolitik auslegen, würde er sich zurückziehen, als Niederlage gegen Stoiber.

Während Waigel alles am Wochenende überdenken wollte, bevor beide vors Parteipräsidium, die zehn Bezirksfürsten und die Fraktionsführung treten sollten, wußte Stoiber, daß es nun für ihn gelaufen war. Er strotzte vor Selbstbewußtsein. Ministerpräsident? »Des hab' ich ja praktisch schon mal gemacht«, ließ er sich vernehmen, »als ich beim Strauß in der Staatskanzlei war, da hat er nach außen gewirkt, und ich hab' innen die Arbeit gemacht.«

Bevor Waigel zu Ende überlegen konnte, fiel schon die Entscheidung. An diesem Wochenende, 15. Mai 1993, sprach sich auch der Bezirksparteitag von Nürnberg-Fürth-Schwabach in Anwesenheit Waigels für Stoiber aus. Im Saal »Flamingo« des Nürnberger Hotels Tiergarten zog Stoibers Staatssekretär Günther Beckstein die Strippen. Ein Team brauche die CSU, sagte er, keine quälende Nachfolgediskussion. »Aber«, gab er vor, »wir wollen einer Diskussion auch nicht ausweichen, wenn die Delegierten dies wollen.« Waigel verstand in diesem Moment, daß sich dieser Parteitag gegen ihn wendete. »Ich wußte gar nicht, wie unentbehrlich ich als Bundesfinanzminister bin«, kommentierte er die Stimmung sarkastisch. Die Delegierten klatschten lange Beifall. Waigel meldete auch jetzt nicht seinen Anspruch auf die Nachfolge Streibls an, aber er ließ wissen: »Es geht nicht nur um Personen, sondern um Inhalte. Eine Änderung der Koordinaten ist mit mir nicht zu machen.« Die CSU müsse nicht auf die rechten Wähler schielen, sollte das wohl heißen, sondern sie müsse die Mitte sichern. Lieber solle die CSU den richtigen Kandidaten eine Woche später benennen, statt den falschen eine Woche zu früh. Doch Beckstein präsentierte eine Resolution des geschäftsführenden Vorstandes. In der hieß es, der Bezirksverband »begrüßt den überwältigenden Vertrauensbeweis der CSU-Landtagsfraktion für Edmund Stoiber«. Die Bundestagsabgeordneten Christian Schmidt und Renate Blank versuchten, eine Abstimmung zu verhindern. Vergeblich. Während die Delegierten ihre Stimmzettel ausfüllten, verließ Waigel den Saal. Er ahnte das Ergebnis: 78 stimmten für die Resolution, 31 dagegen.

Auch der Münchner Bezirk sprach sich intern für Stoiber aus. Und Stoiber hatte einen weiteren Trumpf in der Tasche: Er durfte sich der Unterstützung der Kirche sicher sein, seit allerorten kolportiert wurde, daß Waigel »nicht gut katholisch« lebe. Das habe sogar der Kardinal Wetter bestätigt. Alle wußten schon längst, daß Waigel nicht mehr mit seiner Frau zusammenlebte, und viele wußten auch, daß es eine Neue gab, ein »g'schlampertes Verhältnis«. Stoiber dagegen erschien an diesem Wochenende zum Bundesligaspiel seines F. C. Bayern mit Ehefrau.

»Jeder wußte das damals, in Bonn, in München«, entrüstet sich Julian Gyger noch heute. »Aber niemand hängte es an die große Glocke.« 1989 habe die *Bild*-Zeitung schon die Schlagzeile gesetzt gehabt: »CSU-Chef liebt Skistar«. Sie wurde dann doch noch gekippt. Auch der *Spiegel* bot Waigel an, die Sache in einem Interview einmal in einem Nebensatz elegant auszuräumen. Aber Waigel wollte das nicht. Hannes Burger war der erste, der die Sache in einem Kommentar nebenbei ansprach. Dann griff es auch der *Spiegel* auf.

Waigel empörte sich, wer auch immer sich angesprochen fühle, dem sage er: Man habe sein persönliches Unglück gegen ihn instrumentalisiert. Diese Schmutzkampagne sei »eine Sauerei«. Sogar ein uneheliches Kind hatte man ihm angedichtet, »alles erstunken und erlogen«. Stoiber antwortete, er sei Bedenken wegen Waigels Eheproblemen immer entgegengetreten, schon nach dem Tode Strauß'. Unglückliche Familienverhältnisse seien kein Hinderungsgrund für eine Kandidatur. In einem Brief an den *Spiegel* stellte er klar: »Ich lehne solche heimtückischen und scheinheiligen Methoden ab und lasse mir derartiges denunziatorisches Handeln in keiner Weise zurechnen.« Er kenne auch keine »Stoiberfans«, die so handelten, dies sei nicht seine Methode, nicht sein Umgang, und seine Freunde seien das schon gar nicht. Den Namen des Denunzianten, hieß es später, kenne in München jeder, aber keiner wagte es, ihn auszusprechen. Der Mann sei jung und Strauß-geprägt und könnte ja noch etwas werden, zumal er sich mit Stoiber auf einer Linie fühle.

Aber auch von anderer Seite gab es jetzt kompromittierendes Material. Michael Stiller, stets bestens informierter Reporter der *Süddeutschen Zeitung*, konnte von einer Spende der Buchloer Fleischfirma Moksel an Stoiber berichten. Auf Anfrage bestritt Stoiber in einem Brief an die *SZ* alle Verdächtigungen. Er habe von der Firma Moksel »nie selbst und direkt« Spendengelder erhalten. Geretsrieds Ortsvorsitzender Gerhard A. Meinl, dem Stoiber die Anfrage der Zeitung übergeben hatte, bestätigte dagegen einen Spendeneingang im Oktober 1990; der Betrag, weniger als 40 000 Mark, sei für Stoibers Wahlkampf verwendet worden. Er selbst habe seinen Kartellbruder, den ehemaligen Strauß-Intimus und CSU-Vorständler Franz Dannecker, um Vermittlung gebeten. Stoiber interessierte vor allem die Frage, »warum und von wem ausgerechnet im gegenwärtigen Zeitpunkt derartige Dinge mit dem davon offenbar erhofften Verdächtigungspotential an die Presse gespielt werden«.

Am 21. Mai traf der Vorstand seine Entscheidung. Streibls Nachfolger sollte Edmund Stoiber werden. Die Schlammschlacht war zu Ende, aber es bedurfte einer exakten schriftlichen Auflistung der künftigen Aufgaben der beiden Kontrahenten. Waigel setzte regelmäßige Treffen des Präsidiums und einen ebenso regelmäßigen Jour fix in der Landesleitung (und nicht in der Staatskanzlei) durch, wodurch er Stoiber zu disziplinieren hoffte. Stoiber versprach, im Oktober nicht mehr für den stellvertretenden Parteivorsitz zu kandidieren. Das signalisierte nach außen einen Kompromiß, der auch Waigel ermöglichen sollte, das Gesicht zu wahren, und es schadete Stoiber nicht, denn als Ministerpräsident gehörte er automatisch Vorstand und Präsidium an – und zwar nicht als Stellvertreter Waigels. Außerdem empfahl Stoiber eine Frau als seine Nachfolgerin, gemeint war Strauß-Tochter Monika Hohlmeier. Damals war deren Verhältnis noch weitgehend ungetrübt.

Nicht zu Unrecht stellte die SPD fest, da sei ein »Amigo« gegen einen anderen ausgetauscht worden. Gegen den Vorwurf eines kommenden Rechtsrucks der Partei wehrte sich zwar Stoiber, aber Gauweiler beschied lapidar: »Mit dem Vorwurf kannst du leben.« Waigel war angeschlagen und hatte deutlich mehr eingebüßt als zwei Kilo Lebendgewicht, wie er zugab. Und noch einer hatte an Reputation verloren: Fraktionschef Alois Glück.

Julian Gyger glaubt heute noch, Glück sei derjenige gewesen, der der SPD das Material zugesteckt habe, das Stoiber belastete. »Glück dachte, bei der nächsten Wahl mit dem Spitzenkandidaten Streibl werde die CSU unter die absolute Mehrheit absakken, eine große Koalition aber mache jeder der potentiellen Partner lieber mit ihm als mit Stoiber. Und falls nicht mit ihm, dann eben mit Thomas Goppel. Ich bin fest überzeugt: Der Hauptintrigant war Glück.«

Wie auch immer, nach dem Wechsel sortierte Glück sein Verhältnis zu Stoiber neu. Die Opposition hoffte, indem die CSU nach rechts rücke, bleibe in der Mitte mehr Platz für sie selbst. Der *Spiegel* nährte diese Hoffnung: Nutznießer der beispiellosen Flüsterpropaganda gegen den Vorsitzenden sei zwar Stoiber, aber den Schaden habe die CSU, »die ihre Alleinherrschaft in Bayern einbüßen wird«. Die CSU lag in Umfragen bei rund 40 Prozent, die »Republikaner« bei 15. Gerade hier, hoffte das Parteivolk, werde Stoiber zugewinnen. Franz Schönhuber reagierte prompt. Er nannte Stoiber einen »vom Ehrgeiz zerfressenen Mann«, einen »ausgewiesenen Rassisten« und einen »potentiellen Verfassungsbrecher«. Und das *Deutsche Allgemeine Sonntagsblatt* meinte, die Ästhetik des neuen »Amigodroms«, der Staatskanzlei, reflektiere »den stetigen Niedergang nicht nur einer Partei, sondern einer ganz eigentümlichen Idee in Bayern«.

Am 28. Mai 1993 wählte der Landtag einen neuen Ministerpräsidenten. 122 von 123 anwesenden CSU-Abgeordneten machten ihr Kreuz bei Edmund Stoiber. Landtagspräsident Wilhelm Vorndran vereidigte den neuen Bayernchef, und der schien überaus bewegt. Auf dem Pult vergaß er sein Redemanuskript, und er strebte dann seinem alten Platz auf der Regierungsbank zu. Die Gesten seines Vorgängers, doch auf dem neuen Stuhl Platz zu nehmen, übersah er. SPD-Fraktionschef Albert Schmid händigte ihm sein Manuskript aus und gab ihm noch ein Wort Gustav Heinemanns mit auf den Weg: »Die Freiheit soll nicht der Ordnung zum Opfer fallen, vielmehr soll die Ordnung der Freiheit aller Bürger dienen.«

# 6

# Ministerpräsident: »Das Heil für Deutschland«

Edmund Stoiber war noch keine 24 Stunden Ministerpräsident von Bayern, da zog es ihn nach Rott am Inn, ans Grab seines Lehrers Franz Josef Strauß. Stoiber legte einen Kranz nieder, und jeder ahnte, was diese Geste bedeutete. Doch Edmund Stoiber ist ein Hundertfünfzigprozentiger, und deshalb sprach er es auch noch aus: Er wolle die Politik seines Vorbilds fortsetzen. Hinter seinem Schreibtisch in der Staatskanzlei ließ er eine Strauß-Büste aufstellen. Hätte er gewußt, was in den folgenden Monaten und Jahren auf ihn zukommen sollte, er hätte sich diese Gesten möglicherweise erspart.

Am 17. Juni 1993 sollte das neue Zeitalter in Bayern beginnen. Jedenfalls erwarteten das die Mitglieder der CSU und ihre Wähler. Nicht daß sie Stoiber geliebt hätten, die Bayern, aber respektiert haben sie ihn. Fast wieder einer wie der Strauß, hieß es.

Nüchtern betrachtet war es alles andere als eine Runderneuerung, was Stoiber als sein erstes Kabinett präsentierte. Und einige Parteigruppierungen, die meinten, zu kurz gekommen zu sein, monierten vernehmbar. August Lang mußte gehen, das hatten viele kommen sehen. Mit ihm war Stoiber über die Jahre mehrfach aneinandergeraten. Nun sei der Stuhl unter ihm weggezogen worden, lamentierte er verbittert. Platz nahm Otto Wiesheu. Mathilde Berghofer-Weichner, die erste Ministerin Bayerns, hatte Stoiber in den vergangenen Monaten tatkräftig unterstützt. Sie empfand ihren Rausschmiß als Undankbarkeit. Ihr Nachfolger wurde Hermann Leeb. Als sich die Ministerriege im Kuppelsaal der neuen Staatskanzlei vorstellte, war keine Frau unter denen, die ihre Ernennungsurkunde in Empfang nahmen. Lediglich in der zweiten Reihe fanden sich vier Staatssekretärinnen. Der Bezirk Mittelfranken war brüskiert, weil erstmals kein Kabinettsmitglied aus seinen Reihen stammte. Und weil an die Stelle von Otto Zeitler und August Lang kein Oberpfälzer trat, kam die Rede vom »Münchner Zentralismus« auf.

Langs Nachfolger Otto Wiesheu war schon zu Studienzeiten Hilfsreferent von Strauß gewesen, seine Karriere aber wurde durch einen Autounfall unterbrochen, bei dem er unter Alkoholeinfluß einen Menschen zu Tode gefahren hatte. Innenminister wurde Günther Beckstein, auf den sich Stoiber immer hatte verlassen können. Im Kabinett saßen zahlreiche Autoren des Sammelbandes »Politik aus Bayern«, mit dem sich 1976 die junge Riege der Landtagsnovizen bei Strauß bekannt gemacht hatte: Finanzminister Georg von Waldenfels, Hans Zehetmair, der Kultusminister blieb, Europaminister Thomas Goppel, auch Leebs Staatssekretär Gerhard Merkl hatte damals mitgeschrieben. Wirtschaftstaatssekretär wurde Hans Spitzner, der einen Beitrag über »Finanzpolitik in Zeiten knapper Kassen« verfaßt hatte. Ins Kultusministerium trat Monika Hohlmeier ein, die gerade 30 Jahre alte Tochter von Franz Josef Strauß, die sich damals als Stoiber-Fan bezeichnete. Sonst schien es keine Nachwuchskräfte zu geben in der großen Volkspartei, und einen wie Alfred Sauter durfte Stoiber noch nicht ins Kabinett holen, weil ihm Waigel alte Geschichten nachtrug. Der Schwabe Sauter war von Strauß ins Kabinett beordert worden, und Schwabenchef Waigel erfuhr es erst, nachdem alles beschlossen war. Schwerer wog aber, daß Sauter sich bei der Streiblnachfolge frühzeitig auf Stoibers Seite geschlagen hatte.

Stoiber forderte Einigkeit, die Reihen sollten wieder geschlossen werden. Konstruktive Kritik sei willkommen, aber bitte intern. Loyalität setze er »im Prinzip« voraus, ließ Stoiber seine Minister wissen. »Wer sie nicht übt, der ist schneller aus dem Kabinett draußen, als er glaubt.« Stoiber selbst sollte nicht immer bis zur »Endkonsequenz« hinter seinen engsten Mitarbeitern stehen. Wer ihm gefährlich werden konnte, den ließ er fallen. Julian Gyger urteilt: »Loyalität ist bei Stoiber eine Einbahnstraße.«

## Den Gürtel enger geschnallt: »Dem Gemeinwohl verpflichtet«

Edmund Stoiber hatte nicht viel Zeit. Nach einem guten Jahr nur mußten er und die CSU sich den Wählern stellen. Der Amigo-Makel mußte bei den Wählern möglichst schnell ausgelöscht werden. Ein anderes Image mußte her. Da kam es gerade recht, daß Stoiber nach fast fünf Jahren im Oktober 1993 das neue Grundsatzprogramm der Partei vorstellen konnte. Es trug den von Stoiber erfundenen Titel: »In Freiheit dem Gemeinwohl verpflichtet« (und nicht mehr der eigenen Tasche). Den Parteimitgliedern riet er, sich stets an die Leitlinien zu halten: »Unsere Partei wird gestählt und gebildet durch Grundsätze, und die müssen wir immer vertreten, auch wenn es manchmal schwerfällt.« Eine Partei müsse das sagen, worauf es ankommt, nicht in erster Linie das, was ankommt.

Die Gleichberechtigung von Mann und Frau stellte Stoiber an die erste Stelle der »Ziele und Wege unserer Politik«. Die Ehe galt der CSU weiter als »verläßliche Grundlage einer vertrauensvollen Lebensgemeinschaft für Mann und Frau«, die Familie als »Urzelle der Gesellschaft«. Die Gleichstellung nichtehelicher Lebensgemeinschaften blieb indiskutabel, und Stoiber wendete sich Jahre später folgerichtig gegen Bestrebungen der rot-grünen Bundesregierung, die »Homo-Ehe« einzuführen. Schon als Rita Süssmuth im Juli 1991 für schwule Paare Steuererleichterungen und Anspruch auf Hinterbliebenenrente reklamiert hatte, empörte sich Stoiber. Die JU München lud sie von einer Veranstaltung zum Thema Schutz des ungeborenen Lebens wieder aus, und Stoiber sprang dem oberbayerischen JU-Vorsitzenden Klaus Kirchleitner bei. Er sah in Süssmuths Forderungen einen weiteren Beitrag zur »Sozialdemokratisierung« der Union. Das sei kein Thema für diese Gesellschaft, da könne man ja gleich

»über die Teufelsanbetung reden«. Der Breunaer Pfarrer Heiko Rohrbach fühlte sich dazu animiert, Stoiber im *Wort zum Sonntag* Nachhilfe in Sachen Leben zu geben: »Die Lust ist ein Geschenk Gottes und niemals Sünde.«

Auch in anderen gesellschaftlichen Belangen wendete sich das neue, fünfte Grundsatzprogramm den aktuellen Trends zu, bewertete diese aber wie ehedem. Auch unter Stoibers Regie kam also aus München programmatisch nichts Neues, was von einer konservativen Partei auch nicht zu erwarten ist. Bei Fragen der sozialen Sicherheit folgte sie den Vorgaben einer von neoliberalen Wirtschaftsideologien dominierten Zeit. Nur bei den Zukunftstechniken wagte Stoiber einen Schritt nach vorn. »Chancen, die wir nicht nutzen, werden andere ergreifen.« Das waren Strauß' Worte, etwa bei Waffenexporten. Stoiber ging es also nicht um eine politische Vision, sondern um wirtschaftliche Chancen, um Geld.

Immerhin reagierte Stoiber auf die umgreifende Politik(er)verdrossenheit, und zwar nicht durch Worte, sondern durch Taten. Auch in Bayern seien die fetten Jahre vorbei, sagte er und kündigte in seiner Regierungserklärung wegen anhaltender Steuerausfälle Kürzungen auf allen Ebenen an. Niemand konnte ihm vorwerfen, daß er dabei jemanden vergaß. Damit das Volk merkte, daß nun ein anderer Wind wehte, fing er dieses Mal bei seinesgleichen an: Den Bürgermeistern und Landräten strich er entschlossen ihre schönen Nebeneinkünfte, die sie sich in zahlreichen Aufsichtsräten ersaßen, etwa bei Sparkassen oder den Versorgungsbetrieben. Auch Minister dürfen seither keine Nebeneinkünfte mehr haben. Bis dato hatten Amtsträger immerhin 17 Prozent ihrer Bruttoeinkünfte zusätzlich behalten dürfen, der Rest mußte an die Landesstiftung abgeführt werden. Damit war's nun vorbei. Auch die Ruhegelder ausgeschiedener Kabinettsmitglieder wollte Stoiber kürzen. Und schließlich war Schluß mit privaten Spritztouren im Dienstwagen und kostenlosen Theaterkarten, die offenbar von manchen Staatsbediensteten sogar zu Bargeld gemacht worden waren. Einen traf es besonders hart: Max Streibls Amt als Europabeauftragter, ausgestattet mit zwei Sekretärinnen, zwei Referenten und

Dienstwagen, wurde ersatzlos gestrichen. Streibl hatte den Posten einst für Franz Heubl geschaffen, diesen aber durch seine Person ersetzt – und Stoiber hatte ihn zunächst gewähren lassen.

Wer von den Bürgern verlangt, daß sie den Gürtel enger schnallen, wer die Beamten eine Stunde länger arbeiten lassen will, der muß mit gutem Beispiel vorausgehen, meinte Stoiber, das sei »Voraussetzung für die Glaubwürdigkeit«. Stoiber verzichtete selbst auf mehr als 50 000 Mark aus verschiedenen Aufsichtsratsmandaten. Allerdings blieb er noch immer der Ministerpräsident mit den bundesweit üppigsten Diäten, rund 300 000 Mark pro Jahr, außerdem die Hälfte der Abgeordnetendiäten (60 000 Mark) sowie steuerfrei eine Aufwandspauschale von fast 100 000 Mark, wie Hans Herbert von Arnim 1998 errechnete. Sein Parteifreund Josef Deimer, Vorsitzender des Bayerischen Städtetages und Oberbürgermeister von Landshut, fühlte sich für die Imagepflege des Ministerpräsidenten mißbraucht. Er kommentierte Stoibers Spareifer mit einem bayerischen Kraftspruch: »Mit voller Hose ist gut stinken.«

Der Widerstand der Kommunalpolitiker hatte schließlich Erfolg: »Ehrenamtliche« dürfen weiterhin ihre Aufwandsentschädigung behalten, allerdings maximal 6000 Mark pro Jahr, »Hauptamtliche« 12 000 Mark. Ausnahmen gibt es weiterhin bei Vorsitzenden des Verwaltungsrates von Sparkassen sowie deren Vorsitzenden, für die wegen der besonderen Beanspruchung der doppelte Satz gilt. Daraufhin nahm Stoiber auch beim Ministerrat noch einmal Kürzungen vor: Die Aufwandspauschale wurde halbiert, die Übergangsgelder für ausscheidende Regierungsmitglieder gekürzt. In dem Maße, in dem die Bayern Stoibers Bemühungen anerkannten, mußten sie sich eingestehen, wie sehr die Vorgänger sich selbst bedient hatten.

Nicht alle sahen es gern, wie Stoiber das Image eines Saubermanns aufbaute. Als er 1995 daran ging, das Beamtenrecht zu reformieren, verweigerte ihm sogar die Landtagsfraktion der CSU die Unterstützung. Stoiber wollte das Pensionsalter anheben. Auch die Beförderung auf Probe lehnten seine Parteifreunde gemeinsam mit dem Beamtenbund ab. Im Mai 1996 wartete

Stoiber mit neuen Ideen auf: Die Lohnfortzahlung im öffentlichen Dienst müsse reduziert, die Beihilfe im Krankheitsfall den Krankenkassenleistungen angeglichen werden. Außerdem sollten Beamte einen Beitrag zur Finanzierung ihrer Pensionen leisten. Das alles fand keine Zustimmung mehr. In Bayern war nun genug gebüßt.

## Und der Zukunft zugewandt: »Die Computerisierung unterlaufen«

Die Vergangenheit sollte ruhen, wünschte sich der neue Ministerpräsident. Als ein paar historisch bewußte Bayern den 75. Geburtstag des Freistaates feiern wollten, lehnte Stoiber eine Teilnahme ab. Wie fast alle seine Vorgänger konnte auch er nichts Gutes am 7. November 1918 finden, als der Rat der Arbeiter, Soldaten und Bauern den »Freistaat« ausrief, die erste bayerische Republik. Daß die Roten das schöne Bayernland in die Freiheit geführt haben, sitzt bis heute wie ein Stachel im Pelz der CSU.

Stoiber hatte sich vorgenommen, nach vorn zu blicken, auf die Zukunft kam es ihm an, sowohl für die Partei als auch für Bayern – was ja fast dasselbe ist. Über die Zukunft hat er sich von Industriemanagern wie Ferdinand Piëch (VW) oder Bernd Pischetsrieder (BMW) und von Beratungsunternehmen wie Roland Berger und McKinsey beraten lassen – und Bedenken anderer einfach weggewischt. Die Zukunft, das war High-tech, Biotechnologie, einfach alles, was mit Computern zu tun hat.

Da wollte Stoiber Forschungsinstitute fördern, Mittel für Innovationen auf diesen Zukunftsfeldern bereitstellen, damit Bayern bald an der Spitze der Entwicklung marschiere. Das Kleingeld dafür holte er sich aus dem Bestand an Unternehmen, die dem Freistaat gehörten oder an denen dieser beteiligt war. Stoiber verkaufte, wie die Opposition aufschrie, das »Tafelsilber«. Das aber behielt er.

Wer die weitgehend in Vergessenheit geratene Theorie vom staatsmonopolistischen Kapitalismus studieren will, kann in

Bayern bis heute rudimentäres Anschauungsmaterial finden. Franz Josef Strauß hatte ein Netz staatlicher Firmen auf- und ausgebaut, das er auch für seine Zwecke zu nutzen verstand. Enge Vertraute sicherten seinen Einfluß ab, und bei Bedarf flossen Spenden in die Parteikassen oder auch in solche, die Strauß zur freien Verfügung standen. Stoiber machte sich daran, das alte System ab- oder zumindest umzubauen. »Nicht besitzen, sondern gestalten ist unser oberster Grundsatz«, dekretierte Stoiber bei seiner Regierungserklärung. Ziel der bayerischen Beteiligungspolitik sei es, die öffentlichen Interessen in zentralen Bereichen der öffentlichen Infrastruktur zu sichern. Für eine Reihe von Staatsbeteiligungen sei die Rechtfertigung dafür ganz oder teilweise entfallen. Stoiber kündigte die Privatisierung von Betrieben an, die dann auch vollzogen wurde: Für den bayerischen Dasa-Anteil erhielt er 400 Millionen Mark, für den 58,3-Prozent-Anteil am Bayernwerk 2,3 Milliarden Mark. Um den Einfluß in diesem wichtigen Wirtschaftsbereich zu erhalten, ließ Stoiber sich 25,1 Prozent der Viag-Aktien sichern. Der Konzern verlegte seinen Sitz nach München, in die Nymphenburger Straße, nicht weit von der CSU-Landesleitung entfernt. Mit dem späteren Verkauf der Bayerischen Versicherungskammer löste Stoiber 5,5 Milliarden Mark ein.

Den größten Teil des Geldes brachte Stoiber in eine »Offensive Zukunft Bayern« ein, die Forschung auf »strategischen Innovationsfeldern« und »Schlüsselpositionen unserer Zukunft« in zahlreichen Forschungseinrichtungen der Hochschulen förderte wie etwa den Forschungsreaktor Garching nördlich von München, das zur Wissenschaftsstadt mutierte. Ein Biotechnologiezentrum entwickelte sich in Martinsried bei München, in Regensburg eines für Molekular- und Mikrobiologie. Dutzende derartiger Zukunftsschmieden, verteilt aufs ganze Land, unterstützte Stoiber aus den Privatisierungsmilliarden. Eine »Agentur für Innovation und Technologietransfer« in Nürnberg, für die Stoiber 100 Millionen Mark abzweigte, sollte dafür sorgen, daß die Erkenntnisse möglichst rasch in Produkte umgesetzt werden konnten. Sie wurde der Landesanstalt für Aufbaufinanzierung (LfA) angeschlossen, die unter staatlicher Kontrolle steht.

Stoiber ist kein wirklicher Neoliberaler, denn er möchte in strategischen Wirtschaftsbereichen ein paar Fäden in der Hand halten, um bei Bedarf mitgestalten zu können. »Die CSU ist eine zutiefst etatistische Partei«, stellt Julian Gyger nüchtern fest, »das Wirtschaftsministerium ein staatsinterventionistisches Unternehmen.« Dem freien Markt mißtraut Stoiber, er ist von dem Wunsch nach Kontrolle besessen: »Stoiber«, analysiert Gyger, »hat mehr Angst vor dem Markt als Schröder.«

Auch nach der Veräußerung vieler Beteiligungen war der Freistaat im Dezember 1998 noch immer mit 2,6 Milliarden Mark Teilhaber an Unternehmen, die wichtigsten sind die Beteiligung an der Bayerischen Landesbank (800 Millionen Mark) sowie an der LfA (720 Millionen Mark). Wann immer es in einem Betrieb in Bayern »brennt«, schickt Feuerwehrmann Stoiber seinen Wirtschaftsminister Otto Wiesheu mit den Millionen der LfA zum Löschen. Der Freistaat engagierte sich für die Maxhütte (von der die CSU gelegentlich auch Spenden entgegennahm), während Stoiber der Stahlindustrie in Westdeutschland sonst gern die Subventionen streichen würde, wenn er könnte. Konkursverschleppung sieht er darin, sinnlose lebensverlängernde Maßnahmen für einen sterbenden Patienten. Im Fall der Oberpfälzer Maxhütte monierte der Europäische Gerichtshof Anfang 1999 staatliche Hilfen in Höhe von 255,7 Millionen Mark als Verzerrung des Wettbewerbs.

Auch Grundig durfte sich über Zuspruch freuen, Hutschenreuther und der Nürnberger Bauunternehmer Brochier erhielten ebenfalls Vitaminspritzen von der Landesregierung. Und die Fusion von Hypo- und Vereinsbank organisierten die Banker nicht unabhängig vom Freistaatmanager. Für Stoiber sind solche Maßnahmen zur Stützung kriselnder Unternehmen selbstverständlich; der Staat müsse eingreifen, sofern »der betreffende Betrieb seriöse Zukunftschancen hat«. Auf Kohlewerke und Werften trifft das seiner Meinung nach nicht zu. Solche Betriebe gibt es zum Glück auch nicht in Bayern. Die Maxhütte aber liegt in der »Stoapfalz«, mit der Stoiber sich stark verbunden fühlt, wie er auf seinem ersten Besuch der Region als Ministerpräsident wissen ließ. Seine Eltern stammten aus Nabburg und Schwarzenfeld, klärte er die Zuhörer im Friedrich-Flick-Stadion zu Sulzbach-Rosenberg auf. Man gehörte also zusammen; und sein Wirtschaftsstaatssekretär Hans Spitzner, den er mitgebracht hatte, stamme ebenfalls aus der Oberpfalz.

Mag schon sein, daß Stoiber unter dem Image Bayerns von einem wenn auch pittoresken Misthaufen von eher dümmlichen Menschen litt, wie es rheinländische Besucher in Oberaudorf auch im Sommer 2000 noch pflegten. Schon den kleinen Edmund hatten ja – das vergißt er nicht – die reichen rheinischen Sommerfrischler gehänselt. Das Land war schon arg rückständig gewesen, aber mit seiner High-tech-Offensive hatte er es ihnen endgültig gezeigt: Bayern ist Spitze. Bayern hat Zukunft. Im Gegensatz zu den subventionierten Bergwerkern und Stahlkochern in Bottrop und Duisburg.

Für seine Initiative erntete Stoiber allerorten Lob. Während andere Ministerpräsidenten tatsächlich das Tafelsilber verscherbelten, um Haushaltslöcher zu stopfen – etwa Gerhard Schröder in Niedersachsen – investierte Stoiber. Die Opposition hat ihm diesen Reptilienfonds immer geneidet, mit dem er Eindruck schinden konnte. Stoiber tat was für sein Land.

»Wenn in Bayern heute noch etwas passiert, dann aus den Privatisierungserlösen heraus«, stellt Renate Schmidt fest. »Das läuft immer nach dem gleichen Muster: Kurz vor den Wahlen wird etwas angekündigt. Minister kommen in die Region, man diskutiert, es gibt Spatenstiche, und die Leute haben den Eindruck, es geschieht etwas zu ihren Gunsten. Aber es dauert dann mindestens vier Jahre bis zur Umsetzung.«

Immerhin hatte Stoiber dieses Mal bessere Berater als 20 Jahre zuvor. Während Franz Josef Strauß die Waffenindustrie und die ersten Computerfirmen in den Münchner Speckgürtel holte, mußte Stoiber beunruhigten Traditionalisten schwören: Bayerns Staatspartei sorge dafür, »daß die geschichtlich gewachsene Prägung des Landes als eines liebenswerten Lebensraumes erhalten bleibt, der sich zugleich dem Fortschritt mit menschlichem Maße öffnet«. Im November 1978, als ihn Strauß gerade zum Generalsekretär gemacht hatte, versprach Stoiber seinen zukunftsbangen Wolfratshausenern, er werde gar »versuchen, in Bayern die Computerisierung zu unterlaufen«. Im Finanzwesen sei sie bereits gestoppt. »Sie werden künftig eine Umkehrung der bayerischen Politik erleben.« Die Lederhose war den Bayern damals eben noch näher als der Laptop.

Es spricht für die Flexibilität des höchsten bayerischen Politikers, daß er den Laptop gesellschaftsfähig gemacht und das Land vernetzt hat. Als aber im Sommer 2000 Angela Böhm, Reporterin bei der *Abendzeitung*, der Staatsregierung in Sachen Computer auf den Zahn fühlte, zeigten sich (nicht nur) beim Ministerpräsidenten nichtsdestoweniger eklatante Wissenslükken: Was ein Provider ist und was ein Klammeraffe, konnte Stoiber nicht sagen.

Wiewohl der Inhaber des »schönsten Amtes« in seiner ersten, kurzen Amtszeit der Zukunft zugewandt war, mußte er sich mehr mit der Vergangenheit beschäftigen, als ihm lieb war.

## Noch mehr Amigos: »Die Neuen sind die Alten«

Alles begann mit der Kandidatur von Umweltminister Peter Gauweiler für das »zweitwichtigste politische Amt« im Freistaat. Nachdem Georg Kronawitter endlich seinen Oberbürgermeistersessel gegen einen Platz im Landtag einzutauschen begehrte, wollte Stoiber ein für allemal die rot-grüne Mehrheit in München brechen. Stoiber unterstützte seinen Umweltminister nach Kräften, er wolle »in München Dampf für ihn« machen, erklärte er vollmundig.

Doch inmitten des Kommunalwahlkampfes setzte sich die lange Liste der Amigo-Affären fort, und dieses Mal richteten sich die Vorwürfe gegen Gauweiler. Er hatte den potenten und umsatzstarken Mandantenstamm seiner Anwaltskanzlei für monatlich 10 000 Mark verpachtet, nachdem er Mitglied der Staatsregierung geworden war. Als solches erteilte er der Pächterin ein Mandat für die staatliche Gesellschaft zur Beseitigung von Sondermüll (GBS), deren Aufsichtsratsvorsitzender der Minister selbst war. Die Verquickung von Interessen beanstandete die Presse, dann auch die Opposition. Stoiber trat daraufhin mit Gauweiler gegen die »Verleumdungen der SPD« an: »Ich werde auch weiterhin an Gauweilers Seite stehen«, sagte er acht Tage vor der Oberbürgermeisterwahl im Bierzelt zu Aubing. »Jemand, der gegenwärtig so massiv in seiner persönlichen Integrität angegriffen wird und gleichzeitig all diesen Widerwärtigkeiten mit Mut und Tatkraft begegnet, verdient Anerkennung und Beifall.«

In Wahrheit und Tat setzte er sich ganz dezent vom »lieben Peter« ab. Zwar konnte er ihn so kurz vor der wichtigen Kommunalwahl in München nicht fallen lassen. Auch fragte er das Publikum, wie denn Freiberufler in einem Ministeramt ihre Existenz für den Fall eines späteren Ausscheidens sichern sollten, die nicht wie Beamte eine Garantie auf Rückkehr in ihre alte Position in der Tasche hätten (und vergaß dabei ganz zu erwähnen, wie er 1978 mit Landtagspräsident Rudolf Hanauers Argumentationskatalog eine 102prozentige Diätenerhöhung auch damit begründet hatte, die zuvor übliche halbe Zulage für Freiberufler sei da schon drin). Aber Stoiber versicherte auf der anderen Seite, er werde eine »unumstrittene Persönlichkeit« prüfen lassen und die Geschäftsordnung der Staatsregierung ändern. In den Kommunen gelte schließlich auch: Wer persönliche Interessen verfolge, sei von der Beschlußfassung ausgeschlossen. Politisch sei die Regelung für Mitglieder der Staatsregierung nicht glücklich, deshalb wolle er das für die Zukunft rechtlich sauber regeln.

Gauweilers Pachtvertrag sollte der frühere Präsident des Bayerischen Verfassungsgerichtshofs, Hans Domcke, untersuchen. Ein Ergebnis wurde nicht bekannt. Der Vorwurf jedoch haftete Gauweiler an. Diese Wahl war verloren. Er unterlag dem SPD-Kandidaten Christian Ude schon im ersten Wahlgang. Gauweiler durfte zunächst Umweltminister bleiben.

Die Opposition gab keine Ruhe. In Bonn fragte die SPD-Fraktion an, wie die Bundesregierung die Zuerwerbsklausel in Gauweilers Pachtvertrag bewerte. Darin wird ihm zugesichert, daß sich nach einer Rückkehr Gauweilers in die Sozietät auch die von ihm zwischenzeitlich hinzugewonnenen Mandanten finanziell auszahlten. Im Klartext: Das Amt sicherte Gauweiler den Kontakt zu wichtigen Persönlichkeiten aus allen gesellschaftlichen Ebenen. Gauweiler hatte bei deren Rechtsstreitigkeiten möglicherweise den richtigen Tip parat. Die Bonner Justizministerin, Sabine Leutheusser-Schnarrenberger (FDP), die im Namen der Bundesregierung antwortete, hielt die Klausel für »unzulässig«. Freilich ist derartiges bis heute üblich. Selbst sozialdemokratische Ministerinnen mit juristischem Examen fungieren als Teilhaber in Sozietäten, und auch SPD-Bundeskanzler bemühten sich um stille Beteiligung an einer großen Kanzlei in der Hauptstadt.

Gauweiler stolperte – allerdings nicht allein über die Kanzleiaffäre. Im Februar 1994 ließ ihn auch Stoiber fallen, nachdem Ude, so berichtete der *Spiegel*, Stoiber angekündigt hatte, er werde bekannt machen, wie der Noch-Umweltminister sich als Münchner Kreisverwaltungsreferent »auf anrüchige Weise für eine Kriminellenkneipe eingesetzt« habe. Stoiber informierte seinen einstigen engen Parteifreund nicht. Gauweiler, der inzwischen wieder als Anwalt arbeitet, will sich dazu heute nicht mehr äußern, aber etliche Parteifreunde empfanden es als »Sauerei«, wie Stoiber seinen ehemaligen Mitstreiter ins offene Messer habe laufen lassen. Gauweiler mußte als Umweltminister zurücktreten und verabschiedete sich am Aschermittwoch mit einer für alle Beteiligten peinlichen Rede im Münchner Pschorrkeller, die in der *BR*-Sendung »Jetzt red i« übertragen wurde. »Treibt mich nicht zum Äußersten«, warnte er. »Laßt nicht zu, daß die Treuesten der Treuen die CSU verlassen.«

Stoiber ließ Gauweiler hängen. Sein Rausschmiß fand nur geteilte Zustimmung. Landesgruppenchef Michael Glos etwa gab zu bedenken, nun müsse Stoiber damit rechnen, an seinen Maßstäben auch selbst gemessen zu werden. Und schon gab es Anlaß dazu. Es war eine alte Geschichte, die im Herbst 1993 wieder aktuell wurde. Daß auch Edmund Stoiber dabei eine Rolle spielen könnte, ahnte zunächst niemand.

## Verzwickte Lage: »Die Omertà gebrochen«

Irgendwann im Jahr 1982, da kehrte der bayerische Unternehmer Eduard Zwick dem Freistaat Bayern den Rücken. Der Mann aus Bad Füssing war bekannt als »Bäderkönig« und Spezl von Franz Josef Strauß, aber auch der konnte nicht verhindern, daß die Finanzbehörden 70 Millionen Mark Steuern von ihm verlangt hatten. Zwick flüchtete in die Schweiz, die Staatsanwaltschaft erließ im Dezember 1983 einen Haftbefehl.

Wenige Wochen zuvor, am 5. September, hatte Stoiber mit seiner Frau ein Flugzeug bestiegen, um mit Strauß dessen Geburtstag zu feiern. Die Maschine flog an die Côte d'Azur, nach Cannes, von dort fuhren die beiden nach Cogolin und kehrten im Restaurant La Fenière ein, wo außer Strauß schon andere CSU-Politiker und weitere Gäste tafelten, darunter auch (schon erwachsene) Kinder des Bäderkönigs. Das Festmenü, so berichtete der *Spiegel* im Februar 1994, bezahlten die Zwicks, ebenso wie Stoibers Hotelzimmer in Royal-Canadel-sur-Mer.

Auf der Suche nach möglichen Informationsquellen wurden auch Gauweilers »exzellente Kontakte« zum *Spiegel* hervorgehoben, als die möglichen Quellen für die neue Indiskretion gesucht wurden. Die Episode wurde bekannt, nachdem Stoiber seinen Finanzminister Georg von Waldenfels angehalten hatte, Zwicks Steuerschuld, die von seinem Vorgänger Gerold Tandler gegen Zahlung von 8,3 Millionen Mark längst niedergeschlagen worden war, unnachsichtig einzutreiben. Der Abschlag von acht Millionen war vereinbart worden aufgrund einer Vermögensaufstellung, die aber erheblich zu niedrig ausgefallen war. 1991 hatte Zwick diesen Fehler noch korrigieren wollen. Persönlich kam er ins Ministerium, um zu beichten und neu zu verhandeln. Doch es geschah nichts. Schließlich wurde bekannt, was Stoiber und auch Streibl längst gewußt hatten: daß Tandler Kredite in Höhe von rund 700 000 Mark von Zwick erhalten hatte.

Immerhin durfte der Freistaat im Jahr 2000 hoffen, doch noch zu seinen Millionen zu kommen. Nachdem Zwicks Schweizer Finanzberater zwei Kisten mit Akten unbeaufsichtigt im Kofferraum seines Jaguars liegen gelassen und ein Nachbar zugegriffen hatte, konnten die Erben den Verbleib der verschwundenen 220 Millionen Mark des inzwischen Verstorbenen eruieren. Für Gerold Tandler hatte das Mißgeschick des Finanzberaters ebenfalls Folgen: Der Verdacht drängte sich auf, daß er noch deutlich mehr Geld von Zwick erhalten hatte, als bis dahin angenommen wurde.

Noch vor dem Erscheinen des Zeitschriftenberichts über die Geburtstagsparty im Februar 1994 erklärte Stoiber, er kenne Herrn Zwick gar nicht. Er wisse auch nicht, wer für das Ganze aufgekommen sei. Eingeladen habe ihn Strauß: »Es widerspricht völlig der Lebenserfahrung, den Einladenden zu fragen, ob er die Einladung bezahlt.« Mit der »Steuersache« Zwick sei er nie befaßt gewesen, er selbst – Stoiber war damals Staatssekretär bei Strauß, und das nach eigenen Angaben geschäftsführend – habe damit nichts zu tun gehabt, denn was Strauß persönlich betroffen habe, sei nicht über seinen Tisch gegangen.

Um herauszustreichen, wie ehrenhaft doch Stoiber war, kompromittierte er seine Vorgänger: Bis zu 300 000 Mark jährlich (ein Viertausendstel der Firmen-Umsätze) hätten Max Streibl und Franz Josef Strauß als Testamentsvollstrecker der privaten Stiftung des Unternehmerehepaares Kathi und Friedrich Baur (Baur-Versand) bekommen. Als Stoiber Regierungschef geworden war, habe er darauf verzichtet. Stoiber hatte Artikel 57 der Bayerischen Verfassung offenbar richtig interpretiert: »Der Ministerpräsident, die Staatsminister und die Staatssekretäre dürfen ein anderes besoldetes Amt, einen Beruf oder ein Gewerbe nicht ausüben; sie dürfen nicht Mitglieder des Aufsichtsrats oder Vorstands einer privaten Erwerbsgesellschaft sein. Eine Ausnahme besteht für Gesellschaften, bei denen der überwiegende Einfluß des Staates sichergestellt ist.«

Daß Strauß und später Streibl dennoch ohne schlechtes Gewissen absahnen konnten, verdanken sie zwei Gutachten (vom 6. März und 15. Mai 1984) aus der Rechtsabteilung der Staatskanzlei – offensichtlich Gefälligkeitsgutachten. Der Beamte, Ministerialrat Heinz Mittendorfer, räumte darin zwar ein, daß die anstehende Tätigkeit durchaus vergleichbar mit der eines Vorstandes oder Aufsichtsrats sei, aber dann berief er sich auf das »Grundrecht der Handlungsfreiheit«, und selbst in der CSU fragten sich einige, wozu es dann den Artikel 57 überhaupt gäbe. Mittendorfer und ein weiterer Beamter durften Strauß und später auch Streibl bei der Testamentsvollstreckung unterstützen. Eine Nebentätigkeitsgenehmigung wurde erteilt, eine Vergütung bezahlt. Stoiber war an diesem Deal nicht beteiligt, die Tatsache aber war ihm sehr wohl bekannt.

Der Großteil der Kritik in den folgenden Tagen ergoß sich über Stoiber – und zwar aus der CSU. Er habe ohne Not ausgepackt. Der Ministerpräsident aber dachte wohl daran, was ihm bekannt geworden sei, könnten andere vielleicht kurz vor den nächsten Wahlen preisgeben – mit unabsehbaren Ergebnissen. Außerdem verstand er seine Auskunft nicht als Kritik an Streibl und Strauß, sondern als Klarstellung seiner selbst, weil er in ein »schiefes Licht« gerückt worden sei. Stoiber fand für seine vermeintlich unmotivierte Denunziation – in seinem Namen, aber zu Lasten anderer – keine Freunde. Sein Amtsvorgänger nannte ihn einen »Heuchler«, der Strauß-Clan nahm ihm übel, daß er sich auf ihre Kosten als »Bote eines neuen Zeitalters präsentieren« wollte, wie Monika Hohlmeier sich auszudrücken pflegte. Und der Millionär und Strauß-Berater Walter Schöll, der auch zu den Zwick-Gästen am Mittelmeer gehört hatte, brachte, als er Stoiber zurechtwies, die CSU sogar in die Nähe der Mafia: »Er hat die Omertà gebrochen. Das wird sich rächen.«

Der *Spiegel* konnte nachlegen: Stoiber, das bewies ein Brief, kannte Zwick und den Fall sehr wohl. Daß Strauß bei Tisch dem Ehepaar Zwick für die Einladung dankte, war Stoiber nun angeblich »nicht erinnerlich«. Die *Süddeutsche Zeitung* präsentierte wenig später einen Aktenvermerk vom 22. Oktober 1987 mit Tips für die Familie Zwick, den Stoiber als Leiter der Staatskanzlei persönlich abgezeichnet hatte. Darin fand sich auch der Hinweis, man solle doch Zwick jun. vor einem drohenden Haftbefehl gegen seinen Vater warnen. Rechtsberatung der Staatskanzlei für einen Steuerflüchtling, ja sogar Strafvereitelung im Amt, wie die Opposition meinte? Jedenfalls ein starkes Stück. Stoiber will das Papier nur kommentarlos paraphiert haben.

»Ich habe weder eingegriffen noch etwas veranlaßt noch etwas verhindert.« Das aber warfen ihm viele vor. Allerdings hätten Widerworte möglicherweise den eigenen Aufstieg behindert.

Stoiber hatte zwar dafür gesorgt, daß die Selbstbedienungsfälle von Strauß und Streibl aufgedeckt wurden. Daß aber die zu Unrecht eingenommenen Millionen den eigentlichen Destinatären zugute kommen sollten, davon war auch Jahre nach den Skandalen nicht die Rede. Streibl hatte in Aussicht gestellt, eine Stiftung zugunsten nicht genau definierter Kinder in Not einzurichten, Strauß' Familie hatte ohnehin nie die Absicht, etwas zurückzugeben. Man gebe ohnehin genug für caritative Zwecke, ließ Monika Hohlmeier verlauten.

Der *Spiegel* warf Stoiber auch in anderen Fällen vor, politische Funktionen und private Interessen vermischt zu haben. So war Stoibers Schwester Hannelore Stein an seiner Seite, seit Stoiber als Politiker Karriere machte. Sie sei eine »G'schaftlhuberin« gewesen, erinnert sich Toni Staudacher heute, »die hat sich immer sehr wichtig genommen«. Sie durfte von der Münchner Johannes-von-Werth-Straße 1, später von der CSU-Landesleitung aus das »Stimmkreisbüro Dr. Stoiber« betreuen, so daß die Aufwandspauschale, die dafür vorgesehen war, in der Familie blieb. Dagegen war nicht viel einzuwenden. Daß Stoiber aber, wie der *Spiegel* eruierte, seine Schwester bei MBB untergebracht hatte, wo sie auch für die Spendenvergabe zuständig war, warf einen Schatten auf den Politiker. Auf »massive Intervention von Herrn Stoiber« will der damalige stellvertretende Geschäftsführer Sepp Hort (der übrigens wie Stoiber zur ausgewählten Mitgliedschaft der Hanns-Seidel-Stiftung gehört) nachgegeben haben, »im Zusammenhang, daß der Bruder in die Staatskanzlei ging«.

Dann wurde bekannt, daß der Repräsentant der Hanns-Seidel-Stiftung in Chile Spendengeld unterschlagen hatte, mit dem die Stiftung den dortigen Diktator Augusto Pinochet unterstützen wollte. Auch die Geschäfte Tandlers mit Zwick kamen zutage. Tandler, bis dahin stellvertretender Vorsitzender der Partei, mußte zurücktreten. Die Justiz ermittelte wegen des Verdachts der Steuerhinterziehung, aber das Verfahren gegen Tandler wurde im Herbst 2000 eingestellt. Zuvor schon hatte die Hofer

Staatsanwaltschaft im November 1999 auch das letzte Verfahren beendet, das wegen der Steuersache Zwick anhing. Der Junior, der für seinen inzwischen verstorbenen Vater in die Pflicht genommen werden sollte, wurde freigesprochen.

Stoibers Bewährungsjahr stand unter einem ungünstigen Stern. Ein Skandal jagte den vorherigen, vier Untersuchungsausschüsse arbeiteten im Frühjahr 1994 die verschiedenen Verwicklungen, Affären und Skandale der abgetretenen CSU-Machthaber auf: Schalck-, Gauweiler-, Amigo- und Zwickausschuß. Die CSU schien daran zu ersticken, und die Opposition, die ständig auf Stoiber zielte, ihn aber niemals ernsthaft traf, machte sich ein Max-Strauß-Zitat zu eigen: »Die Neuen sind die Alten.«

## Europa: »Möglichst viel für Bayern herausholen«

Es ging ein Gespenst um in diesen ersten Monaten des Jahres 1994, das Gespenst vom Verlust der Macht, zumindest aber der absoluten Mehrheit in Bayern. 40 Prozent gaben die Demoskopen der CSU. Theo Waigel bat acht Wochen vor den Europawahlen dringend, niemand mehr dürfe sich zum Kronzeugen gegen die eigene Partei mißbrauchen lassen. Bei Stoiber lagen die Nerven blank. Als ihn im fränkischen Schwabach bei einer Rede eine Gruppe von jungen Leuten Sombreros schwenkend mit dem Ruf »Saludos, amigos« unterbrach, rief er ihnen zu: »Sie gehören zu denen, die alles bestreiten, nur nicht Ihren Lebensunterhalt.« Da klatschten die Honoratioren und die subalterne Mitgliedschaft begeistert. Die Partei tat, was sie in Zeiten der Not immer getan hatte: Sie bemühte sich, den Eindruck zu erwecken, als stünden alle treu zusammen. Und Stoiber ging in die Offensive.

Nach nur einem Jahr als Regierungschef kämpfte Stoiber im Superwahljahr 1994 gegen ein Waterloo. Als neuer Hoffnungsträger stand schon Gesundheitsminister Horst Seehofer bereit. Stoiber besann sich auf seine alten Mittel der Wähleranbindung und bereiste das ganze Bayernland, besuchte jeden Ortsvorsitzenden und jedes Bierzelt. Sogar ein eigener Fanclub rührte die Trommel: »Bayern für Stoiber und Stoiber für Bayern«. Hans Peter Linss, ehemaliger Chef der Bayerischen Landesbank, hatte ihn als Antwort auf die »Kampagne einiger Medien« gegen Stoiber gegründet. Markus Wasmeier und Miriam Vogt, die beiden Skiasse, bekannten sich als Stoiber-Fans.

Stoibers Arbeitskapazität schien größer als je zuvor. Er hatte zu allem etwas zu sagen. Bevorzugt verließ er sich auf Gebiete, die ihm vertraut waren und deren Erfolge sicher: Er schlug Kurs ein gegen die Bonner Regierung und beanstandete das Asylrecht: Mit der wegen des jugoslawischen Bürgerkriegs noch immer hohen Zahl von Asylbewerbern und Bürgerkriegsflüchtlingen hielt er den Entrüstungspegel der Bayern hoch. Alles in allem kämen eine Million Zuwanderer pro Jahr, »jedes Jahr eine Stadt in der Größenordnung Würzburgs«.

In erster Linie machte er aber Stimmung gegen die Europapolitik des Bundeskanzlers und seines Finanzministers Theo Waigel, der als Vorsitzender die CSU anführte und »kraftvoll für Bayern in Europa« warb. Daß im »Friedensvertrag« von 1993 zwischen Waigel und Stoiber festgelegt war, daß Waigel für die außenpolitischen Themen verantwortlich sei, nahm Stoiber nicht so ernst.

Ungeniert umwarb er das ehemalige FDP-Mitglied Manfred Brunner, der als Maastricht-Gegner eine »Bürgerbewegung für ein Europa der Nationen« gründen wollte. Peter Gauweiler (vor der Demission), Landwirtschaftsminister Reinhold Bocklet, Innenstaatssekretär Alfred Sauter und Finanzminister Georg von Waldenfels unterstützten Stoiber beim Versuch, Brunner einzugemeinden oder wenigstens für eine Zusammenarbeit zu gewinnen. Als Stoiber merkte, daß seine Idee weder beim breiten Publikum noch bei Waigel und einem erheblichen Teil der Partei ankam, rückte er von seinen Mitstreitern ab. Wes Geistes Kind die Fusionisten waren, zeigte sich kurz vor den Wahlen. Da sprach Brunner im Haus der Studentenverbindung Trifels, deren Mitglied auch Stoiber ist. Mit dabei: Jörg Haider.

Für ein »Europa der Nationen«, später nur noch für ein »Europa der Regionen« warb auch Stoiber und setzte sich damit von einem Ziel Strauß' ab, der einen europäischen Bundesstaat befürwortet hatte. Im Vergleich zu Strauß erwies sich Stoiber in dieser Frage als Provinzpolitiker. »Mir san mir«, sagen die Bayern, »und mir helfen den Unsrigen.« Nachbarschaftshilfe hat Tradition in diesem Land, da ist man ganz selbstlos. Zum Beispiel haben die Bayern mit ihrer Strukturpolitik nach einem ausgeklügelten Plan, Landesentwicklungsprogramm genannt, unterentwickelte Regionen aufgepäppelt – ausgedacht von dem Ministerium, in dem Stoiber als junger Jurist seine ersten Gehversuche in der Politik gemacht hat: im Stab von Max Streibl. Regionalpolitik ist Ländersache, sagen die Bayern, nahmen aber immer gern die Gelder aus Brüssel an, die dabei halfen, beispielsweise das »Zonenrandgebiet« voranzubringen.

Wenn sich Brüssel einmischte, weil es Wettbewerbsverzerrung vermeiden wollte, nannte Stoiber die Intervention »zentralistische Gängelung« und »bürokratische Gleichmacherei«. Sein Aufsatz über staatliche Planung in der von ihm herausgegebenen Anthologie »Politik aus Bayern« appellierte schon daran, eine Volkspartei müsse flexibel in der Wahl der Instrumente sein. Daß Planverbindlichkeit ein Herrschaftsinstrument ist, hatte Stoiber auch damals schon erkannt – und gefolgert: Wenn schon ein Plan, dann ein bayerischer. Das verstand er keineswegs als engstirnige Kleinstaaterei, sondern als Bürgernähe. Wo der Schuh drückt, das weiß die Zehe schließlich am besten. Föderalismus und Subsidiarität sind für Stoiber bloß Konstruktionsprinzipien der Einigung Europas. Da war Bayern wieder einmal »Vorreiter«, wie Stoiber stolz markierte, »Lordsiegelbewahrer«. Und das aus gutem Grund: Während Brüssel die bayerischen Bauern ja praktisch überflüssig machen wolle, könnten diese bei Stoiber sicher sein, daß er sie nicht »schutzlos den Agrarplanern von Brüssel und gnadenlosen Marktmechanismen überläßt«. Bayerns Landwirtschaft, garantierte er, soll eine Zukunft haben.

Bayern hat fast 200 000 Bauernhöfe, alle klein, mit 25 bis 30 Kühen und 20 Hektar Land. Eigentlich sind derartige Kleinbetriebe nicht konkurrenzfähig und müssen deshalb geschlossen oder subventioniert werden. Ob man aus gesellschaftlichen

Gründen den Strukturwandel bremsen soll oder ihn laufen läßt, ist eine politische Frage, die nach Auffassung Stoibers im Bund bzw. in den Ländern entschieden werden müsse und die man nicht dem fernen Brüssel überlassen dürfe. Daß er den Regierungen in Nordrhein-Westfalen und im Saarland diese Entscheidungen nicht zugestehen wollte, sondern die Subventionen im dortigen Bergbau als Konkursverschleppung kritisierte, muß nach seinen eigenen Kriterien als Einmischung in fremde Angelegenheiten bewertet werden.

Trotzdem sage keiner, Europa habe Stoiber nicht schon damals am Herzen gelegen. Im Gegenteil, das Land hatte sich seine Vertretung eine Stange Geld kosten lassen. Das Doppelte des Marktpreises hatte die Staatsregierung bereits 1989 für zwei Jugendstilhäuser am Boulevard Clovis hingeblättert, so viel war ihnen Europa wert. Und in Bonn hatte Stoiber sich schon 1990 für ein Europaministerium stark gemacht. Europa lasse sich nicht mehr unter der Außenpolitik (und damit traditionell von einem FDP-Politiker) abhandeln, sondern müsse dem Kanzleramt zugeordnet werden. Um ein Europaministerium einzurichten, dafür fehle es dem Kanzler »vielleicht an Phantasie«.

In seinem Bewährungsjahr setzte Stoiber sich erneut wählerwirksam von Helmut Kohl ab. Ausgerechnet an dem Tag, als der Maastrichtvertrag in Kraft trat (1. November 1993), distanzierte sich Stoiber öffentlich davon. Ein Bundesstaat würde bedeuten, sagte er in einem Interview der *Süddeutschen Zeitung*, daß die Staatlichkeit Deutschlands »überwölbt und ausgehöhlt würde durch eine europäische Staatlichkeit«. Die Begeisterung Kohls für Europa glaubte Stoiber damit erklären zu können, daß es diese ältere Generation oft als belastend empfunden habe, Deutscher zu sein. »Deshalb haben viele Deutsche damals eine neue Identität gesucht und glaubten, sie in Europa zu finden.«

Die Bayern jedoch waren schon immer frei von solchen bedrückenden Fragen des Selbstverständnisses. Sie genossen die Gnade der bayerischen Geburt. In der Liebe zur Heimat wollte Stoiber auch außerhalb der freistaatlichen Grenzen einen Trend erkennen. Es gebe eine Renaissance des Föderalismus in Deutschland. Statt einer ausufernden Bürokratie von oben mit diversen europäischen Verordnungen wollten die Bayern »möglichst vieles selber regeln, weil wir die Interessen der Bevölkerung besser kennen und außerdem die Auswirkungen der Regelungen hautnäher erfahren«.

Der SPD-Europaabgeordnete Jannis Sakellariou fragte später, warum denn dann ein bayerischer Landwirt rund 20 Seiten Formulare ausfüllen müsse, um von der EG Mittel nach der Bullenmastverordnung zu bekommen, ein französischer dagegen nur eine Seite. Ist das europäische Bürokratie oder deutsche/bayerische? Hätte Bayern im Frühjahr nicht seine sogenannte Subsidiaritätsliste vorgelegt, wäre auch in Deutschland fristgerecht eine EG-Richtlinie über Pauschalreisen verabschiedet worden. Wenig später saßen Tausende von Urlaubern in ihren Ferienorten fest und konnten nicht nach Hause fliegen, weil ihr Veranstalter, MP-Travel Line, Pleite gemacht hatte. Ob das Verbraucherschutz auf bayerische Art sei, interessierte Sakellariou.

Stoiber plagten andere Sorgen. Bayern würde ja in einem europäischen Bundesstaat zu einer Provinz »herabsinken«, gab er der *Süddeutschen Zeitung* zu Protokoll: »Wir sind ja schon nicht mit vollem Herzen, sondern mehr oder weniger gezwungenermaßen in das Deutsche Reich geraten.«

Auf insistierende Fragen der Redakteure Jürgen Busche und Heribert Prantl hin war sie durch das Papier hindurch zu spüren: die Unsicherheit Stoibers bei der zentralen politischen Frage: Wie halte ich es mit Europa? Es war mit Händen zu greifen, daß da kein Überzeugungstäter sprach, wie wenig ausgegoren manche seiner Gedanken doch waren, wie leicht zu erschüttern. Von einem Staatenbund sprach er, statt eines Bundesstaats, aus dem man jederzeit wieder austreten könne. Nein, nicht Tageskoalitionen, schließlich wolle man ja eine gemeinsame Außen- und Sicherheitspolitik. Mit welcher Autorität? Mit einer »europäischen Regierung«. Wie man dahin komme? »Durch Abmachungen, durch Vereinbarungen.« Von denen jeder jederzeit zurücktreten könne? »Es ist die Frage, wie man die Abmachungen konkret formuliert.« Warum also keinen Bundesstaat? Da fühlte Stoiber sich ertappt: »Ich bin doch nicht gegen die Integration. Ich bin gegen das Tempo der Integration. Ich sage: Europa ist eine Kopfgeburt. Die Leute sind mit ihrem Bewußtsein nicht mehr mitgekommen; darum müssen wir uns Zeit lassen, um das große Ziel zu erreichen: eine dauerhafte europäische Friedensgemeinschaft.«

Europa ja oder nein? Als Friedensgemeinschaft, also nur mit einer gemeinsamen Armee und Zusammenarbeit bei der Polizei? Währungsunion, wann? Sozialunion? Gemeinsame Gesetze zum Umweltschutz? Es war zu spüren, wie Stoiber immer auch die Gedanken der Wähler mitzudenken versuchte. Als fürchtete er stellvertretend für alle Bayern den Verlust der Alpen, des Biers, des Kruzifix' und des Gamsbarts, wenn Europa erst Bundesstaat würde, als wehte bald die Trikolore überm Alten Peter oder der Union Jack auf der Zugspitze, als müßten alle Bayern französisch beten oder die Alpen statt mit Edelweiß mit holländischen Tulpen zwangsbepflanzt werden.

Zwischen dem Volk aufs Maul zu schauen und ihm nach demselben zu reden, ist nur ein kleiner Schritt. Stoiber vollzieht ihn häufig. Dann wittert er die »innere Spannung«, die seine Partei zerreißen könnte, mehr noch aber das Volk, und schlimmstenfalls befällt sie auch ihn – mitten in einem Interview.

Stoibers Europapolitik bleibt ambivalent. Vollmundig bekennt er sich zur Einigung, die bayerische Landesvertretung arbeitet perfekt und ist wahrscheinlich sogar die effektivste aller Bundesländer. Im »Ausschuß der Regionen« glänzt Stoiber mit außerordentlicher Detailkenntnis. Es muß so etwas wie eine Haßliebe sein: Stoiber ist ein engagierter Europäer, und gleichzeitig beherrscht ihn eine Europaphobie. Die ist nicht nur damit erklärbar, daß er die Wähler des rechten Randes halten will.

Stoiber spricht für die Ängstlichen, die Skeptischen, ja sogar für diejenigen, die Europa ablehnen. Statt ihnen die Angst zu nehmen, bestätigt er sie. Und natürlich ist Stoibers Europapolitik »egoistisch«. Sein Ziel, das hat er bei mehreren Gelegenheiten deutlich formuliert, ist: »möglichst viel für Bayern rausholen«. So hat Stoiber, gut vorbereitet von seinen Europafachkräften der Abteilung C1, beispielsweise die mangelhafte Beute des Bonner Landwirtschaftsministers für die bayerischen Rübenbauern beklagt wie auch die hohen Beitragszahlungen der Deutschen und die hohen Subventionen für andere Bereiche. Europa begrüßte er nicht, den Eurofighter schon – schließlich standen da ein paar Arbeitsplätze auf dem Spiel. Stoiber trat gegen Subventionen für den Bergbau im SPD-regierten NRW und im Saarland ein, aber für die einheimischen Bauern konnten die Brüsseler Bürokraten nicht genug springen lassen.

Dem Bundestag rechnete er am 7. Dezember 1995 vor, daß der deutsche Finanzminister – Otto Schily korrigierte: »Sagen wir einmal, der deutsche Steuerzahler« – allein zwanzig Milliarden Mark in den Ausgleichsfonds für die Landwirtschaft einzahle, aber nur zehn Milliarden zurückflössen. Was ist das für eine Politik, wenn alle mindestens das wieder erlösen wollten, was sie hineinsteckten? Wozu dann überhaupt Transferzahlungen? Wozu überhaupt Europa?

## Angriff gegen Kohl (und Waigel): »Europäische Illusionisten«

Bundeskanzler Helmut Kohl fürchtete um sein Lebenswerk. »Falsche Propheten« verzapften heute den gleichen Unsinn wie zehn Jahre zuvor den von der »Eurosklerose«, echauffierte er sich. Man solle diese Pessimisten am Wegrand stehen lassen, riet Kohl. Gemeint war Edmund Stoiber, und der fühlte sich tatsächlich angesprochen und konterte bei nächster Gelegenheit.

Ausgerechnet bei seinem Antrittsbesuch in Brüssel im Dezember 1993 kritisierte der bayerische Ministerpräsident die EU als »Kartell der europäischen Illusionisten«, zu denen auch Bundeskanzler Kohl zähle. Vor 300 Zuhörern im pompösen Saal des »Concert Noble« sprach Stoiber von »Politikern der Luxusklasse in Bonn«, die »niemanden mehr da unten vor Ort« erreichten. Man müsse auch die Defizite Europas aufgreifen, erklärte er, in der Union aber übernehme niemand diese Aufgabe. Außer er selbst natürlich. Die Bayern wollten sich nicht vorschreiben lassen, »unter welchen Bedingungen man in der Isar baden darf«.

Kanzleiamtschef Friedrich Bohl mußte den trotzigen Stoiber

im Auftrag des Kanzlers zurechtweisen. Stoiber breche mit der gemeinsamen Europapolitik der Unionsparteien, also der von Franz Josef Strauß und Konrad Adenauer. Das hatte Stoiber längst schon zugestanden, als Bruch, der sich in der ganzen Union vollziehe. Zur Europatradition Adenauers bekannte sich zwar vor den Europawahlen in einem Europamanifest auch die CSU, deren Vorsitzender war aber immer noch Theo Waigel. Den Wahlkampf allerdings bestimmte Stoiber, und er punktete bei den Bayern mit seiner Europaskepsis.

Auch in einem Brief an den Kanzler warnte er wenig später vor einem »allzu ehrgeizigen Fahrplan« bei der Einführung der europäischen Währung. Eine »Vertiefung der EG« drücke mitteleuropäische Städte wie Warschau, Prag und Budapest immer weiter an den Rand. Europa, so wollte es Stoiber, solle sich neben dem Wirtschaftsbereich und einer gemeinsamen Außenpolitik auf wesentliche Fragen der Innen- und Sicherheitspolitik kümmern, d. h. Kriminalitätsbekämpfung und Asyl. Für diese gemeinsamen Aufgaben bedürfe es eines Ordnungsrahmens, »damit wir den Wohlstandsgewinn nicht mit einem Sicherheitsverlust bezahlen müssen«. Von einer Verfassung wollte Stoiber nie reden, höchstens von einer Charta. Verfassung klang ihm zu sehr nach Bundesstaat. Mehr als 300 Millionen Europäer brauchten aber keinen Überstaat, sondern ein Schutzschild. Stoiber arbeitete an der Festung Europa.

Wenn Provinzpolitiker Europapolitik machen, dann darf man sich über provinzielle Ergebnisse nicht wundern. Ins CSU-Grundsatzprogramm hatte Stoiber die Ablehnung des Bundesstaates hineingeschrieben und sich damit vom alten Programm aus dem Jahr 1976 abgesetzt. Dabei durfte er sich sogar noch vom Bundesverfassungsgericht bestätigt fühlen, das Manfred Brunner und damit auch ihm recht gegeben hatte: »Alle Staatsgewalt geht von den Ländern aus«, verkaufte Stoiber später als »Grundsatz des Grundgesetzes«, obwohl er bei der Asylpolitik und bei Polizeifragen auf eine enge europäische Zusammenarbeit setzte. »Europa ist kein Vaterland!« rief er am 11. November im Bundestag der SPD zu, die Genossen seien »auf der Flucht vor der Nation«.

Es war nicht nur »Hochverrat« (Heiner Geißler), den Stoiber an den deutschen und europäischen Interessen übte. Stoiber hat weder eine zukunftsfähige Vision von Europa, noch ist er einer, der eine solche durchsetzen könnte, indem er sich die nötigen Mehrheiten erarbeitet. Stoibers Vision speist sich aus Angst, das zu verlieren, was man erworben hat. Der Erhalt ist sein Antrieb, nicht die Entwicklung. Er ist ein Funktionär, der die ängstliche Stimme des Volkes hört und verstärkt. Und in Bayern will die Mehrheit noch immer, daß alles bleibt, wie es ist. Daran ändern auch die High-tech-Oasen nichts, die Stoiber als sein Werk reklamiert.

Stoibers Europa-Ressentiments brachten ihm heftige Kritik auch aus der Union ein. Deutschland brauche die europäische Einigung, »nicht das Wolkenkuckucksheim eines neuen Nationalismus«, rügte Bundesarbeitsminister Norbert Blüm. »Hier wird nicht gestoibert, hier wird geadenauert.« Selbst CSU-Fraktionschef Alois Glück wurde es unbehaglich, er befürchtete, die CSU könnte in die Rolle einer Protestpartei rutschen.

Mehr als die Hälfte der Bayern wählte denn auch Protest. Statt aber Stoiber die prophezeite »historische Niederlage« *(Die Woche)* zuzufügen, folgten sie mehrheitlich dessen Vorbehalten. Das bißchen Amigo – da drückten sie ein Auge zu. Wichtiger war den Bayern offenbar, daß da einer war, der sich um ihre Interessen kümmerte: die harte D-Mark und die vielen Ausländer. Nur bei den Europawahlen erteilten sie der CSU eine kleine Lektion – 48,9 Prozent. Die Sozialdemokraten wurden noch stärker abgestraft: 23,7 Prozent. Dabei durften sie sich nicht einmal vorwerfen lassen, die Skandale aufgedeckt zu haben (das tat die bayerische und die Hamburger Presse). Daß sich die CSU nicht auf die Schenkel klopfte, mag vielleicht am Ergebnis der »Republikaner« gelegen haben, die 6,6 Prozent der Stimmen verbuchten. Mehr noch dürfte manch einen gestört haben, daß die Grünen 8,7 Prozent einfuhren. Nur 56 Prozent der Wahlberechtigten stimmte überhaupt über den künftigen Kurs Europas ab.

## Wider das »Esperantogeld«: »Die Mark bleibt«

Es war der Bundesbankpräsident Helmut Schlesinger, der den Keim für die Euroskepsis der CSU legte. Vor dem versammelten Streibl-Kabinett hatte er vor den Gefahren der neuen europäischen Währung gewarnt, bevor Peter Gauweiler 1992 mit seinem denunziatorischen Wort vom »Esperantogeld« auch die Bevölkerung für die Gefahren sensibilisierte. Stoiber erkannte die Wählerwirksamkeit des Themas – wohl wissend, daß die Deutschen sehr an ihrer Währung hingen. Beim Euro betonte Stoiber also immer in erster Linie die Gefahren. Schon am 25. Juli 1993 gab er in der *Bild am Sonntag* zu verstehen: »Ich teile die Euphorie des Bundeskanzlers nicht. Das muß und wird alles viel langsamer gehen als bisher angekündigt.« Die deutsche Einheit zu verwirklichen und Europa zu vollenden, das sei nicht gleichzeitig möglich. Die vereinbarten Voraussetzungen für die Währungsunion und die Abschaffung der D-Mark seien nicht erfüllbar. Die Mark werde es deshalb auch noch im Jahr 2000 geben.

1996 sah es so aus, als würde Deutschland die im Maastricht-Vertrag festgelegten Kriterien für die Einführung des Euro verfehlen. Weil ihm die Stabilität wichtiger sei als der Zeitplan, pochte Stoiber auf Verschiebung der Währungsunion. Er werde den Wahlkampf 1998 nicht pro Währungsunion führen, die ohne Italien und Spanien nicht in Frage käme. Theo Waigel war verärgert und erkannte ein Problem: Wie sollte die CSU in Bayern gegen, gleichzeitig aber vor den Bundestagswahlen für die Währungsunion werben?

Nachdem in Frankreich die »Sozialisten« einen Wahlsieg errungen hatten, forderte Stoiber lauter als je zuvor die Verzögerung der neuen Währung. Der Bundeskanzler tat das als »Störmanöver« ab.

Langsam, nicht zuletzt weil die Wirtschaft gegen den Abwehrkurs murrte, setzte sich auch in der CSU die Meinung durch, der Euro sei nicht zu verhindern. Also müßte es möglichst strenge Stabilitätskriterien für die Länder geben, die der Währungsunion beitreten. Auch das Bundesverfassungsgericht hatte 1993 festgelegt, daß die Regierung nicht von den vereinbarten Rahmenbedingungen abweichen dürfe: 3,0 Prozent Neuverschuldung in bezug auf das Bruttoinlandsprodukt (BIP) sowie nicht mehr öffentliche Schulden als 60 Prozent des BIP. Die Kriterien müßten strikt ausgelegt werden, verlangte die CSU förderhin, und allen voran ihr Ministerpräsident. »Die künftige europäische Währung muß so stabil sein und bleiben wie die deutsche Mark.«

Auch Niedersachsens Ministerpräsident Gerhard Schröder plädierte im Sommer 1997 für eine Verschiebung der Währungsunion, falls Deutschland die Kriterien nicht erfülle. Und Helmut Kohl, trotzte Stoiber, habe kein Weisungsrecht gegenüber der bayerischen Staatsregierung. Wim Duisenberg, Chef des Europäischen Währungsinstituts, sah keine Katastrophe, falls die Neuverschuldungs-Punktlandung bei 3,0 Prozent des Bruttoinlandsprodukts nicht gelinge. Doch Stoiber, immer die Interessen der vielen kleinen Sparer und Wähler im Auge, verlangte im Frühjahr 1998 zusätzlich eine Konvergenzprüfung durch die Bundesbank. Damit hatte er endgültig alle gegen sich – außer die Mehrheit der bayerischen Wähler.

Als auch die Kritik der Wirtschaftsbosse an Stoibers Anti-Euro-Kurs immer lauter wurde und die Währungsunion nicht mehr aufzuhalten war, stimmte Bayern im Bundesrat endlich zu – noch bevor die Bundesbank sich geäußert hatte. Bei den Wählern hatte Stoiber bei diesem Thema so oder so gewonnen: Wenn der Euro stark bliebe, dann dank seines hartnäckigen Bestehens auf die Konvergenzkriterien; würde der Euro Schwäche zeigen – was er im Jahr 2000 tat –, hatte Stoiber davor immer gewarnt.

## Hilflose Opposition in der Edikratie: »Fast wie bei Strauß«

Vor den Landtagswahlen setzte Stoiber ganz auf seine eigenen Fähigkeiten. Mit den Verlierern in Bonn wollte er nicht mehr in einen Topf geworfen werden. Auch das Fußvolk wußte, daß nun ganzer Einsatz gefordert war, nur die besten Redner die CSU vor einem Abrutschen unter 50 Prozent bewahren konnten. Also schaltete Geretsrieds Ortsvorsitzender Gerhard A. Meinl die Sekretärin des Bundeskanzlers ein, Juliane Weber, und auch Pater Basilius Streithofen sollte sich bemühen, um Helmut Kohl für die Großkundgebung am 1. August 1994 zu gewinnen. Als Meinl in der Staatskanzlei weitere Anweisungen holen wollte, hörte er, daß Stoiber möglichst wenig Veranstaltungen mit dem Bundeskanzler wünsche. Er entschied, »die Sache bei Juliane Weber einfach einschlafen zu lassen«.

Offenbar war das allen Seiten recht, und Stoiber marschierte ohne den Kanzler ins Festzelt Geretsried ein, hinter sich der stellvertretende Landrat Manfred Nagler, Meinl, der die CSU gern als »Liga Süd für Deutschland« empfahl, der Bonner Landwirtschaftsstaatssekretär Wolfgang Gröbl und die Bezirkstagskandidatin Ilse Aigner, die spätere Miss Bundestag. Nachdem die Kapelle den Larida-Marsch gespielt hatte, noch vor dem Tölzer Schützenmarsch und dem Defiliermarsch, Stoibers Tophit, schimpfte der Ministerpräsident zweieinhalb Stunden über »Miesmacher und Nein-Sager«, über »die Linken, die alles bestreiten außer ihren Lebensunterhalt«, eines seiner beliebtesten Wortspiele. 2000 Zuhörer fühlten sich an alte Zeiten erinnert und jubelten: »Fast wie bei Strauß!« Bayernhymne, Nationalhymne, Autogramme, Schluß. Umtrunk im Keller der Zinnekkers im Kreis von Parteiförderern. So punktete Stoiber bei zahlreichen Auftritten auf seine hartnäckige Art. Manches Mal schleppte er sich recht müde aufs Podest eines Bierzelts, aber dann, vor all den Menschen, die ihm gewogen waren, schien er sich immer wieder aufzuladen.

Sein Einsatz wurde belohnt. In den Tagen und Wochen vor dem 25. September 1994 fanden die Bayern wieder die Überzeugung, wer wirklich für sie Politik machte, besser sogar als die Reps. Diese scheiterten an der Fünf-Prozent-Hürde, 52,8 Prozent der Bayern stimmten für die CSU. Selbst bei der Bundestagswahl kam die CSU auf 51,2 Prozent, deutlich mehr, als die Union bundesweit erhielt. Stoiber fühlte sich gestärkt und nannte sich selbst »Primus inter pares«.

Am 21. Oktober gaben 120 Abgeordnete, so viele, wie für die CSU im Landtag saßen, ihre Stimme dem neuen alten Ministerpräsidenten. Nun war er auch gewählt, gewählt von seinen Bayern. Seinem neuen Kabinett gehörten zwei Frauen als Ministerinnen an, Barbara Stamm und Ursula Männle, sowie zwei als Staatssekretärinnen, Marianne Deml und die 32jährige Strauß-Tochter Monika Hohlmeier. Als Staatssekretärin, vier Jahre später als Bildungsministerin, mußte sie das bayerische Schulsystem vertreten, das für ihre eigenen Kinder offenbar nicht gut genug war. Sie schickte Sohn und Tochter auf eine Waldorfschule. Als dies 1998 bekannt geworden war, ordnete Stoiber kurzerhand an, daß seine Ministerin das korrigiere. Tags darauf stand in den Zeitungen, daß auch Stoibers Sohn Dominik auf eine private Ganztagsschule gehe – so wie die beiden Töchter des damaligen Justizministers Alfred Sauter. Trotzdem sagt Stoiber heute, ohne mit der Wimper zu zucken: »Wir haben ein gutes Schulsystem, weil wir wollen, daß jeder unabhängig von seinem Geldbeutel exzellent ausgebildet wird, nicht wie in vielen sozialdemokratischen Ländern, wo die Betuchten ihre Kinder nicht in die nicht mehr so leistungsstarken öffentlichen Schulen, sondern in leistungsstarke private Schulen mit zwei-, dreitausend Mark Schulgeld schicken.«

Derartige Ganztagsschulen, die Eltern entlasten, sieht das bayerische staatliche Schulkonzept nicht vor. Stoiber riecht das zu sehr nach Sozialismus. Diese Schulform tendiere zur Gleichmacherei und bevormunde die Eltern, ja, sie sei sogar so etwas wie staatliche Kindsentziehung. Den Wunsch nach Ganztagsschulen zahlreicher Eltern, die berufstätig sind, negiert er. Im Falle seines Sohnes begründete er die Wahl einer – privaten – Ganztagsschule mit den vielfältigen Repräsentationsaufgaben, die seine Frau zu übernehmen habe, seit er Bayerns »Landesvater« ist.

Nach seiner Wiederwahl im Jahr 1994 saß Stoiber fester im Sattel als je zuvor. Die Opposition fügte sich in ihr Schicksal, und ihr ganzer Widerspruch schien sich darauf zu beschränken, daß der Ministerpräsident seine Beiträge für die zahllosen Vereinsmitgliedschaften selbst bezahlen solle, statt dies der Staatskasse zu überlassen. Weder aus dem Versagen in der Plutoniumsaffäre – keiner der zuständigen Minister wußte anscheinend vom Transport atomwaffentauglichen Materials über Bayern – konnte die Opposition Kapital schlagen noch aus der Zwickaffäre, die über Jahre immer wieder für Schlagzeilen sorgte. Daß die Bayern-CSU im Bundesrat gegen den Abtreibungskompromiß, die CSU im Bundestag aber dafür stimmte, brachte der Opposition ebenfalls keine Pluspunkte, und den Beschluß für eine 27prozentige Diätenerhöhung für Abgeordnete traf auch die SPD. Albert Schmid und Renate Schmidt fielen mehr durch Auseinandersetzungen untereinander als mit dem politischen Gegner auf.

Stoiber aber fühlte sich nun in der Lage und berufen, zu allen Themen Stellung zu nehmen, und zwar maßgeblich. Sein Schatten fiel von jetzt an auf fast jeden Gegenstand. Bayern, so wurde gespottet, werde per Edikratie regiert.

## Lob vom Gewerkschaftsboß: »Stoiber ist eine Lichtgestalt«

Mit Hilfe der Privatisierungsmilliarden ging Stoiber nun daran, die Zahl der Arbeitslosen zu verringern. Stoiber gehört nicht zu denen, die glauben, wer keine Arbeit habe, der wolle nicht arbeiten. Er habe »die psychischen Folgen von Arbeitslosigkeit bei meinem Vater mitbekommen«, sagte Stoiber im *SZ-Magazin,* »das zermürbt; als Arbeitsloser hatte man einen sozialen Makel.«

1993 hatte er Vollbeschäftigung für Bayern erstmals als Ziel formuliert, ein Prozent Arbeitslosigkeit wie in den sechziger Jahren sei zwar nicht realistisch, 2,5 bis 3 Prozent aber sollten auf Dauer nicht überschritten werden. Stoiber gehört auch nicht zu denen, die Lasten einseitig auf die Schultern der Arbeitnehmer laden wollen. Schon in seiner Regierungserklärung vom 30. Juni 1993 hatte Stoiber klargestellt, daß die Löhne und Lohnnebenkosten nicht alleinige Ursache für die Krise der Wirtschaft seien. Schließlich liege der Lohnanteil in einzelnen Branchen nur bei zehn Prozent. »Die Unternehmen haben Speck angesetzt, in den Managementstrukturen ebenso wie bei der Gestaltung der Arbeitsbedingungen«, urteilte damals David Hermann, Vorstandsvorsitzender der Opel AG. Den Strukturwandel, so Stoiber, müsse die Wirtschaft selbst bewältigen, die Politik könne nur flankierend helfen.

Dem bundesweiten Bündnis für Arbeit (Wolfgang Schäuble nannte solche Zusammenschlüsse »Dinosauriertreffen«), das nicht so richtig ins Laufen kam, setzte Stoiber nun ein bayerisches entgegen. Die Basis dazu war in einem Vier-Augen-Gespräch gebildet worden, das der bayerische DGB-Chef Fritz Schösser unmittelbar nach Stoibers Amtsantritt als Ministerpräsident mit ihm führte. Schösser wollte alten Müll beiseite räumen und sprach Stoiber auf dessen Ausfälle gegen die Gewerkschaften Ende der siebziger Jahre an. Das habe bei ihm, der damals Geschäftsführer des DGB-Bildungswerks gewesen war, »große Irritationen« erzeugt. Stoiber verteidigte sich, indem er erklärte, er selbst komme aus einfachen Verhältnissen und wisse, wo die kleinen Leute der Schuh drücke. In den folgenden drei Stunden sei die Idee für einen Pakt zwischen Unternehmern, Gewerkschaften und Politik entstanden. »Nur den Titel hatten wir damals noch nicht«, bedauert Schösser. 1995 sei er dann überrollt worden von Zwickels Initiative für ein »Bündnis für Arbeit«.

Während der Versuch in Bonn nie zustande kam, fanden die Bayern eine gemeinsame Linie. In der Präambel ist das ehrgeizige Ziel des Beschäftigungspakts festgelegt: die Halbierung der Arbeitslosigkeit in Bayern bis zum Jahr 2000. Lehrstellen für alle Bewerber sollten bereitgestellt und der Beschäftigungsabbau beendet werden. Wer nicht ausbildet, sollte keine Staatsaufträge mehr erhalten. Stoiber hatte erkannt, was viele Unternehmer und deren Lobbyisten offenbar nicht anerkennen wollten: Die Gewerkschaften hatten in den vorherigen Jahren manche Kompromisse gemacht, jetzt mußten auch die Unternehmer einen Schritt Entgegenkommen zeigen. »Wenn die Gewerkschaft ihr Tabu bricht, wenn heute ein Gewerkschaftsvorsitzender sagt, ich bin bereit, Überstundenabbau zu machen, dann mutet er der eigenen Klientel eine Menge zu: Einkommensverzicht«, bemerkte Stoiber. »Er mutet dem Industriearbeiter zu, daß er keine Überstunden mehr hat, und mit den Überstunden haben viele immer ihren Urlaub finanziert – oder sonstwas.« Stoiber honorierte diesen Verzicht und forderte im Januar 1996 in der *FR:* »Auch der Arbeitgeber muß neben allen anderen Dingen seine gesellschaftliche Funktion in dem Land, in dem er lebt, erkennen.«

Doch die Unternehmer lamentierten zu dieser Zeit lieber über den schlechten Standort Deutschland und dessen hohe Lohn- und Lohnnebenkosten sowie die vielen Steuern. Im Februar 1996 konnte Stoiber nicht mehr an sich halten. Auf einem Empfang in der Münchner Residenz servierte er die Unternehmer ab; sie sollten doch mit ihren Familien in die vorgeblichen Investitionsparadiese auswandern, aber bitte zu den dortigen Gehältern und Lebensbedingungen. Diese Herrschaften genössen es, Kunst vom Feinsten zu genießen, ihre Kinder auf kostenlose Schulen zu schicken und von einer gut ausgebildeten Polizei beschützt zu werden.

Nicht zuletzt wegen dieser Kampfansage nannte Schösser Stoiber eine »Lichtgestalt«. 1996 beschlossen die beiden zusammen mit Arbeitgeberpräsident Hubert Stärker den Beschäftigungspakt, nachdem sich seit 1990 auch in Bayern die Arbeitslosenzahlen von 241 000 auf ca. 402 000 um zwei Drittel erhöht hatten. 1,2 Milliarden Mark aus den Privatisierungserlösen steckte Stoiber in die Initiative.

Aber auch in Bayern ließ sich der bundesweite Trend nicht von heute auf morgen umkehren, die Arbeitslosenzahlen stiegen 1997 noch einmal um zehn Prozent. 1998 gingen sie zurück, die Zahlen lagen aber immer noch über denen von 1996. Trotzdem: Nach zwei Jahren lobte Stoiber, der Pakt habe 150 000 Stellen gesichert und 52 000 neue geschaffen. »Der Pakt funktioniert. Die Wende auf dem Arbeitsmarkt ist geschafft. Der Beschäftigungsabbau ist zum Stillstand gekommen, das Stellenangebot steigt.«

Die Zahlen erscheinen willkürlich. Selbst das Landesarbeitsamt kann nicht nachvollziehen, wie die Zahlen der Staatskanzlei zustande gekommen sein könnten. Nach dem 2. Quartal 1996 gab es in Bayern 4,206 Millionen sozialversicherungspflichtig Beschäftigte, nach dem 2. Quartal 1998 nur noch 4,128 Millionen. Demgegenüber gab es noch immer 415 000 Arbeitslose, im Vergleich zu 402 000 im Jahr 1996. Erst 1999 lag die Zahl der Arbeitslosen unter der von 1996, und im Sommer 2000 konnte Bayern mit 4,9 Prozent die geringste Quote der ganzen Republik aufweisen. Außerdem bot die Wirtschaft mehr Ausbildungsplätze an, als gesucht wurden. Inzwischen sanken die Arbeitslosenzahlen auch im Rest der Republik.

Schösser erinnert sich, er habe schon damals davor gewarnt, den Mund zu voll zu nehmen. »Das Jahr 2000 kommt so schnell, wir werden bald Lügen gestraft.« Die Arbeitgeber aber hätten darauf bestanden, daß das zu schaffen sei. Da sei wohl eine gewisse Ungeduld zu spüren gewesen, auch bei Stoiber. Weil alles nicht so rasch ging, wie Stoiber erhofft hatte, präsentierte er eine weitere Option als Ausweg aus der Arbeitslosigkeit: Statt in erster Linie ein sicheres Angestelltenverhältnis bei einem möglichst großen Unternehmen oder gar eine Beamtenkarriere anzustreben, solle man bedenken, welche Männer Deutschland eigentlich vorangebracht hätten: Erfinder und Unternehmer wie Carl Benz, Gottlieb Daimler, Rudolf Diesel, Rudolf Koch oder Wilhelm Röntgen. Werner von Siemens habe eine sichere Staatsstelle sogar aufgegeben, um sich selbständig zu machen: »Solche Persönlichkeiten als Leitbilder brauchen wir.« Stoiber selbst konnte nicht als Vorbild vorangehen.

## Umweltschutz: »Arbeitsplätze nicht vertreiben«

Auch beim Umweltschutz läßt sich Edmund Stoiber von keinem anderen Ministerpräsidenten übertreffen. Im Juli 1995 machte er deshalb die Pflege des bayerischen Ambientes zur Chefsache. Den Streit um Bayerns Biergartenkultur allerdings sah damals niemand unter diesem Aspekt. Auch die Gesundheit der Anwohner von Biergärten war Stoiber in diesem Sommer nicht so wichtig wie die existentiellen Rechte einer viel größeren Zahl von Landsleuten auf die Pflege heimischen Brauchtums.

Seit Jahren schon hatten sich die Anwohner der traditionellen »Waldwirtschaft« in Großhesselohe bei Pullach wegen des nächtlichen Lärms an- und abfahrender Autos und heiterer Besucher beschwert. Auch daß die Gäste des Lokals sich immer wieder auf ihrem Heimweg in ihre Gärten erleichterten, gefiel den Anwohnern nicht. Nun sollte nach einem Urteil des Verwaltungsgerichtshofes der traditionelle Biergarten um 21.30 Uhr schließen. Da riefen 20 000 Bayern auf dem Münchner Marienplatz die Revolution aus, und Stoiber ließ seine Beamten in aller Eile einen neue Biergartenverordnung erstellen, um das Schlimmste zu verhindern. Künftig sollten Musikdarbietungen bis 22 Uhr und Ausschank bis 22.30 Uhr erlaubt sein. Damit sollte der Streit für alle Zeiten und alle bayerischen Gaue beendet sein.

Die Verordnung hielt jedoch nicht lange. Auch andernorts, in Donauwörth, hatten sich Anwohner um ihren Schlaf betrogen gefühlt, und sie klagten. Das Augsburger Verwaltungsgericht zog das deutsche Immissionsschutzgesetz heran und fand, Stoibers Verordnung sei nicht differenziert genug. Die Richter forderten eine Präzisierung. Sie wurde geliefert, und die Anwohner bayerischer Biergärten müssen sich bis heute allerlei gefallen lassen, weil diese nun einmal davon leben, daß die Besucher möglichst viel Bier trinken. Die »Waldwirtschaft« in Großhesselohe ist bis heute spät abends geöffnet, und auch in anderen bayerischen Biergärten wird wie eh und je gezecht. Edmund Stoiber darf sich feiern lassen, er hatte die Tradition gerettet und den Wirten ihre Umsätze.

In eben jenem umkämpften Jahr 1995 versprach Stoiber auch einen »Umweltpakt 2000« zwischen Wirtschaft und Staat. 500 Unternehmen sollten sich einem Öko-Audit unterziehen, einer Analyse ihrer Umweltverträglichkeit. SPD-Fraktionsführerin Renate Schmidt fand, dafür sei es auch höchste Zeit, weil Bayern anderen Bundesländern »hinterher goppele« (Thomas Goppel war aktueller Umweltminister). Was aber Stoiber ankündigte und Schmidt anmahnte, nämlich eine Zusammenarbeit zwischen Politik und Wirtschaft in Sachen Umweltschutz, hatte es in Bayern schon längst gegeben.

Bereits 1982, als Stoiber noch Generalsekretär war, wandte sich die Wirtschaft vertrauensvoll auch an ihn. Eine Holz- und Kunststoff GmbH etwa beklagte sich in einem Brief an seine private Adresse über die heimische Presse. Diese hatte über den nicht rußfreien Kamin der Firma berichtet, nachdem der Umweltstaatssekretär Max Fischer die Firma besucht und ihr angekreidet hatte, sie mache keine Vorschläge zur Verbesserung des Mißstands. Ein neues Kraftwerk zur Holzverbrennung und Holzvergasung mit 100%iger Rauchfreiheit könne die Firma aus eigenen Kräften infolge der derzeitigen Wirtschaftslage nicht bauen, und staatliche Zuschüsse gebe es nicht. Immerhin arbeite man inzwischen tagsüber zu 95 Prozent rauchlos, und die optische Belästigung der Bevölkerung sei wesentlich reduziert worden. Stoiber hatte Verständnis für die Nöte des Unternehmens und versicherte ihm, »eine radikale Lösung, die letztendlich in der jetzigen Zeit Arbeitsplätze extrem gefährdet, kann natürlich nicht im Interesse der Stadt Geretsried liegen«. Als die Firma wenig später einen Teil des Firmengrundstücks liquidieren wollte, setzte sich Stoiber für eine Änderung des Flächennutzungsplans ein, der das Grundstück bis dato als Industriegebiet führte.

Kein Bundesland kümmere sich so um den Umweltschutz wie Bayern, betont Stoiber. Aber er hat sich stets gegen eine Verankerung des Umweltschutzes im Grundgesetz ausgesprochen (während Bayerns Verfassung lange schon die besondere Fürsorge für die natürlichen Lebensgrundlagen vorschreibt). Auch sein konsequentes Ringen um den Bau des Rhein-Main-Donau-Kanals sollte der Wirtschaft zum Nutzen gereichen; die Uferlandschaft der Donau zerstörte dieser natürlich. Die Atomkraft hat Bayern die angeblich billigsten Strompreise der Republik verschafft und die »Erfolgsstory eines armen Landes« begründet, »das über die Schulter angesehen worden ist«. Stoiber wollte »unter keinen Umständen« aussteigen. Deshalb griff er auch die Grünen an, sie verweigerten sich jedem Fortschritt. Damit meinte er nicht die Solartechnik und das Drei-Liter-Dieselauto, das er zusammen mit den deutschen Automanagern sowie Gerhard Schröder und Erwin Teufel als Ergebnis ihres Autogipfels 1995 fürs Jahr 2000 versprochen hatte, sondern Gen- und andere Biotechniken.

Umweltschutz ist für Stoiber heute ein nachrangiges Problem. Wer Umweltschutzpolitik ohne Rücksicht auf die Arbeitsplätze mache, »fährt unsere Volkswirtschaft an die Wand«. Stoiber gehorcht damit den sogenannten Sachzwängen einer globalisierten Weltwirtschaft, in der sich die Staaten durch Lohn- und Umweltdumping zu übertreffen versuchen. In seinen Reden plädierte Stoiber stets für das »Verursacherprinzip«, aber die Konsequenz, die Kraftfahrzeugsteuer aufs Benzin draufzuschlagen, hat er nie ziehen wollen. Freiwilligkeit ist seine zweite Maxime. Wie aber sollen Unternehmen, die sich gegen unerbittliche Konkurrenten behaupten müssen, Umweltschutzkosten weitergeben? Stoiber ist das natürlich klar. Man muß schon Prioritäten setzen, nicht immer ist der Umweltschutz das wichtigste Kriterium.

Dabei blieb Stoiber auch beim neuen Konzept zum Umweltschutz. Umweltschutz dürfe nicht ohne Rücksicht auf die Leistungskraft der Wirtschaft betrieben werden. Er setzte auf freiwillige Vereinbarungen, auf eine »enge Kooperation zwischen Staat und Wirtschaft«, zum Wohle aller. Dem Umweltschutz wird Genüge getan, soweit die Wirtschaft das zuläßt und ihre Interessen nicht verletzt werden, sich im günstigsten Fall sogar noch Geschäfte mit ihm machen lassen. Unter diesen Voraussetzungen funktioniert Freiwilligkeit immer. Ökologisch unsinnig sei es, »Arbeitsplätze dorthin zu vertreiben, wo mit Sozial- und Umweltdumping produziert wird«, erklärt Stoiber.

Im Falle des Donauausbaus setzte Stoiber auf den Willen der Bayern, der Bevölkerung in Bulgarien, Ungarn und Rumänien beim wirtschaftlichen Aufbau zu helfen, also die bayerischen Waren dorthin zu exportieren, und das versprach am ehesten diese Wasserstraße. Die Bedenken der Umweltschützer mußten auch hier zurücktreten: »Man kann manchmal bestimmte Ziele nicht voll und ganz miteinander vereinbaren, das ist das Schwierige in der Politik.« Stoiber will dennoch Ökonomie und Ökologie vereinen, sein Ziel nennt er »ökologische Wohlstandsgesellschaft«. In Bayern soll diese mit Hilfe der Atomkraft entwickelt werden, wobei der Atommüll nach Ahaus und Gorleben kommt; Zwischenlager vor der eigenen Haustür lehnte Stoiber stets ab.

Die Atomkraft hielt Stoiber dagegen für unverzichtbar. Daß er im Juli 1998 mitteilte, Bayern werde kein weiteres Atomkraftwerk bauen, hat mit Umweltschutz- oder Sicherheitsüberlegungen nichts zu tun. Vielmehr hatte Stoiber erkannt, daß kein weiterer Atomstrom produziert werden muß, weil genug davon da ist. Nach der Liberalisierung des Marktes könne Strom überall billig eingekauft werden. Außerdem stagniere der Verbrauch, sei sogar teilweise rückläufig. Es waren also wirtschaftliche Überlegungen. Aber erschreckt hat er damit so kurz vor den Landtagswahlen schon – die Grünen.

Während wenig später die rot-grüne Bundesregierung mit der Atomindustrie einen Kompromiß über den Ausstieg aus dieser Technologie verhandelte, drohte Stoiber mit einer Verfassungsklage. Sogar die EU-Kommission, der er sonst gern Eingriffe in nationale und regionale Belange vorwarf, rief er zu Hilfe. Und schließlich hatte Stoiber einen letzten Trumpf in der Tasche: Das Land Bayern war noch immer Viag-Konzern beteiligt, dem drei Atomkraftwerke gehören. Neue Kraftwerke wollte zwar auch Stoiber nicht mehr bauen, schließlich standen andere etwa in der Tschechischen Republik bereit, aber die Restlaufzeit der bestehenden AKW wollte Stoiber offenbar möglichst weit hinauszögern.

Als die Stromversorger Veba und Viag, an dem der Freistaat ein Viertel der Anteile hält, zum neuen Energieriesen Eon verschmolzen wurden, verlor einer von Stoibers wichtigen Verbündeten seine führende Position: Otto Majewski, ehemals Referent von Streibl im Umwelt-, dann im Finanzministerium und von dort zum Bayernwerk und dann zur Viag gewechselt. Er hatte mit Stoiber durchgesetzt, daß im Fusionsvertrag der Bestand der Atomenergie festgeschrieben wurde. Anschließend versuchten die beiden zu verhindern, daß an den Werken Zwischenlager errichtet werden, die die umstrittenen Castor-Transporte künftig nicht mehr notwendig gemacht hätten. Im neuen Großkonzern mußte sich »Atom-Otto« mit dem Posten eines Stellvertreters zufriedengeben. Für die Atomenergie ist Majewski nicht mehr verantwortlich. Damit die bayerischen Interessen weiterhin vertreten werden, holte Stoiber den früheren Bayernwerkchef Jochen Holzer in den Aufsichtsrat.

## Tschechien: »Kein Verzicht auf Vermögen«

Während Theo Waigel darauf pochte, daß der deutsch-tschechoslowakische Nachbarschaftsvertrag vollzogen werde, verteidigte der neue Ministerpräsident Bayerns Ablehnung im Bundesrat. Zwei Jahre später und 50 Jahre nach Flucht und Vertreibung des größten Teils der deutschstämmigen Bevölkerung forderte Stoiber die Tschechen auf, »die historische Chance zur Verständigung« zu nutzen und in einen Dialog mit den Sudetendeutschen zu treten. Von der tschechischen Regierung verlangte Stoiber, sich von den »Vertreibungsdekreten« des Nachkriegspräsidenten Edvard Beneš zu distanzieren, die Verbrechen amnestierten.

Stoiber legte bei den Forderungen, die er bevorzugt auf dem Sudetendeutschen Tag vortrug, stets nach, obwohl die tschechische Seite schon etliche Konzessionen gemacht hatte. 1995 erhielt er dafür den Karls-Preis der Landsmannschaft. Václav Havel hatte schon unmittelbar nach seiner Wahl zum Staatspräsidenten die Vertreibung und Aussiedlung von Sudetendeutschen als unmoralisch verurteilt. Regierungschef Václav Klaus dagegen betrachtete die Vorgänge nach 1945 als »erzwungenen Weggang«, was den Vertriebenen aber nicht genügte. Die Rede Stoibers empfand Klaus offenbar nicht gerade ermutigend, die Kritik an einem Urteil des tschechischen Verfassungsgerichts konnte er nicht als »entgegenkommende Geste« betrachten. Klaus blieb bei seiner Ansicht, der »Abschub« der Sudetendeutschen sei eine »notwendige und angemessene Antwort auf die Verbrechen Hitlers – auf einen groben Klotz gehört ein grober Keil.« Auch für Waigels Vorschlag, einen Beauftragten der deutschen Regierung für die tschechisch-deutschen Beziehungen einzurichten, erkannte Klaus keine Notwendigkeit. Nachbarn mit standardmäßigen Beziehungen, sagte Klaus kühl, pflegten ihre Verbindungen über Botschafter und die Außenministerien.

Worum es ging und heute noch geht, wurde klar, als die stellvertretende Bundestagspräsidentin Antje Vollmer (Bündnis 90/Die Grünen) 1995 vor der Hauptveranstaltung des Sudetendeutschen Tages mit einem Pfeifkonzert begrüßt wurde. Sie hatte die Vertriebenen, genauer: deren Erben aufgefordert, den »Weg aus der Vergangenheit freizumachen« und auf »unrealistische Eigentumsansprüche« zu verzichten. Für Stoiber dagegen blieb es bis zum Schluß wichtig, daß die Erklärung »keinen Verzicht auf Individualansprüche, die das Vermögen betreffen, darstellt«.

Stoiber und die CSU hatten wieder getan, was sie bei solchen Gelegenheiten immer taten: in Bayern, insbesondere bei den in den Verbänden Organisierten, Punkte gemacht und international viel Porzellan zerschlagen. Die Fronten verhärteten sich auch im Folgejahr, weil Stoiber die Versöhnungsverträge blokkierte, bis auch die Sudentendeutschen berücksichtigt seien. Denen dürfe es nicht zum Nachteil gereichen, »daß sie 45 Jahre versöhnungsbereit waren«.

Es grenzt an Infamie, wie Stoiber in dieser Frage immer wieder die Geschichte verdreht. Das Gründungsdokument der Vertriebenenverbände von 1950 mit dem Minimalbekenntnis »Keine Rache, keine Vergeltung« war kaum als Gesprächsangebot zu verstehen. Und die Hand zur Versöhnung auszustrecken, das bleibt in erster Linie den Tschechen vorbehalten, die unter der deutschen Besatzung unter fast geschlossener Beihilfe der Sudetendeutschen gelitten haben. Erst wenn die Täter um Verzeihung gebeten haben, kann über die Reaktion von jahrelang gepeinigten Menschen geurteilt werden – womöglich unter mildernden Umständen.

Stoiber wollte die geschichtliche Verantwortung der Deutschen zwar einräumen, »weil unter Hitler im deutschen Namen

Verbrechen an den Tschechen und Slowaken begangen wurden«. Diese »Verbrechen unter Hitler« seien aber keine Rechtfertigung für die Verbrechen an den Sudetendeutschen. Stoiber benutzte damals für Flucht und Vertreibung von Sudetendeutschen den Begriff »ethnische Säuberungen«, der vielfach im Zusammenhang mit den jugoslawischen Bürgerkriegen benutzt wurde.

Wegen Stoibers Widerstand konnte die sogenannte Schlußstrich-Erklärung zwischen Bonn und Prag nicht wie geplant unterzeichnet werden. Selbst Bischof Karl Lehmann mahnte vergeblich, Wiedergutmachung sei nicht nur ein materieller, sondern vor allem ein geistiger Vorgang. Stoiber blieb bei seinem kategorischen Nein. Nach einem Gespräch mit dem Außenminister und dem Kanzler erklärte er, man habe dem Außenminister klare »Aufträge« erteilt. Noch vor Unterzeichnung des Vertrags müsse er die Sudetendeutschen »im Detail« unterrichten und für Kontakte zwischen Sudetendeutschen und Prag sorgen.

Klaus Kinkel soll einem Tobsuchtsanfall nahe gewesen sein. Er komme sich vor wie ein Feinmechaniker, hieß es aus seiner Umgebung, »der nach Monaten mühevoller Arbeit eine Uhr fast fertig hat – und dann kommt ein Elefant und tritt drauf«. Kohl versprach, die Erklärung werde noch in diesem Jahr unterzeichnet. Sie wurde nicht, weil Stoiber weiter quertrieb. Dabei standen inzwischen alle Forderungen Stoibers und der Sudetendeutschen im Vertrag: das Niederlassungsrecht für vor dem 31. Dezember 1949 geborene Sudetendeutsche in ihrer alten Heimat ebenso wie das Bedauern der tschechischen Regierung über Exzesse bei der Vertreibung. Doch Stoiber ließ im *Bayernkurier* wissen: »Die Sudetendeutschen haben sich trotz des Leides, das sie erlitten haben, schon bald für den Ausgleich mit den östlichen Nachbarn und für die Versöhnung eingesetzt. Sie waren nie Radikale, Hitzköpfe oder Revanchisten. Sie haben in ihrer neuen Heimat beim Wiederaufbau der Wirtschaft und der demokratischen Ordnung angepackt.« Den historischen Teil der Erklärung hielt er auch nach bayerischer Zustimmung zur Unterzeichnung noch für unzureichend, weil die Ursachen der

Vertreibung erst 1938 mit dem Münchener Abkommen erklärt wurden. Der erstarkende Nationalismus habe aber schon zu Beginn des Jahrhunderts das Verhältnis der Volksgruppen beeinträchtigt. Doch das war nicht Stoibers eigentliches Anliegen. Es ging um mehr, ums Prinzip. Es ging darum, recht zu haben, und es ging um Vermögen.

Nachdem Klaus Kinkel und Helmut Kohl den Tschechen 1998 signalisiert hatten, einen baldigen Beitritt des Landes in die EU zu befördern, verknüpfte Stoiber dies mit einer alten Forderung: Die Beneš-Dekrete müßten vom Tisch. Auch mit diesem neuerlichen Vorstoß kurz vor den Bundestagswahlen änderte sich nichts daran, daß die »Vertreibungsdekrete« gar nicht für ungültig erklärt werden können. Nicht nur Beneš, sondern auch die Siegermächte im Potsdamer Abkommen hatten die »Ausweisung« abgesegnet (Beneš sprach damals von »Abschub«, odsun), und niemand dachte von deren Seite daran, sie aufzuheben.

Stoiber sympathisiert mit der Forderung der Vertriebenenpräsidentin Erika Steinbach, Polen und Tschechien so lange nicht in die EU aufzunehmen, bis Entschädigungen auf verlorenes Gut bezahlt sind. Und er fördert nach Kräften die Anstrengungen der Verbände, in Berlin ein »Vertriebenenzentrum« samt Museum einzurichten. In der Hand der Verbände drehte sich in solch einem Zentrum alles um das »Unrecht *an* den Deutschen« – und es würde einen neuen Chauvinismus bedienen.

## Fernsehen: Rotfunk gegen Modell Berlusconi

Im Entscheidungsjahr 1993/94 entdeckte Stoiber auch die Medienpolitik wieder, die er als Innenminister etwas aus den Augen verloren hatte. Die schöne neue Medienwelt gefiel Stoiber durchaus nicht. Vor allem Gewaltdarstellungen im freien TV verurteilte er: »Ich habe mich nie der Illusion hingegeben, die neuen Medien würden ausschließlich nach den Maximen des

Guten, Edlen, Wahren und Schönen ihre Programme gestalten. Darstellungen von Sexualität und Gewalttätigkeit, seichte Unterhaltung und billige Kaufproduktionen sind leider nicht hinwegzuleugnen.« Einen Massenprotest suchte er zu erreichen, eine gesellschaftliche Ächtung bis hin zu Boykottaufrufen gegen Firmen, die im Umfeld von gewaltbeschönigenden Sendungen werben.

Stoibers Fernsehen der Zukunft sah anders aus: Er vermisse bei den Medien, sagte er, den Bericht »über den Feuerwehrmann Huber, der sich beim Löschen den Fuß verknackst hat«. Doch nicht an die Privaten richtete Stoiber zusammen mit seinem neuen Kampfgefährten Kurt Biedenkopf Reformvorschläge, sondern an die ARD.

Eine Reform hatte Stoiber schon einmal anzustoßen versucht, und daran erinnerte sich Gerhard Naeher, ehemaliger Sat.1-Nachrichtenchef, in der Sendung *Monitor:* »Der Kern des Vorstoßes gegen die *ARD* erinnert mich an die Vorstellung und Zielsetzung der Kirch-Gruppe in den Gründerjahren des privaten Fernsehens. Es ging darum, die öffentlich-rechtlichen Sender an die Wand zu spielen – dies war ein klar formuliertes Ziel – und die *ARD* auf die Regionalsender zu begrenzen.« Auch dieses Mal schien die Regionalisierung der *ARD* das Ziel zu sein. Das Magazin präsentierte ein Positionspapier des *Sat.1*-Geschäftsführers Jürgen Doetz vom Oktober 1992, in dem es hieß: »Zum 1. 1. 96 wird das nationale Programm der *ARD* eingestellt. Die Programmaufgaben der ARD werden von den Landesrundfunkanstalten im Rahmen der dritten Programme wahrgenommen.«

Für Doetz existierte kein Meinungskartell zwischen Biedenkopf/Stoiber und den Privatsendern. Aber es war Stoiber gewesen, der auf den Medientagen am 19. Oktober 1994 in München die Frage stellte, ob nicht ein nationales öffentlich-rechtliches Programm die Erfordernisse der Grundversorgung ausreichend abdecke. Das Gemeinschaftsprogramm der ARD sei von Anfang an eine Notlösung gewesen, eine Krücke. Die dritten Programme könnten dann in einem zusammengewachsenen Europa »Kultur, Eigenart und Identität der Regionen stärken«.

Stoiber durfte sich damals freuen, daß eine Entmonopolisierung des Fernsehens erreicht worden war. Aber in der Zwischenzeit waren der Mogul Leo Kirch, der nicht einen, sondern gleich mehrere Sender beherrschte, und der Axel-Springer-Verlagskonzern auf den Plan getreten. Ihm gegenüber hatte Bertelsmann eine Reihe anderer Privatsender unter Kontrolle. Angriffe gegen diese Medienmacht blieben aus, dafür agitierten Biedenkopf und Stoiber gegen den WDR. Der ARD-Vorsitzende Jobst Plog nannte Stoibers medienpolitische Vorstellungen das »Modell Berlusconi«. Stoiber protegiere Kirch an jeder Ecke.

Zusammen mit Biedenkopf präsentierte Stoiber im Februar 1995 16 Thesen für eine Strukturreform der Öffentlich-Rechtlichen. Zu den bekannten Argumenten kam noch die Überlegung hinzu, gleichgewichtige Länderanstalten zu schaffen, also die kleineren mit etwas größeren zusammenzulegen. Radio Bremen, Saarländischer Rundfunk und Sender Freies Berlin seien nur überlebensfähig, weil sie von anderen Anstalten subventioniert würden. Sie seien unrentable Unternehmen. Zu Recht griff das Papier großzügige Gehaltseinstufungen bei den Mitarbeitern an sowie den gewaltigen Personalaufwand. Die Intendanten müßten zu einem »schlanken« Rundfunk finden.

Doch Stoiber ging es um etwas anderes: Er beklagte, daß die Berichterstattung aus Bonn vom *WDR* gemacht werde, *ARD-Aktuell*- und *Tagesthemen*-Moderatoren von der Kölner Anstalt stammten, das *Morgenmagazin* dort betreut werde und diese Anstalt die meisten Parteitage ebenso besetze wie die wichtigsten Schauplätze der Weltpolitik. Dieser Vorwurf schlägt allerdings auf Stoiber selbst zurück und verrät sein Verständnis von einem unabhängigen Journalismus. Zu früheren Zeiten waren Journalisten keine Beamten, die ihre Weisungen von Intendanten oder aus Staatskanzleien bezogen. Das mag in Bayern inzwischen in manchen Fällen anders sein.

Aber auch Kurt Biedenkopf erkannte in der *ARD* einen Konzern, der vom »Rotfunk« *WDR* geführt wird. Als sich die damals sechs Ministerpräsidenten der Union am 12. Januar 1995 in Bonn mit dem Kanzler trafen, ermutigte Kohl Biedenkopf und Stoiber, etwas gegen die *ARD* zu unternehmen. Biedenkopfs Beamte entwarfen ein Papier, Stoibers Beamte ergänzten, und heraus kam ein »Positionspapier zur Strukturrefrom der *ARD*«, das den Sender in Frage stellte, ein »Manifest zur Zerschlagung der *ARD*« (*Die Woche*).

Schon Konrad Adenauer war die Arbeitsgemeinschaft der öffentlich-rechtlichen Rundfunkanstalten der Bundesrepublik Deutschland ein Dorn im Auge, und es gelang ihm schließlich, mit dem *ZDF* eine Konkurrenz zu schaffen. Unter den neuen Gegebenheiten schien ein zweites nationales öffentlich-rechtliches Vollprogramm plus Regionalsender zu vielfältig oder zu teuer. Niemand erklärte aber, auch Stoiber nicht, warum die *ARD* wegfallen sollte, und nicht beispielsweise das zweite Programm?

Selbst die *FAZ* argwöhnte, wenn Unionspolitiker vom Sparen redeten, meinten sie häufig etwas anderes. Der Föderalismus, sonst Stoibers Glaubensbekenntnis, koste eben Geld. Auch ein Ministerpräsident koste, ähnlich viel wie ein Intendant, die überbesetzten Länderparlamente seien ebenso überflüssig wie die überbesetzten Rundfunkräte, ein Kabinett komme teurer als ein Verwaltungsrat. »Die Bürokratie ist hier wie dort aufgebläht.« Daß auch Zentralisierung nicht das Heil sei, erkenne man daran, daß weder der Bund noch das *ZDF* Demonstrationsobjekte für schlanke Strukturen seien. Die *ARD* habe immerhin gespart, obwohl ihr etwa der deutsch-französische Kulturkanal *Arte* von der Politik aufgezwungen worden sei. Was man der *ARD* vorwerfen könne, sei der systemwidrige Ausbau der dritten Programme – und die wollte Stoiber ja weiter stärken – sowie eine Flut von Hörfunkprogrammen.

Auch Bayern war keinesfalls der schlanke Staat, den Stoiber propagierte. Gerade hatte der Rechnungshof die Ausweitung des Beamtenapparats der Regierung gerügt. Und als 1998 die Ökologisch-Demokratische Partei (ÖDP), dann auch Grüne und SPD den Senat, die zweite Kammer des Landtages, wegen der hohen Kosten, insbesondere beim Ausscheiden der Senatoren, abschaffen wollten, votierte Stoiber (allerdings vergeblich) dagegen.

Doch dieses Mal ging's auf anderer Kosten, und Stoiber verstand sich als Kämpfer für die Rechte des Volkes, weil die SPD angeblich noch mehr Programme wolle, was bedeute: mehr Gebühren, jedes Jahr. Allein der *BR* steuere zur Finanzierung der schwächeren Sender 30 Millionen Mark bei, das sei, darauf wies Stoiber ausdrücklich hin, das Geld von 100 000 Gebührenzahlern. »Wenn ein solcher Finanzausgleich nur noch dazu dient, unwirtschaftliche Einheiten am Leben zu erhalten, muß er verschwinden.«

Auf den Medientagen im Oktober 1995 erklärte Stoiber, warum er derart radikale Töne anschlug: »Man muß erst was Sinnloses fordern, dann kommt vielleicht am Ende etwas einigermaßen Sinnvolles heraus.« Heraus kamen auf einer Sitzung der Ministerpräsidenten in Bad Neuenahr eine Gebührenerhöhung und die Vereinbarung, bis zum Ende des Jahres 2000 nach Möglichkeiten für Einsparungen und Rationalisierungen zu suchen. Ab 2001 sollte es keine Ausgleichszahlungen mehr geben. 1999 wurde ein Kompromiß geschlossen: Die drei kleinsten Sender müssen mit etwas mehr als der Hälfte der bisherigen 187 Millionen Mark pro Jahr auskommen. Und die Werbezeiten blieben nach 20 Uhr den kommerziellen Sendern vorbehalten.

Geld sollte für Leo Kirch auch aus einer anderen Quelle fließen. 1997 sagte die staatliche Landesanstalt für Aufbaufinanzierung (LfA) dem Medienmogul einen Kredit über eine halbe Milliarde Mark zu. Wirtschaftsminister Otto Wiesheu war seit Januar 1997 eingeweiht, Stoiber behauptete im März, als der Deal bekannt wurde, er habe davon nichts gewußt. Renate Schmidt hält das für unwahrscheinlich, will ihm aber zugute halten, vielleicht sei »eine beiläufige Information im Tagesgeschäft untergegangen«.

Immerhin trat Kirch wegen der großen öffentlichen Empörung freiwillig von dem Geschäft zurück. Stoiber fand das richtig. Wiesheu dagegen bedauerte, daß das Geschäft geplatzt war. Stoiber verfügte, daß künftig bei einer Kreditlinie von 50 Millionen Mark Schluß sein müsse. Vor allem Mittelständler, denen die LfA bei Anschubfinanzierungen helfen soll, hatten gegen die riskante Subventionierung eines Medienunternehmens rebelliert.

Im Oktober 1999 wetzte Stoiber die Scharte bei Kirch wieder aus. Edmund Stoiber besuchte Los Angeles und in den Hollywood-Studios von 20th Century Fox den Medienriesen Rupert Murdoch. Dort war gerade die Titanic untergegangen, und Stoiber wollte eine weitere Havarie verhindern: Er verhandelte mit Murdoch über eine Partnerschaft mit dem deutschen Medienunternehmer Leo Kirch. Der brauchte dringend Geld, um sein Pay-TV einzuführen. Fünf Milliarden Mark hatte Kirch bereits investiert, den von Bertelsmann vollständig erworbenen Kanal *Premiere* mit seinem maroden Sender *Digitales Fernsehen 1 (DF1)* verschmolzen. Die Deutsche Bank hatte dafür nicht auch noch einstehen wollen, und auch andere Geldinstitute wehrten ab. In letzter Minute sprang die Bayerische Landesbank ein, schließlich hatte Kirch für den Standort Bayern viel getan. Die Bayerische Landesbank hatte eine Bürgschaft über 1,565 Milliarden Mark gewährt. Der Ausbau des Senders *Premiere World* würde weitere Milliarden verschlingen.

Zurückzahlen wollte Kirch das Geld durch eine Anleihe, die allerdings nicht zustande kam. Deshalb mußte ein neuer Investor her, und Stoiber flog zu Murdoch. Den Verlust der Investition im Falle eines Scheiterns von Kirch hätte auch der Ministerpräsident, dessen halbes Kabinett im Verwaltungsrat der Bank sitzt, nicht überlebt. Wenige Wochen nach Stoibers Besuch in den Hollywood-Studios kündigte Murdoch an, er werde sich mit zwei Milliarden Mark an Kirchs Sender *Premiere World* beteiligen.

Der Ausbau des Medienstandortes Bayern war gesichert, die Gefahr eines Fiaskos gebannt. Die Umschuldung allerdings und damit die Entlastung Stoibers waren schon zuvor geglückt. Ein Konsortium aus Landesbank, Hypo-Vereinsbank (an der Vereinigung hatte Stoiber maßgeblich mitgewirkt, die Finanzbehörden hatten den Aktientausch als steuerneutral bewertet und damit auf fünf Milliarden Mark Körperschaftssteuern verzichtet) und DG Bank gewährte einen Kredit über 1,5 Milliarden Mark und übernahm damit die Bürgschaft der Landesbank. Nun durfte Kurt Faltlhauser, seit Georg von Waldenfels' Wechsel zur Viag Finanzminister, als Mitglied des Kreditausschusses der Landesbank dem Kirch-Kredit zustimmen. In der Landesbank, die je zur Hälfte dem Freistaat und den Sparkassen gehört, bildete 1999 nicht nur das halbe Kabinett Stoiber den Verwaltungsrat, LB-Chef Alfred Lehner freute sich auch auf einen neues Vorstandsmitglied: Rudolf Hanisch, vormals Leiter der Staatskanzlei. Weil er nicht vom Fach war, verordnete das Bundesaufsichtsamt für das Kreditwesen erst einmal eine einjährige Banklehre. Lehner, der Mitglied der SPD ist, meinte lakonisch: »Aus der bayerischen Regierung sind schon viele fähige Mitarbeiter zu uns gestoßen.«

## Sozialpolitik: »Immer aufs gegnerische Tor schießen«

Nach ihren gemeinsamen Siegen bei der Ordnung des Medienwesens duzten sich Stoiber und Biedenkopf bald. Weil auch auf anderen Gebieten viel Reformarbeit zu leisten war, gründeten sie die sogenannte Zukunftskommission. Vorsitzender war Meinhard Miegel, Biedenkopfs langjähriger Mitstreiter und Leiter seiner Denkfabrik, das Institut für Wirtschaft und Gesellschaft. Mitglieder waren Ulrich Beck, Roland Berger, Ulrich Blum, Johannes Gross, Herbert Henzler, Georg Obermeier, Heinrich Oberreuter und Etta Schiller.

Ende 1997 legten Stoiber und Biedenkopf nach einer dritten gemeinsamen Kabinettssitzung auf Schloß Albrechtsburg in Dresden den Abschlußbericht der Kommission vor. Er enthielt alle Vorschläge, die Biedenkopf in nunmehr 25 Jahren als Politiker und in weiteren zehn Jahren als Wissenschaftler und Industriemanager »vorangedacht« hatte. In erster Linie müßten individuelle Initiative und Verantwortung geweckt und gefördert werden. In Schule und Beruf müsse sich die Einstellung zu Wettbewerb, Leistung, Selbständigkeit und Verantwortungsbewußtsein ändern. Ausdrücklich wollte die Kommission die Förderung von Eliten vorantreiben. Warum ihm das nötig zu sein schien, hatte Biedenkopf der *Westdeutschen Allgemeinen Zeitung* schon 1993 gesagt: »Wir haben aus dem Blick verloren, wem wir unseren Wohlstand verdanken. Der Lebensstandard der großen Mehrheit wurde in der Vergangenheit von der Leistungsqualität einer kleinen Minderheit gesichert. Dieser Zusammenhang muß wieder stärker ins Bewußtsein gebracht werden.«

Selbständigkeit und Unternehmertum sollten mit einem erleichterten Zugang zu Risikokapital für Existenzgründer gefördert werden, empfahl die Kommission, Wagniskapital müsse günstiger besteuert werden. Die Zukunftskommission empfahl ferner eine breitere Vermögensbildung in Arbeitnehmerhand, die Einführung von Pensionsfonds und die verstärkte Beteiligung von Arbeitnehmern an Unternehmen und deren Gewinnen. Das sollte offenbar ein erster Schritt dahin sein, im Gegenzug die staatlichen Sozialversicherungen teilweise abzulösen.

Die Ergebnisse der Zukunftskommission trugen nicht so sehr Stoibers, sondern Biedenkopfs Handschrift. Der ausgewiesene Ordnungspolitiker war zeitlebens für Kürzungen im Sozialbereich auf das Minimum eingetreten und hatte weitgehend erfolglos gegen christlich-soziale Positionen in seiner Partei gekämpft, die durch Norbert Blüm und Bundeskanzler Helmut Kohl repräsentiert wurden.

Als habe er dem wirtschaftsliberalen Standpunkt Biedenkopfs etwas entgegensetzen wollen, stieg Stoiber Anfang 1997 für die sozial Schwachen in den Ring. Zu tiefe Einschnitte ins soziale System lehnte er ab. Renten sowie Sonntag-, Feiertag- und Nachtzuschläge zu besteuern hielt er für falsch. Auch von der hälftigen Finanzierung der Sozialkassen abzugehen, war er nicht bereit und wandte sich damit gegen eine Idee seines Parteifreundes, Gesundheitsminister Horst Seehofer. Als er auch noch die FDP wegen ihrer »einseitigen Interessenpolitik der sozialen Kälte« angriff, erntete er sogar Kritik aus dem eigenen Haus. Generalsekretär Bernd Protzner, Statthalter Waigels in der Partei, ließ verlauten, diese Position sei »nur Auffassung der bayerischen Staatskanzlei und des Herrn Stoiber«. Stoiber empörte sich heftig wegen dieses Eigentors Protzners. Als er selbst Generalsekretär gewesen sei, habe er gelernt, »immer auf das gegnerische Tor zu schießen und keine Eigentore zu erzielen«.

## Länderfinanzausgleich: »Beihilfe zur Konkursverschleppung«

Ausgerechnet nach Berlin? Als Edmund Stoiber im November 1995 turnusmäßig Präsident des Bundesrates geworden war, überraschte er seine Kollegen. Keiner hätte gedacht, daß der bayerische Föderalist als erstes Ziel ins Auge faßt, den Bundesrat nach Berlin zu verlegen. Hatte der Bundesrat nicht 1991 beschlossen, in Bonn zu bleiben? Und war es nicht Stoiber gewesen, der den Umzug des Bundestags vehement kritisiert hatte? Doch nun sorgte sich Stoiber, das Länderparlament könnte an Bedeutung verlieren, wenn es nicht dahin zieht, wo Bundesregierung und Bundestag sitzen. Seinen Antrag brachte er ein, ohne zuvor mit anderen Ministerpräsidenten darüber gesprochen zu haben. Aber es gelang ihm, die meisten Länder für seine Idee zu begeistern.

Auch in der Folge legte Stoiber Hand an das, was bis dato für den deutschen Föderalismus gehalten worden war. 1996 wollte Stoiber die Zahl der Länder von sechzehn auf sieben, maximal neun reduzieren. Gerade erst hatten sich Berliner und Brandenburger gegen eine Fusion entschieden. Es zeigte sich, daß Stoibers Vorstoß gegen die bisherige Überzeugung einen einfachen Grund hatte: Geld. Gemeinsam mit seinem baden-württembergischen Kollegen Erwin Teufel verlangte er in den folgenden Jahren Änderungen beim Länderfinanzausgleich.

Auf dem Parteitag im November 1997 formulierte Stoiber erstmals einen Antrag auf ein Ende der Umlagen bei der Sozialversicherung. »Es muß endlich Schluß damit sein, daß bayerische Arbeitnehmer auch über ihre Sozialabgaben die Mißwirtschaft der Herren Schröder und Lafontaine mitfinanzieren.« Damit begründete er sofort auf dem Parteitag eine Auseinandersetzung mit Horst Seehofer, der jammerte, er müsse ja den Kopf hinhalten, wenn der soziale Wagen in Ostdeutschland an die Wand fahre.

»Bossi aus dem Loisachtal« nannte die Opposition Stoiber, eine Anspielung auf den separatistischen Führer der italienischen »Lega nord«, Umberto Bossi. »Kirchturmspolitik« warf ihm sogar Parteifreund Michael Glos vor. Man dürfe, mahnte Seehofer, nicht nur »bis zur Landesgrenze in Bayern schauen«. Schnell wurde errechnet, daß ein sächsischer Durchschnittsverdiener nach Stoibers Modell künftig 45 Prozent mehr Sozialabgaben abführen müßte, damit bayerische Durchschnittsverdiener künftig ein bißchen sparen könnten. Das wäre das Ende der Solidarversicherung. Warum aber sollte künftig ein Starnberger solidarisch mit einem Viechtacher sein? Nur weil beide Bayern sind? Warum sollte dann ein zugereister High-tech-Manager in München solidarisch mit einem Giesinger Arbeiter sein, indem er höhere Beiträge als dieser abführte?

Seehofer rechnete Stoiber wenig später vor, daß Bayern bei einem Alleingang zwar 920 Millionen Mark einsparen könnte, vom Bund jedoch 600 Millionen Mark für die Krankenversicherung seiner Landwirte erhalte. Es blieben also 320 Millionen Mark übrig, keine Summe, um die ein derartiger Konflikt lohne.

Stoiber hatte kein Ohr für Einwände, er wollte Wettbewerb auch unter den Ländern. Die Frage der Regionalisierung der Sozialbeiträge schlief zwar in der Glück-Glos-Kommission ein, wohin sie delegiert worden war. Aber Stoiber weitete das Thema gleich noch aus und verwies auf die Transferzahlungen im Rahmen des Länderfinanzausgleichs. Stoiber wollte endlich die Früchte der Umwandlung Bayerns vom belächelten Agrarland zum anerkannten Industrieland ernten. Daß Länder wie das Saarland oder Bremen dauernd gefördert werden, nannte er »Beihilfe zur Konkursverschleppung«. Und Schröder warf er auf einem Wahlkampfabend im niedersächsischen Barsinghausen (wieder einmal gänzlich unzusammenhängend) vor, Geldleistungen an Asylbewerber zu zahlen: »eine interessante Art, sich aus dem Länderfinanzausgleich zu bedienen«. Auf Kosten anderer!

Von den in Bayern erwirtschafteten Einnahmen – durch wirtschaftspolitische Initiativen wie durch überdurchschnittliche Sparsamkeit –, die über dem Länderdurchschnitt lagen, durfte der Freistaat ein Drittel behalten. Zu wenig, fanden die Bayern, die in den Jahren 1950 bis 1996 rund 6,7 Milliarden Mark aus dem Länderausgleich erhalten, bis zum Jahr 2000 rund 6,2 Milliarden Mark eingezahlt hatten. Die Vergangenheit zählte jetzt, da Bayern zu einem der Zahlerländer geworden war, nicht mehr. Stoiber sah seine Aufgabe vornehmlich darin, seinen Bayern das zu erhalten, was sie selbst erwirtschafteten. Denn sein Motto lautete? Möglichst viel für die Bayern herausholen.

## Dauerfehde mit Waigel: »Sprung in der CSU«

1997 war ein schlechtes Jahr für Stoiber. Auch in Bayern schnellten die Arbeitslosenzahlen hoch, und das Verfassungsgericht blockierte den bayerischen Sonderweg entgegen dem Abtreibungskompromiß, dem die CSU-Bundespolitiker im Bundesrat zugestimmt hatten. Anders als im Bund hatten in Bayern Frauen zwei Jahre lang nach dem sogenannten Schwangerenhilfeergänzungsgesetz zwingend Gründe für ihren Abtreibungswunsch zu nennen, ansonsten wurde der Beratungsschein nicht ausgestellt. Außerdem durfte kein Arzt mehr als ein Viertel seiner Einkünfte aus Schwangerschaftsabbrüchen erzielen. Diese Maßnahmen wollte Stoiber im Gegensatz von Ärzten und Beraterinnen nicht als zusätzlichen Druck auf die Frauen verstanden wissen, sondern als Hilfe und als »konsequente Umsetzung der Vorgaben des Bundesverfassungsgerichts aus dem Jahr 1993 zum Schutz des ungeborenen Lebens«. Dabei hatte auch das Bundesverfassungsgericht festgeschrieben, daß »es der Charakter einer Beratung ausschließt, eine Gesprächsbereitschaft der schwangeren Frau zu erzwingen«.

»Das Heil für Deutschland«, rief Stoiber beim politischen Aschermittwoch 1996 den Biertischgästen zu, »ist immer vom Süden ausgegangen.« Zum Beispiel die Sieg-Heil-Bewegung, lag da manchem Beobachter auf der Zunge. Vom bayerischen Wesen soll die Welt genesen? Edmund Stoiber sieht sich in der Tat als Weltverbesserer. Wenn ihm dabei Menschen im Weg stehen, lernen diese ihn kennen, selbst wenn sie aus dem eigenen Lager kommen. Niemand hat gezählt, bei wieviel Fragen Stoiber sich in Opposition zur Bonner Regierung stellte: Europa, Währungsreform, Sudetendeutsche – immer wieder trat Stoiber

Kohls Kabinett, in dem ja auch CSU-Minister saßen, und meistens auch der CSU-Landesgruppe auf die Zehen.

Schon auf der Kreuther Klausurtagung der CSU-Landesgruppe im Januar 1996 kam es zum Eklat. Stoiber soll sich dort »wie ein Brüllaffe« aufgeführt haben, berichteten Teilnehmer, nachdem ihn die Bonner CSU-Minister wegen seiner Alleingänge angegriffen hatten. Gesundheitsminister Seehofer machte deutlich, es könne nicht angehen, daß Stoiber in München anscheinend »für das Gute und Menschliche und Schöne verantwortlich ist und die Deppen in Bonn runter müssen in die Niederungen der Politik, wo man Mehrheiten zusammenkratzen muß«. Wenn Stoiber die Krankenhausreform mit einer Deckelung der Kosten nicht mittragen wolle, gehe die ganze Gesundheitsreform den Bach runter. Tatsächlich schien es auch hier wieder so zu sein, daß Stoiber zwar Einsparungen generell anmahnte, aber wenn es die eigene Klientel trifft, jene abwehrte. Er wolle »eigene Wege« gehen, kündigte Stoiber an.

Dann griff er Seehofers Gesundheitsreform an. Auch den Postminister, Wolfgang Bötsch, soll Stoiber »brutal abgebürstet« haben, weil der bei der anstehenden Privatisierung der Telekommunikation den bayerischen Konzern Viag nicht genügend berücksichtigen wollte. Bötsch erregte sich insbesondere darüber, daß Stoiber einen an ihn geschriebenen Brief über die »ausgesprochen unsozialen« Telefongebühren der *Bild*-Zeitung zugeleitet hatte, er selbst ihn aber erst nach zweimaliger Aufforderung aus der Staatskanzlei erhalten habe.

Stoiber, so sahen es die anderen, wolle sich für höhere Aufgaben – in Bonn, aber auch in der Partei – profilieren, indem er sich an den Bundespolitikern seiner Partei rieb. Stoibers »bodenloser Populismus«, freute sich Kurt Haymann (Bündnis 90/Die Grünen), werde anscheinend auch einigen seiner Parteifreunde unerträglich. Der nächste offene Machtkampf zwischen Stoiber und Waigel stehe bevor. Er sollte tatsächlich kommen.

Immer wieder stießen die beiden Männer der angeblichen Doppelspitze der CSU zusammen. Seit dem kleinen Parteitag in Fürth 1997 mußte Waigels Generalsekretär Protzner wegen seiner zahlreichen Fehlleistungen einen Vize-Generalsekretär neben sich dulden, den Stoiber-Mann Joachim Herrmann. Und auch Waigel selbst wurde von Stoiber kritisiert. Die Bonner Reformprojekte lobte er zunächst, um sie anschließend doch zu zerpflücken. Eine Reform, die den Grundkonsens in der Bevölkerung mißachte, laufe Gefahr zu scheitern. Waigels Steuerreform sei zwar ein großer Wurf, aber: die geplante Besteuerung der Nachtzuschläge böte der Opposition Angriffsflächen, die Entfernungspauschale dürfe nicht zu gering angesetzt werden, und die Besteuerung der Renten sei zwar nachvollziehbar, aber in der Bevölkerung ohne Akzeptanz. Im Saal hätte man eine Stecknadel fallen hören können, und Theo Waigel blickte vom Vorstandspodium starr geradeaus.

Seit den Tagen von Fürth wußte Stoiber auch von Waigels Idee, die Bundesfinanzen aufzupäppeln, indem die Goldreserven der Bundesbank neu, also höher bewertet werden sollten. Stoiber hatte zugestimmt. Als aber die Bundesbank heftig widersprach und auch die Stimmung in den Medien sich gegen Waigel zu richten begann, schwenkte Stoiber um und wollte diese Art von »kreativer Buchführung« zwecks Erfüllung der Maastricht-Kriterien nicht mehr mitmachen.

Dauernd geprügelt zu werden, und das auch noch aus dem eigenen Lager, das hält der stärkste Finanzminister nicht aus. Im Sommer 1997 regte Waigel an, Helmut Kohl solle sein Kabinett noch vor den Bundestagswahlen 1998 umbauen, um mit einer frischen Mannschaft in den Wahlkampf ziehen zu können. Offenbar wollte Waigel bei solch einem Revirement am liebsten das Finanzministerium hinter sich lassen und ins Außenministerium wechseln. Stoiber weilte im Urlaub in Andalusien, was ihn allerdings in den Jahren zuvor nie gehindert hatte, zu wichtigen Fragen seinen Beitrag zu leisten. Doch dieses Mal schwieg er und sah aus der Ferne zu, wie Kanzler Kohl mehrere Machtworte sprach – und Waigel düpiert war. Er mußte weiter Finanzminister bleiben. Ohne Stoibers Zutun war Waigel zusätzlich beschädigt.

Waigel gehörte ohne Zweifel zu den »am meisten geplagten und geprügelten Politikern der Koalition« (Wolfgang Schäuble), und Stoiber gehörte zu seinen ersten Peinigern. Schon für den

Parteitag im Herbst befürchteten viele den letzten Showdown der beiden Kontrahenten. Weil Stoiber so oft dementierte, er wolle auch das erste Parteiamt haben, fragten sich viele, weshalb es denn überhaupt die Notwendigkeit zu solchen Dementis gebe. »Was geschieht«, fragte sich das Parteivolk im Frühjahr, »wenn der Theo noch einmal am Aschermittwoch von der Basis ausgepfiffen wird? Dann wird der Edmund seine Pflichten wahrnehmen müssen.« Und was, wenn der Theo schwach wird? Wenn er sich um seine neugegründete, zweite Familie kümmern will und den ganzen Bettel hinschmeißt? Dann müsse man überlegen, wer neuer Parteivorsitzender wird. Was, wenn der Stoiber, der Ungeduldige, vorprescht? Waigel feuerte einen Warnschuß ab: »Wenn er das täte, dann würde das zu einem Sprung in der CSU führen, von dem sie sich bis zum Herbst 1998 nicht erholen würde.« Der Sprung wird im süddeutschen Dialekt als Riß verstanden, und im Herbst 1998 standen neben den Bundestags- auch Landtagswahlen an. Es kam weder zu einem Sprung noch zu einem Riß, aber der Graben zwischen Stoiber und Waigel war nunmehr unüberbrückbar.

## Steilvorlage für Kohl: »Lokomotive für Deutschland«

In den Spätsommerwochen 1998 lebte Stoiber in großer Sorge. Seine Zukunft stand auf dem Spiel, jedenfalls die als Politiker. Die Stimmung in der Bonner Unionsfraktion war nicht gut, auch weil Helmut Kohl darauf bestanden hatte, noch einmal anzutreten, standen die Zeichen auf Wechsel. Um nicht in Kohls Sog nach unten zu geraten, vermied Stoiber auch vor diesen Wahlen jede Nähe zum Bundeskanzler. Bei keiner der zahlreichen Wahlveranstaltungen stand Kohl neben Stoiber, der bei den Landtagswahlen auf ein Ergebnis über fünfzig Prozent hoffte. Dann wäre in der Zukunft alles möglich, ließ Stoiber hören, beteuerte aber, dabei nur an die Bundestagswahl zwei Wochen später zu denken. Er wolle der Union eine »Steilvorlage« liefern. Bei weniger als fünfzig Prozent wäre Stoiber ein Verlierer, selbst wenn er in Bayern weiter regieren könnte. Stoiber tat, was er in solchen Situationen immer tat: Er reiste durchs Land, von Bierzelt zu Festzelt, und verkündete seine Botschaft: Bayern ist besser, mir san mir. Laptop und Lederhose, Kühlturm und Kirchturm. Zukunft und Tradition. Die Industrie lobte, daß Stoiber einer der wenigen Politiker sei, der sich als Manager begreife und präsentiere. Davon gab es wenige, ein anderer war der Kanzlerkandidat der SPD, Gerhard Schröder.

Trotz der miesen Stimmung in der Union gelang es Stoiber in Bayern, »die Kastanien aus dem Feuer zu holen«: 52,9 Prozent, drei Sitze mehr als im letzten Landtag für die CSU, 123. Stoiber wählten auf der Oberbayernliste 100 000 Menschen mehr als seinerzeit Strauß. Aber nach diesem grandiosen Wahlsieg war schnell wieder Aschermittwoch. Die CDU redete sich um die letzten Chancen für die anstehende Bundestagswahl, indem Theo Waigel und Claudia Nolte über eine Mehrwertsteuererhöhung fabulierten, die tatsächlich kommen, aber erst nach den Wahlen verkündet werden sollte. Da galt Stoiber als Hoffnungsträger, und nicht wenige hätten, wäre es denn möglich gewesen, schnell noch den Kandidaten ausgetauscht. Daß CDU-Abgeordnete wie Erika Steinbach oder Renate Blank und Dionys Jobst (CSU) Stoiber vor den Wahlen offen als Kohls Nachfolger nannten, hat dessen Wahlchancen sicher nicht verbessert. Blank titulierte Stoiber »Lokomotive für Deutschland«. Und selbst Kohl, der Stoiber ein Jahr zuvor als »Münchner Populisten« bezeichnet hatte, der »ungewöhnlich töricht« daherrede, attestierte Stoiber, »für alle politischen Ämter qualifiziert« zu sein. Innenstaatssekretär Alfred Sauter, damals noch bedingungsloser Anhänger Stoibers und voller Hoffnung auf ein Ministeramt, bestätigte, Stoiber habe auch schon vor dieser Wahl »das Zeug zum Kanzler« gehabt.

Am Abend des 27. September saß Edmund Stoiber im Tribünen-Restaurant der Münchener Galopprennbahn und verfolgte auf einem Bildschirm die *Bonner Runde.* Nachdenklich wirkte er, in sich gekehrt. Am nächsten Morgen – es war sein 57. Geburtstag – bot ihm Theo Waigel, der mit der Bundesregierung diese Wahl verloren hatte, den Parteivorsitz an. Öffentlich allerdings setzten sich bis hin zum Parteitag im Januar 1999 die Nadelstiche fort, Waigel brachte es nicht fertig, Stoiber den Delegierten als seinen Nachfolger zu empfehlen. Und so mußte Stoiber selbst den Hut in den Ring werfen, und kein anderer tat es ihm nach. Als es vorbei war, rechnete Waigel noch einmal ganz leise ab und beklagte den »politischen und publizistischen Mißbrauch eines Lebensschicksals«, nämlich das seiner ersten Frau, das 1993 gegen ihn benutzt worden war. Zu Stoiber sagte er: »Du hast es leichter als ich, weil du einen direkten Draht zum Ministerpräsidenten hast und der immer hinter dir steht.«

Stoiber beurteilt heute Waigels Anwürfe stoisch: »Er hat manches sehr persönlich genommen. Darin unterscheiden wir uns.«

# 7

## Opposition aus Bayern: »Partei der demokratischen Rechten«

Woher sollte nach dieser Wahlniederlage das »Heil für Deutschland« kommen? Die neue Regierung war dafür nach Stoibers Meinung nicht geeignet. In der CDU war eine Ära zu Ende gegangen. Sie sollte mit der Neuordnung noch genug Schwierigkeiten bekommen. Wolfgang Schäuble hatte er schon 1995 abqualifiziert: »Der bringt es nicht.« Das Heil wird aus Bayern kommen, ist sich Stoiber sicher.

Konsequent trimmte er sein Kabinett und auch die Parteizentrale zu einem Oppositionsinstrument gegen die Bundesregierung. Kurt Faltlhauser, jahrelang Staatssekretär im Bonner Finanzministerium, sollte alle Pläne Oskar Lafontaines begutachten. Günther Beckstein, wieder Innenminister, bildete den bayerischen Gegenpart zu Otto Schily, der sich dem Franken aber rasch annäherte. Der bisherige Finanzminister Erwin Huber sah sich als Staatsminister in der Staatskanzlei auch verantwortlich für die Partei, deren Generalsekretär der bisherige Umweltminister Thomas Goppel wurde. »Edmund Stoiber hat mir eine halbe Stunde lang erklärt, warum ich ein sehr guter Minister bin«, plaudert Goppel, »bevor er mir eröffnet hat, daß ich jetzt Generalsekretär werde.« Von dem kommunikativen, verbindlichen Mann versprach sich Stoiber, die Partei nach den jahrelangen Streitereien wieder einen zu können. Das Justizressort übernahm Alfred Sauter, der nach Waigels Demission nun doch noch zu Ministerehren kam, worauf er lange Jahre, wenn auch allerseits für fähig befunden, vergeblich gewartet hatte. Er sollte es nicht lange bleiben. Hans Zehetmair wollte Stoiber dagegen abservieren, indem er sein Ministerium teilte, wie er das mit Strauß und Tandler schon bei Hans Maier erfolgreich durchexerziert hatte. Stoiber wünschte wohl statt Zehetmair den Präsidenten der Technischen Universität München, Wolfgang-Anton Herrmann, als Wissenschaftsminister. Zehetmair fand sich mit der Beschneidung seiner Kompetenzen ab und wich nicht.

Am auffälligsten aber war der fortgesetzte Versuch, dem Ministerpräsidenten selbst ein neues Image zu geben. »Die Position eines Generalsekretärs oder auch eines Innenministers ist immer auch eine polarisierende, die Funktion eines Ministerpräsidenten eine integrierende«, sagt Stoiber heute. »Mit 59 Jahren bin ich nicht mehr so wie mit 30.« Und er wiederholt für alle, die es immer noch nicht wissen: »Ich komme ja auch aus kleinen Verhältnissen. Ich habe mir alles erarbeiten müssen. Glück gehabt, wenn Sie so wollen, Glück, daß ich meine Frau gefunden habe, sie ist für mich die halbe Miete.«

Trotz Altersdankbarkeit hat er von seiner Härte in der Sache freilich nichts verloren: »Das spüren die Leute, daß ich von dem, was ich sage, überzeugt bin. Die Leute spüren, daß ich um das kämpfe, was ich meine. Und das ist vielleicht eine meiner Stärken.« Seit die SPD sich geriert wie eine Wirtschaftspartei, stilisiert sich Stoiber als letzter Sozialdemokrat: »Wir haben uns nicht geändert. Die katholische Soziallehre und evangelische Sozialethik sind immer noch ein wichtiger Maßstab.« Er selbst habe schon immer »ein starkes soziales Empfinden. Das kommt wahrscheinlich daher, wenn man sich so hart durchbeißen muß.« Auch die Partei erhielt in den letzten Jahren einen neuen Anstrich: »Die CSU ist die Partei der kleinen Leute. Wir sind nicht die Partei des großen Geldes. Ich bin stolz darauf, daß ich in Bayern die Mehrheit bei den Arbeitern habe.«

Geradezu zwanghaft suchte Stoiber sich von der CDU abzusetzen, der Verliererpartei, die bundesweit nur noch 32 Prozent der Stimmen sammeln konnte (auch die CSU kam nur auf vergleichsweise schwache 48). Während Generalsekretärin Angela

Merkel ihrer Partei verordnete, sie müsse die Mitte zurückerorbern, erklärte Stoiber genau das Gegenteil. Die Union betrachte sich »zu stark nur als eine Partei der Mitte und nicht auch als eine Partei der demokratischen Rechten«. Seit Merkel, nicht gerade zur Begeisterung Stoibers, zur neuen CDU-Parteichefin gewählt worden war, bemüht er sich um ein Bild der Eintracht.

Vielleicht war es der Versuch, Eigenständigkeit zu beweisen, der ihn im Jahr 2000 zu einem verhängnisvollen Schritt bewog. Nachdem die Freiheitliche Partei Österreich (FPÖ) von Jörg Haider in Wien an der Regierung beteiligt wurde und das Land scharfer internationaler Kritik ausgesetzt war, sprang Stoiber für Bayerns Nachbarn in die Bresche. Den Sanktionsbeschluß der EU-Staaten nannte er in seiner Regierungserklärung vom 22. März 2000 eine »unerträgliche und beispiellose Einmischung in die ureigensten inneren Angelegenheiten eines zutiefst demokratischen und rechtsstaatlichen Landes«. CDU-Chef Wolfgang Schäuble war über Stoibers Rede »nicht glücklich« und verwies, auch um Stoiber zu schützen, auf das Prinzip der Nichteinmischung. Gerhard Schröder empfahl Stoiber, darauf zu achten, nicht in eine »gefährliche Nähe« zu dem österreichischen Rechtspopulisten zu geraten. Doch da stand Stoiber längst. Im Herbst hatte er der Österreichischen Volkspartei (ÖVP) geraten, die große Koalition zu beenden und es einmal mit der FPÖ zu probieren. Schon 1991 hatte Peter Gauweiler, damals noch nicht verstoßen, Kontakt zu Haider gepflegt, und Stoiber wünschte sich eine engere Zusammenarbeit mit diesem.

Nun also, nachdem die CSU längst erkannt hatte, daß sich Haider in der Vergangenheit mehrfach diskreditiert hatte, wollte man zwar nicht mehr mit ihm kooperieren, aber etwas anderes konnte man demonstrieren: Wie sehr Brüssel und natürlich auch das wieder »sozialistisch« regierte Berlin über die Regionen zu dominieren strebten. Beifall aus der Parteibasis war Stoiber dafür sicher, und die einfältigeren unter den CSU-Mitgliedern, die ebenso begeistert Strauß-Devotionalien sammeln wie Aktuelles von und über Haider, konnten Stoibers Einsatz für

Österreich als Loyalität zu Haider verstehen, wenn sie wollten. Die etwas weitsichtigeren mochten immerhin Stoibers Argument folgen, Europa vergreife sich am kleinen Österreich, über Italien und die dortige Koalition Berlusconis mit den Neofaschisten aber hätte Brüssel geschwiegen.

## Doppelte Staatsbürgerschaft: »Blutige Kämpfe«

Mit populistischen Aktionen gelang es Stoiber in den ersten Wochen des Jahres 1999, sich als erster Oppositionspolitiker der Union zu profilieren. Auf der Klausurtagung der CSU-Landesgruppe in Wildbad Kreuth ließ er seinen Staatskanzleiminister Erwin Huber tönen, der Freistaat werde seine Unterstützung für den Osten wegen der fortgesetzten Zusammenarbeit zwischen SPD und PDS aufkündigen. Damit hatte Stoiber schon einmal gedroht, nachdem jeder fünfte Ostdeutsche auch fünf Jahre nach der Wende noch für die SED-Nachfolgepartei gestimmt hatte. Schließlich, reichte er später nach, gebe es auch in Bayern strukturschwache Gebiete. Das also sei kein Argument. Huber wollte prüfen lassen, ob Bayern den »Kommunismus-Aufbau-Ost« weiter mitbezahlen werde, wenn der Föderalismus auf derartige Weise mißbraucht werde. Klug war das nicht, denn wenn die PDS-Stimmen das waren, als was sie damals dargestellt wurden, nämlich Proteststimmen, dann war Stoibers Strafaktion sicher nicht geeignet, dieses Verhalten zu ändern.

Vor allem aber machte sich Stoiber zum Sprecher einer Bewegung in der Union, die sich gegen die von der Bundesregierung geplante doppelte Staatsbürgerschaft formierte. Wenn Staatsangehörigkeit nur noch eine Frage der Wartezeit oder des Geburtsortes würde, dann diene das nicht der Integration, sondern im Gegenteil der Spaltung, hatte er schon bei seiner Regierungserklärung im Herbst 1998 gewarnt, ohne dazu zu sagen, wie er zu dieser Prophezeiung kam. Ausländerkinder der dritten Generation, die sich wirklich integrieren wollten, könnten dies unter Aufgabe der alten Staatsbürgerschaft tun. Wer dazu nicht bereit sei, zeige damit, daß es ihm nur um weitere Vorteile gehe.

Ausländern nach acht Jahren die deutsche Staatsbürgerschaft zu geben, ohne einen Integrationsnachweis, sprich also die Aufgabe der alten, hielt Stoiber für den falschen Weg, ja sogar für einen gefährlichen – der sei noch viel gefährlicher als »bei der RAF in den siebziger und achtziger Jahren«. Er malte den Teufel, nämlich eine »Gefährdung der Sicherheitslage« und »blutige Kämpfe« an die Wand.

Was nun hatte Stoiber eigentlich gesagt? Daß alle Ausländer Terroristen sind? Das konnte er kaum gemeint haben, zumindest hätte er so etwas nicht aussprechen dürfen, selbst wenn er es meinte. Nein, Stoiber hatte eine ganz bestimmte Gruppe im Visier, die Kurden. PKK-Chef Abdullah Öcalan hatte doch selbst einmal gesagt, wenn er die PKK in Deutschland von der Leine lasse, dann sei das gefährlicher als die RAF. Sind also alle in Deutschland lebenden Kurden PKK-Aktivisten? Würden die noch gefährlicher, wenn sie einen deutschen Paß hätten? Wollten sie überhaupt einen? Fragen über Fragen, und Stoiber konnte sie nicht beantworten. Statt dessen hatten er und die Union wieder einmal dem Wahlvolk nach dem Mund geredet.

Stoiber initiierte eine Unterschriftenaktion gegen den »Doppelpaß«, nachdem er im Jahr zuvor sogar für einen Volksentscheid geworben hatte. Drei Wochen vor der ersten Landtagswahl nach dem Debakel im Bund unterstützte vor allem Hessens Spitzenkandidat Roland Koch Stoibers Aktion, weil er hoffte, auf diese Weise doch noch das Ruder herumreißen und die kaum gewinnbare Wahl doch noch erfolgreich bestehen zu können.

Andere zeigten sich besorgt. Richard von Weizsäcker zum Beispiel mahnte, mit einer derartigen Unterschriftenaktion könne man »beim besten Willen nicht vermeiden, Ausländer-raus-Instinkte zu schüren«. Und der Vorsitzende der rechtsradikalen DVU klagte auf der anderen Seite beleidigt, die Argumente der Union kämen ihm vor wie »aus dem DVU-Programm abgekupfert«. CDU-Chef Wolfgang Schäuble hatte demzufolge Bedenken, Stoibers Aktion zuzustimmen. Er fürchtete Beifall von ganz rechts, ließ sich aber zu einer Zustimmung überreden.

In seiner Abrechnung »Mitten in Leben« reklamiert Wolfgang Schäuble allerdings die Urheberschaft für die Unterschriftenaktion. Stoiber sei nach einem Gespräch vor Weihnachten, bei dem er ihm seine Idee anvertraut habe, sofort damit herausgeplatzt. All seine Zeitpläne, klagt Schäuble, seien über den Haufen geworfen worden. Die mit Wucht ausgebrochene Debatte der »Moralapostel der Republik« habe die Union völlig unvorbereitet getroffen.

Stoiber ließ die Kritik, der sich auch der Union wohlwollende Zeitungen anschlossen, an sich abperlen. Er erklärte, auch die SPD habe es immer zugelassen, »daß irgendwelche Chaoten mit ihr demonstrieren«. Doch dieses Mal demonstrierte die Union, schließlich ging es darum, »die Befindlichkeit der einfachen Menschen zur Kenntnis zu nehmen«, wie Stoiber auf dem Parteitag im Januar 1999 erklärte, der ihn gerade zum Parteivorsitzenden gewählt hatte. »Wir dürfen denen nicht durchgehen lassen, daß alles, was mit nationalem Selbstverständnis zu tun hat, als ›rechts‹ diffamiert wird.« Schließlich sei es so: »Wer die Stammtische diffamiert, der diffamiert die Bevölkerung.«

Sogar Berlins Regierender Bürgermeister Eberhard Diepgen, der seit Jahren für eine doppelte Staatsbürgerschaft (nicht allein für die zahlreichen Türken in Kreuzberg) geworben hatte, mußte Unterschriften sammeln lassen. Jürgen Rüttgers wußte nicht mehr, wie er glaubhaft seine »Arbeitsgruppe Integration« leiten sollte, und verwirrte dabei so sehr, daß er später auf den unsäglichen Reim »Kinder statt Inder« verfiel. Junge Parlamentarier rügten, daß über die Mitglieder der Partei hinweg entschieden worden sei.

Drei Wochen später waren alle Bedenken vergessen. Hessens CDU siegte am 7. Februar, die Union jubelte über eine neuerliche Wende, und Edmund Stoiber durfte sich einen Triumph ans Revers heften. Auch er war einer der Gewinner dieser Wahl und aller Erfolge für die Union im Jahr 1999. Möglicherweise, deutete er an, müsse die CDU jetzt auch in anderen Bereichen auf die CSU einschwenken. Fürs Volk formulierte er an Aschermittwoch in Passau, wohin der Weg gehen sollte. Die SPD wolle Ehe und Familie herabsetzen, den Ladendiebstahl bagatellisieren und Heroin auf Krankenschein verteilen. Dazu, klar, sagte das Volk nein. Aber Schröder, so Stoiber, bewege sich ja auch in den Kaviar- und Champagneretagen, während er in der Leberkäsetage säße. Menschen, die nichts sehnlicher wünschen, als daß alles so bleibt, wie es ist, die, eine Maß vor sich, stark in der Masse sind, plichteten Stoiber bei. Stoiber schätzt sie, und vor allem aber braucht er sie. »Die Leberkäsetage ist stärker!«

## Loyalität bröckelt: »Nur noch die Hand heben«

Jeder »kleine« Mann, jede »kleine« Frau zählt am Wahltag so viel wie ein Industriemanager. Ja, Stoiber ist einer, der Marktbedürfnisse identifiziert und dann versucht, Akzeptanz zu schaffen, wie der Passauer Politologe Alf Mintzel herausgefunden hat. Ob er Bayern führt wie einen Großkonzern, ist fraglich. Ebenso fraglich ist eine Führung im Sinne eines klar formulierten Ziels, auf das der Vorsitzende und Ministerpräsident ohne Zögern zumarschiert.

Läßt sich Stoiber von der Masse führen? Stoiber kritisiert ja an der repräsentativen Demokratie, daß sie »nicht immer aktuell die Empfindungen der Mehrheit der Menschen widerspiegeln kann«. Möchte Stoiber dieses Defizit der Demokratie beheben? Wer die Klagen aus den Ministerien und von der CSU-Landtagsfraktion hört, dem drängt sich dieser Eindruck auf. Da regiert einer wie ein Volkstribun, als Interessenvertreter der Plebejer. Der bajuwarischen allerdings. Denn wenn man, wie Stoiber, Oberbayern kaum je wirklich verlassen hat, dann ist Volkes Meinung allerdings eine eingeengte, eine unvollständige. Norddeutschland, das ist eine Binse, denkt anders.

Stoibers ehrgeiziges Streben fand nicht einmal in den eigenen Reihen Zustimmung. Im April 1999 begehrten einige Abgeordnete der CSU gegen Stoibers eigenmächtigen Regierungsstil auf. »Wenn der Ministerpräsident eine Idee äußert, dann stolpern

Legionen von Mitarbeitern in den Ministerien davon, um so schnell wie möglich irgendwas umzusetzen, egal was«, schrieb der Abgeordnete Eberhard Sinner an Fraktionschef Alois Glück. »So etwas nennt man vorausstolpernden Gehorsam.«

Auch ein Unternehmer bestätigte den übertriebenen Aktionismus des von Stoiber angetriebenen Beamtenapparats. Die *Nürnberger Nachrichten* berichteten, der Allgäuer habe Stoiber am Rande einer Wahlveranstaltung von den Problemen vor Ort erzählt. Stoiber versprach Abhilfe. Der Unternehmer soll seinen Redeschwall bitter bereut haben. Drei Wochen lang schwirrten Stoibers fleißige Bienchen um die Firma herum und haben »einen unglaublichen Wirbel verursacht. Wir sind nicht mehr zum Arbeiten gekommen.«

Über das Kopfschütteln eines Vasallen hinaus, der mit der gutgemeinten Unterstützung seines Regierungschefs nicht zurechtkommt, hat Stoibers fiebriges Agieren allerdings Folgen. Stoiber, sagen viele aus der Partei, wolle immer an der Spitze der Prozession marschieren, egal wohin sie geht. Das führt zu raschen Änderungen der Politik, die damit unberechenbar wird, aber auch zu Schnellschüssen, die in vielen Fällen zu Rohrkrepierern werden. Sein Widersacher Theo Waigel ist bis heute der Meinung, daß auf Dauer nur erfolgreich ist, wer auch durchsetzt, was er fordert. Stoiber habe zwar viele Ideen, konzediert Waigel, aber er führe keine zu Ende.

Je größer der Druck wird, Erfolg haben zu müssen, desto schneller dreht sich das Rad. Eine demokratische Einrichtung, die den Gang der Geschichte eigentlich kritisch begleiten soll, fühlte sich dabei oft übergangen. Nicht die Landtagsfraktion der SPD begehrte auf, sondern die der CSU. Sie sah sich nur noch als Abnickverein: »Wir dürfen halt noch die Hand heben.« Und auch in Ministerien wuchs die Frustration, vor allem in subalternen. Stoiber mache zu viel zur Chefsache, hieß es. Immer mehr Kompetenzen maße sich die Staatskanzlei an, sie ziehe immer mehr Arbeiten der Fachressorts an sich. Umweltminister Werner Schnappauf etwa habe sogar eine Pressemeldung zur neuen Biergartenverordnung von der Pressestelle der Staatskanzlei absegnen lassen müssen. Stoiber, der auch in seiner

Staatskanzlei am liebsten alles durch seine Hände laufen läßt, würde das Prozedere »fachliche Abstimmung aller beteiligten Stellen« nennen.

Auch in der CSU-Landesleitung saß plötzlich ein »Wachhund« Stoibers. Michael Höhenberger wurde als Beamter vorübergehend beurlaubt, um neben Generalsekretär Thomas Goppel in der bis dahin von Theo Waigel dominierten Zentrale in der Nymphenburger Straße nach dem Rechten zu sehen.

Volksentscheide gehörten damals zu Stoibers neuer Strategie, mit der er hoffte, die Politik der rot-grünen Regierung auszuhebeln. Wenn er sich in seinen bayerischen Ortsvereinen umhörte, dann schien das auch eine vielversprechende Idee zu sein, um sich gegen rot-grüne Reformen zu stemmen. Allerdings droht diese Form der direkten Demokratie auch die repräsentative Demokratie zu unterminieren. Und deshalb opponierten die Repräsentanten, sogar die von der CSU. In Wildbad Kreuth wurde vereinbart, über den Volksentscheid erst einmal ausführlich intern zu diskutieren, wenige Tage später verwendete sich Innenminister Beckstein für Stoibers neues Instrumentarium, und Fraktionschef Glück nannte es »allmählich doch eine Zumutung«, wie Stoiber darauf spekuliere, daß er sich schon loyal verhalte.

Der gebeutelten Schwesterpartei gab Stoiber dagegen anscheinend wieder Hoffnung. Was jetzt zählte, waren Wahlsiege, und die Kampagne zur Staatsbürgerschaft hatte für den ersten gesorgt. In Erfurt gelang es Stoiber im April 1999, den CDU-Parteitag zu entern. Die Politik der Regierung, Truppen ins Kosovo zu schicken, nannte er zwar richtig, was aber Bodentruppen anbelangt, da wolle er »hoffen, daß konvertierte Pazifisten nicht plötzlich zu Aktivisten einer Stahlhelmfraktion werden«. Er erntete Beifallsstürme. Sein Grußwort geriet ihm zu einer Rede, und die Delegierten hingen an seinen Lippen. »Europa muß man richtig machen« hieß das Motto, und von der Kriegszone schweifte Stoiber der »europäischen Friedenszone« zu. Noch bevor Volker Rühe, der sich noch Hoffnungen auf das Erbe Kohls machte, für einen »Verfassungsvertrag« werben konnte, lehnte Stoiber eine Verfassung für Europa ab. Hier wurde auch dem letzten klar: Stoiber ist der neue Hoffnungsträger der Union, der künftige Kanzlerkandidat. »Alles läuft auf Stoiber zu«, titelte die *Bild am Sonntag.*

Seine Parteifreunde stützten diese Einschätzung. Nachdem Rühe wenig später versprochen hatte, volle vier Jahre in Schleswig-Holstein zu bleiben, falls die CDU und damit er in Schleswig-Holstein den Regierungsauftrag erhielten, wußte Seehofer: »Jetzt kommen nur noch Edmund Stoiber und Wolfgang Schäuble als Kanzlerkandidaten in Frage.« Die Erfahrung mit Franz Josef Strauß bedeute nicht, daß sich die CSU von vornherein abmelde. »Wir sind zwar in Bayern zu Hause, haben aber sehr wohl einen bundespolitischen Anspruch.«

## Steuern runter: »Höhere Staatsschulden akzeptieren«

Um den landespolitischen Anspruch zu unterstreichen, übte Stoiber im Sommer 1999 an der Bonner Steuerreform, die sich gar nicht mehr so sehr von derjenigen der vorherigen Regierung unterschied, reichlich Kritik. Ein Bäckermeister, klagte er wiederholt, habe bei einem Gewinn von 50 000 Mark bisher 3200 Mark Steuern bezahlt, künftig müsse er 12 500 Mark abführen. Einer Journalistin gab er sein Zahlenmaterial mit, das Aufschlüsse darüber gab, wie Stoibers Mannschaft ihm zuarbeitete. Und es zeigte, wie Stoiber es zu gebrauchen beliebte, obschon die Autoren in dem Konvolut ausdrücklich vor einem unkritischen Gebrauch der Zahlen warnten: »Bei dem derzeitigen Kenntnisstand sind alle Modellrechnungen mit einem sehr hohen Prognoserisiko verbunden.« Nicht realistisch sei es, daß die rot-grüne Koalition ein Konzept vorlegen werde, das kleine und mittlere Unternehmen belaste. Auch der neue Kanzler hatte sich ja die Förderung der Klein- und Mittelständler ins Programm geschrieben. Stoibers Beamte haben deshalb »erneut eindringlich davon abgeraten, pauschal zu behaupten, das Eichel-Konzept führe für Einzelunternehmer und Personengesellschaften grundsätzlich oder bis zu einer bestimmten Höhe des Gewinns zu steuerlichen Mehrbelastungen«.

Stoiber schickte seinen Finanzminister Kurt Faltlhauser vor. Dessen Vorschläge sahen niedrigere Steuersätze vor, 35 Prozent Höchstsatz und 19 Prozent Einstiegssatz. Daß bei derart großzügigen Abschlägen der Staat sich zusätzlich verschulden würde, war für Stoiber kein Hinderungsgrund. In der Übergangszeit, ließ er wissen, müsse der Staat dies akzeptieren. Faltlhausers Konzept stand damit deutlich im Gegensatz zum vormaligen CSU-Sparminister Waigel. Dagegen bemerkte die Öffentlichkeit eine gewisse Nähe zu zwei Männern, denen Stoiber bis dahin überhaupt nicht hatte folgen wollen: John Maynard Keynes und dessen deutschem Apologeten, dem inzwischen zurückgetretenen kurzzeitigen Finanzminister Oskar Lafontaine, die durch Steuernachlässe für die Masse die Nachfrage beleben wollten. Ein wesentlicher Unterschied fiel bei bayerischen Konzept ins Auge: Faltlhauser und Stoiber wollten in erster Linie die Besserverdienenden entlasten.

Die Steuerreform bot Stoiber auch in den folgenden Monaten Anlaß zu Hoffnung, der Bundesregierung endlich eine Niederlage beibringen zu können. Die Reihen der Unionsländer schienen fest geschlossen, als die Abstimmung im Bundestag anstand. Doch Kanzler Gerhard Schröder fand Schwächen in der Unionsfront. Er sagte den Stadtstaaten Bremen und Berlin Unterstützung beim Streit um den Länderfinanzausgleich zu, was Uneinigkeit zwischen unionsregierten Geber- und Nehmerländern offenbarte. Einigen Ländern sagte Schröder finanzielle Hilfen zu. Die Vorsitzende der CDU, Angela Merkel, die noch am Tag versichert hatte, die Unions-Front sei unverbrüchlich, und Fraktionschef Friedrich Merz mußten eine schwere Schlappe einstecken. Aber auch Edmund Stoiber, der sich in den folgenden Tagen merklich zurückhielt, hatte ein paar Kratzer abbekommen.

Im September 2000 boten zwei Entwicklungen endlich wieder Chancen, lautstark gegen die Bundesregierung vorzugehen: die Schwäche des Euro und die Höhe der Benzinpreise. Die Themen waren Stoiber auf den Leib geschneidert. Seine Angriffe richtete Stoiber auf die Ökosteuer, die zwar nur sechs Pfennig von zwei Mark pro Liter Benzin ausmachte, aber die letzte wichtige Vereinbarung der Koalition war, an welcher der kleinere Partner seine grüne Identität noch festmachte. Außerdem war diese Kampagne nicht neu, den Bürgern also vertraut, aber mit steigendem Benzinpreis ließ sich die Wut der Automobilisten auf die Ökosteuer fokussieren. Als auch in Deutschland die Lastkraftfahrer Straßen blockierten, zeigte sich die Regierung beeindruckt und kündigte Maßnahmen für sozial Schwache sowie eine höhere Kilometerpauschale für Fahrten zum Arbeitsplatz an. Stoiber nannte es einen Witz, Steuermittel auszugeben, um Steuererhöhungen abzumildern. Als er nach Verbündeten suchte, erlebte er eine Überraschung. Nicht genug, daß die Wähler auf Stoibers Unterschriftenaktion gegen die Ökosteuer kaum ansprangen. Ausgerechnet die Chefs der Automobilindustrie ließen ihn im Herbstregen 2000 stehen. Alle Länderchefs hatte Stoiber geladen und die Vorstandsvorsitzenden der Autoindustrie. Doch die Manager hatten keine Zeit. Sie befürchteten, daß sie vor einen Karren gespannt werden sollten, und sie wußten, daß die Benzinpreissteigerungen nicht durch die Ökosteuer, vielmehr durch den hohen Dollarkurs und die Politik der Ölkonzerne und der Opec verschuldet waren. Was sie mit der Politik zu besprechen hatten, war längst besprochen: in einem internen Gespräch mit dem Autokanzler.

## LWS:
## »In Panik geraten«

Daß die Partei auch in den folgenden Monaten immer wieder aufbegehrte, hatte Gründe: Im letzten Jahr vor dem Wechsel ins neue Jahrtausend fuhr die »Lokomotive« Stoiber gegen zahlreiche Hindernisse, der Lack blätterte an manchen Stellen ab. Die Fusion der Hypobank mit der Bayerischen Vereinsbank war als Rettung des Finanzplatzes München gefeiert worden, weil Deutsche und Dresdner Bank Interesse signalisiert hatten und München Gefahr lief, nur noch eine Filiale Frankfurts zu sein. Stoiber hatte die Fusion persönlich mitbefördert, indirekt hatte der Freistaat über Landes- und Forschungsstiftung und Viag

Anteile übernommen. Der Aktientausch wurde steuerfrei genehmigt, und Jürgen Krumnow, Vorstandsmitglied der Deutschen Bank, staunte, was in München alles möglich ist. Immerhin hatten Bayerns Finanzbehörden den Aktientausch als steuerneutral bewertet und auf fünf Milliarden Mark Körperschaftssteuern verzichtet.

Nun wurde bekannt, daß schwere Immobilien-Altlasten der ehemaligen Hypobank in der Bilanz verschwiegen worden waren. Nachdem ein Sondergutachten dies bestätigt hatte, traten mehrere Mitglieder des Vorstandes und des Aufsichtsrates der Hypo-Vereinsbank zurück, darunter auch der frühere Hypochef, Eberhard Martini, der im Aufsichtsrat der fusionierten Bank saß. Die Opposition nannte den Zusammenschluß eine »Sanierungsfusion« und spottete, der »Heiratsvermittler« Stoiber solle sich einen anderen Job suchen.

Die Übernahme von Rover durch BMW – ein Fiasko, wie sich bald herausstellte – hatte Stoiber ebenfalls befürwortet. Es führte zur Kündigung von zwei Managern, von denen einer, Wolfgang Reitzle, zum Konkurrenten Ford wechselte. Die Viag-Aktien, die seit der Übernahme des Bayernwerkes an der Börse rasant zugelegt hatten, verloren nach einer geplatzten Fusion mit der Schweizer AluSuisse-Gruppe – Stoiber verhandelte kräftig mit – an Wert. Auch die Landesbank verlor 1,3 Milliarden Mark, weil sie sich im Asiengeschäft verspekuliert hatte. Stoibers Wirtschaftsminister Otto Wiesheu und Staatssekretär Hans Spitzner waren persönlich durch die Tigerstaaten gereist, im Schlepptau eine Reihe von Unternehmern.

Schließlich verlor die LfA von 1993 an durch Engagements in fremdfinanzierten Wertpapierspezialfonds 82 Millionen Mark. Die Prüfer des Rechnungshofs kritisierten einen Mangel an erfahrenen Führungspersönlichkeiten aus der Kreditwirtschaft und stellten gravierende Defizite in allen Bereichen fest. »Diese Situation verlangt eine Abkehr von der bisherigen Praxis der Besetzung von Vorstandsposten.«

Als Edmund Stoiber die Staatskanzlei übernahm, wurde Max Streibls Amtschef Rudolf Schmitt zur LfA weggelobt. Rudolf Hanisch rückte nach und später auf den Chefsessel bei der Landesbank. LfA-Vize Hartmut Langhorst kam aus dem Wirtschaftsministerium und der damalige Noch-Vorstandsvorsitzende Ruppert Pfeffer aus dem Finanzministerium. Beide gingen in den Ruhestand. Nun sollte Schmitt Präsident der LfA werden, Langhorsts Nachfolger Michael Schneider rückte ebenfalls aus dem Wirtschaftsministerium nach.

Bei all diesen Geschäften hatten die Bayern AG und deren Vorsitzender Edmund Stoiber die Hände im Spiel. Nirgendwo sonst in Deutschland sind Politik und Wirtschaft so eng verzahnt wie in Bayern (außer vielleicht in NRW). Lange Zeit konnte sich deshalb der Ministerpräsident einen Anteil am Aufschwung Bayerns zu einem hervorragenden Wirtschaftsstandort zugute halten. Mit den Fehlleistungen der Unternehmen blieb nun auch ein Teil der Verantwortung haften, und Stoibers Image als Macher, als Manager trug etliche Beulen davon.

Zu Stoibers persönlichem Debakel geriet die Affäre um Immobiliengeschäfte der staatlichen Landeswohnungs- und Städtebaugesellschaft Bayern GmbH (LWS). Um seine Haut zu retten, ließ er am Ende einen seiner loyalsten Parteifreunde fallen. Dabei hatte Staatskanzleisprecher Ulrich Wilhelm wenige Wochen zuvor einer Reporterin der *Süddeutschen Zeitung* versichert: »So was wie Schröder mit Bodo Hombach gemacht hat, das würde dem Unsrigen zu schaffen machen. Der Schröder hatte sicher keine schlaflose Minute.«

Alles begann 1991. Die LWS, »Organ der staatlichen Wohnungspolitik« (Alfred Sauter), betreute bis dahin rund 21 000 Wohneinheiten in Bayern, überwiegend Sozialwohnungen. Doch in der ehemaligen DDR herrschte Goldgräberstimmung, und warum sollte sich nicht auch eine staatliche Firma in den befreundeten Ländern Sachsen und Thüringen engagieren – zum Wohl der Menschen natürlich. Die Gesellschaft, in deren Aufsichtsgremium damals noch Peter Gauweiler saß, wollte als Bauträger von Gewerbeimmobilien reüssieren.

LWS, die Oberste Baubehörde und das Finanzministerium konnten sich nicht einigen, und so schrieb Finanzminister Georg von Waldenfels einen Brief an Edmund Stoiber.

Angesichts der strukturellen Probleme empfahl er, die LWS

solle sich aus dem operativen Geschäft zurückziehen und auf die Verwaltung und den Ausbau des Wohnungsbestandes konzentrieren. Stoiber notierte an den Rand: »Diese Auffassung teile ich nicht.« Waldenfels warnte: »Das Bauträgergeschäft und der Grundstückshandel ... sind riskant und könnten die LWS bei rückläufiger Konjunktur in erhebliche Schwierigkeiten bringen.« Stoiber beauftragte seine Beamten: »Klare Antwort«. Der Refüs fiel weisungsgemäß aus: »Deiner Auffassung ... muß ich entschieden widersprechen. Die strukturellen Probleme der LWS sind teils schon gelöst, teils auf dem Weg der Lösung.« Waldenfels antwortete am 15. Oktober 1991: »Um die Arbeit der LWS nicht durch Unsicherheiten über die künftige Unternehmensstrategie zu belasten, stelle ich diese Bedenken jedenfalls zunächst zurück. Ich hoffe, daß sich Deine Auffassung, die strukturellen Probleme der LWS könnten auch ohne erhebliche Einschränkung der Gesellschaftstätigkeit dauerhaft gelöst werden, als richtig erweisen.«

Sie erwies sich als falsch. Im August 1994 faßte der Ministerrat den Beschluß, nach dem »die LWS im Trägerbau grundsätzlich nur noch subsidiär und möglichst unter Vermeidung von Risiken tätig werden sollte«, wie Finanzminister Faltlhauser am 29. Juli 1999 dem Landtag berichtete. »Die Geschäftstätigkeit sollte sich auf Aufgaben konzentrieren, für deren Erledigung Private nicht in Betracht kommen.« Bis aber die eingesetzte interministerielle Arbeitsgruppe ihre Vorschläge 1995 (verspätet) unterbreitete, waren einige Baumaßnahmen in Ost-, aber auch in Westdeutschland schon angelaufen, die zu Verlusten führen sollten. »Eine Vollbremsung ist nicht gelungen«, bedauerte Finanzminister Kurt Faltlhauser im Juli 1999. Alfred Sauter meint heute dazu, die sei auch von niemandem ernstlich gewollt worden. Er sieht übergeordnete Gründe: »Was wäre das 1994 für ein politisches Signal gewesen, wenn sich Bayern aus der Bautätigkeit im Osten zurückgezogen hätte?«

Anfang 1994 hatte die Staatsregierung ihre Anteile an der LWS an LfA und Landesbank übertragen. Der Landtag konnte damit kaum mehr Kontrolle ausüben. 1996 wollte sich die LWS von einem der defizitären Objekte trennen, das Schloßcarré in

Chemnitz. 43,3 Millionen Mark war die Colonia Versicherung bereit dafür zu zahlen, das Geschäft war vereinbart, ebenso ein Notartermin. Als die Versicherungsvertreter am 28. Dezember beim Notar saßen, fehlte die Gegenseite. Nur ein Prokurist der LWS teilte mit, daß aus dem Geschäft doch nichts werde. Tags zuvor hatte bei Peter Gauweiler, inzwischen Anwalt, der Düsseldorfer Immobilienhändler Mario Ohoven angerufen. Der hatte für das Gebäude einen höheren Preis geboten, 54,6 Millionen Mark. Gauweiler rief den LWS-Aufsichtsratsvorsitzenden Sauter an, und der intervenierte bei der Geschäftsführung der LWS. Ohoven bekam die Immobilie und eine Mietgarantie von 30 Mark pro Quadratmeter – für 20 Jahre, also 2,75 Millionen Mark pro Jahr, falls nichts vermietet würde!

1997 informierte Sauter Stoiber über die Verluste, die auch das Eigenkapital der Firma aufgebraucht hätten. Schwerwiegende Fehlleistungen im Management, schrieb er im August 1998, hätten zu diesen Verlusten geführt. LfA und Landesbank stellten im Juli 1999 zur Sanierung der LWS 255 Millionen Mark zur Verfügung.

Nachdem auch der Betriebsratsvorsitzende im Mai 1999 »Fehler des Managements« angeprangert hatte, die »seitens der Aufsichtsgremien nicht erkannt oder einfach stillschweigend hingenommen« worden seien, forderte Stoibers Amtschef Walter Schön (Führungshilfe I) Innen- und Finanzministerium zu Stellungnahmen auf. Aus dem Finanzministerium macht Ministerialdirektor Gerhard Flaig »aus heutiger Sicht« eine »falsche Weichenstellung der Geschäftspolitik Anfang der 90er Jahre« verantwortlich, die gegen die Bedenken seines Ministeriums forciert worden sei. 367 Millionen Mark hatte die LWS in wenigen Jahren in den Sand gesetzt.

Inzwischen beschäftigte sich auch der Oberste Rechnungshof (ORH) mit der LWS. In einem von der SPD veröffentlichten vorläufigen Bericht hält der ORH eine Richtlinienentscheidung in den Jahren 1990/91 sowie Managementfehler für ausschlaggebend. Grundsätzlich problematisch sei die Praxis des Staates, Spitzenbeamte ohne fachspezifische Kenntnisse in staatlich beherrschten Unternehmen unterzubringen. Zunächst stand bei der LWS Dirk Usadel, den Peter Gauweiler ins Unternehmen gehievt haben soll, in der Verantwortung. Er sagte später, die LWS sei schon bei seinem Antritt 1990 am Boden gewesen. Als ihn die LfA als Mehrheitsgesellschafter 1994 ablösen wollte, machte eine Headhunter-Agentur drei Vorschläge für einen kompetenten Nachfolger. Edmund Stoiber jedoch waren die Gehaltsforderungen der drei Manager zu hoch. Er wollte nicht 400 000 Mark akzeptieren, sondern »höchstens 295 000«. Usadel blieb bis 1995, dann schickte das Finanzministerium Kurt Miehler zur LWS, der 1990 an der Niederschlagung der Zwickschen Steuerschulden maßgeblich beteiligt gewesen war. Nachdem dieser im November 1996 gestorben war, schickte das Finanzministerium Wilhelm Schlötterer als Feuerwehr, der bis dahin, so Michael Stiller in der *SZ*, wegen der Aufdeckung von Steuerskandalen kaltgestellt worden war.

Anfang August 1999 ging Stoiber in bewährter Manier an die Öffentlichkeit. Er präsentierte den Briefwechsel zwischen ihm und dem Finanzministerium, den der anstehende Untersuchungsausschuß bald ohnehin erzwungen hätte. Darin war zu erkennen, wie sehr Stoiber darauf gedrungen hatte, daß die LWS sich im Osten engagiert. Stoiber räumte eine Mitverantwortung für die Grundentscheidung 1991 ein. Das sei aber »keineswegs ein Freibrief für waghalsige Immobiliengeschäfte gewesen und dafür, Millionen in den Sand zu setzen«. Entscheidend sei für ihn die Aussage des Aufsichtsrats gewesen, die LWS werde bald wieder schwarze Zahlen schreiben. Für Managementfehler und Mängel in der Aufsicht mochte er sich allerdings nicht in die Verantwortung ziehen lassen.

Auch Wirtschaftsprüfer hatten 1994 für die Zukunft wieder Überschüsse prognostiziert, Staatskanzleiminister Erwin Huber war als Finanzminister 1997 ebenfalls optimistisch: »Die laufenden Konsolidierungsmaßnahmen lassen eine Gesundung der Gesellschaft erwarten, so daß mit einem Ausgleich der Verluste, die zu einem Minuskapital bei der LWS geführt haben, gerechnet werden kann.«

Nicht den Aufsichtsratsvorsitzenden Alfred Sauter griff Stoiber deshalb an, sondern die Mitglieder des dreiköpfigen Wohnungsbauausschusses im Aufsichtsrat. Stoiber befand nun, daß auch Sauter mangelhaft unterrichtet gewesen sei, und forderte: »Wir müssen die Kontrolle bei Beteiligungsgesellschaften des Staates verbessern.«

Die Ruhe währte nur kurz. Ende August wuchs der Druck der Opposition gegen Stoiber und Sauter, und der endgültige Rechnungshofbericht brachte auch keine Entlastung. Zudem waren Urlaubsaufenthalte Sauters bei seinem ehemaligen Klienten und inzwischen verhafteten Immobilienkaufmann Berthold Kaaf bekannt geworden. Parallel interessierte sich die *Abendzeitung*-Reporterin Angela Böhm für Urlaubsbesuche Stoibers bei Dieter Holzer, dem Schmiergeldgeschäfte im Zusammenhang mit der Privatisierung der Raffinerie Leuna durch den französischen Ölkonzern Elf Aquitaine nachgesagt wurden. Ja, mußte Stoiber zugeben, sechs- oder siebenmal habe ihn Strauß zwischen 1982 und 1988 mitgenommen, weil er ihn verfügbar haben wollte.

Sollte wieder eine Schlammschlacht beginnen, wie damals vor der Demission von Max Streibl? Stoiber jedenfalls war angeknockt, und er versuchte, seine Haut zu retten. Anfang September wurden erste Gerüchte um eine Entlassung Sauters laut. Daraufhin ließ dieser verbreiten, er werde auf jeden Fall im Amt bleiben, unabhängig von Stoibers Meinung. »Das zwang Stoiber zum Handeln«, meint Alois Glück. Und Stoiber gibt rückblikkend zu, ihm sei »der Kragen geplatzt«.

In der Staatskanzlei trafen sich am 4. September Edmund Stoiber, Walter Schön und Friedrich Wilhelm Rothenpieler. Staatskanzleiminister Erwin Huber war nicht dabei. Am Nachmittag fiel eine Entscheidung, die auch der hinzugekommene Fraktionschef Glück mitzutragen versprach. Stoiber rief Sauter per Handy an und ließ ihn wissen: »Ich entlasse dich.« Das Vertrauensverhältnis sei zerstört. Sauter, der seinen Rücktritt im Juli vergeblich angeboten hatte (Stoiber lehnte ab, Sauter wollte daraus aber kein »Dauerangebot« machen), akzeptierte Stoibers »Stillosigkeit« und die Maßnahme nicht und kündigte an, er werde an der Kabinettssitzung am 7. September teilnehmen. Verbieten konnte ihm Stoiber das nicht, denn in Bayern nimmt der Landtag Entlassungen vor. »Ich bedaure«, ließ Sauter die

Presse wissen, »daß der Versuch unternommen wurde, die Angelegenheit mit einem Menschenopfer zu erledigen.« Noch einmal machte er Stoiber wegen dessen Richtlinienentscheidung aus dem Jahr 1991 verantwortlich. Und damit sprach Sauter auch das grundlegende Problem an: Die Macht in Bayern hatte sich inzwischen auf die Staatskanzlei konzentriert, die Gewaltenteilung war unterlaufen. Landtag und Kabinett hatten sich zu Recht beklagt.

Daß Stoiber seinen Minister fallen ließ, nehmen ihm manche Parteifreunde noch heute übel. Auch die Beamten im Ministerium habe er damit gegen sich aufgebracht. Selbst Renate Schmidt wundert sich noch heute. Sie glaubt an eine »Panikreaktion.« Es sei auch möglich, daß er auf einen Ratschlag von Walter Schön gehört hat, Sauter fallen zu lassen. Schön und Sauter hätten seit JU-Zeiten eine lange währende Feindschaft gepflegt. Schön sei »ein enger Bürokrat«, was auch Stoiber sei, im Kabinett sei er bekannt als »Rasputin«. Julian Gyger nennt ihn einen »christlich-sozialen Fundamentalist«, der Stoiber auch »gegen den Euro treiben wollte«.

Grundsätzlich aber versteht Gyger nicht, warum Stoiber die LWS-Sache zur Staatsaffäre aufgebauscht habe. Damals sei eben Aufbruchstimmung gewesen, und es sei halt schiefgelaufen. Und dann erinnert er an ein Wort des sächsischen Finanzministers Georg Milbradt: »Bei der nächsten Wiedervereinigung machen wir es anders.«

## Parteispenden: »Keine Gegenleistungen«

Als mit dem Parteispendenskandal der CDU auch Verstrickungen von CSU-Politikern mit Waffenhändlern und anderen dubiosen Geschäftemachern bekannt wurden, stand in den Zeitungen neben den Namen Karlheinz Schreiber, Holger Pfahls und Dieter Holzer stets der Name Strauß, ergänzt durch die Vornamen Franz Josef und Max, dessen Sohn. Daß Stoiber diese Personen allesamt kannte, kann ihm niemand anlasten. Daß

Stoiber sich für Waffenexporte nach Saudi-Arabien ausgesprochen hatte und bei solchen später Schmiergelder flossen, die im Mittelpunkt des »Komplexes Schreiber« standen, daraus war kein Vorwurf zu konstruieren. Daß auch Stoibers Wirtschaftsminister Otto Wiesheu 1993 und 1994 in diesem Zusammenhang Spenden erhalten hatte, schadete weder dem einen noch dem anderen. Wiesheu behauptete, dafür habe es keine Gegenleistungen gegeben: »Das gibt's bei mir nicht.« Daß für Thomas Goppels Stimmkreis Landsberg zeitweise Schreibers Ehefrau Barbara arbeitete und auch dieser Kreisverband Spenden von Schreiber erhielt, war ebenfalls legal. Und daß Holzer sich im Auftrag von Wiesheu um die Rettung einer 43-Millionen-Mark-Bürgschaft der LfA in Saudi-Arabien aufhielt, wo doch Stoiber nach Auskunft des Regierungssprechers seit 1989 keinen Kontakt zu Holzer mehr pflegte, verdeutlicht nur die Eigenständigkeit der Ministerien gegenüber dem Chef. Eine Eigentumswohnung im selben Haus in Münchens Oettingenstraße zu besitzen ist weder eine Straftat, noch muß dies bedeuten, daß man sich täglich über den Weg läuft. Und wer will Böses unterstellen, wenn die Wohnung bar bezahlt wurde, wie die *Abendzeitung* unwidersprochen behaupten konnte?

Die Liste der CSU-Sünden kann hier nicht noch einmal nachgezeichnet werden, die *SZ*-Redakteure Hans Leyendecker, Michael Stiller und Heribert Prantl haben den ganzen Skandal in ihrem Buch »Helmut Kohl, die Macht und das Geld« soweit bekannt dargestellt. Stoiber, der Tür an Tür mit Strauß saß, will von all den Vorgängen nichts mitbekommen haben. Bisher konnte ihm tatsächlich nichts nachgewiesen werden, was ihn in die Nähe von Korruption, Steuerhinterziehung und Unterschlagung gebracht hätte.

Ausgestanden ist die Sache allerdings noch nicht. Hannes Burger, immer wohlinformierter *Welt*-Reporter mit CSU-Sympathie, sagte kürzlich im Gespräch mit Rudolf Erhard vom *BR*: »Es ehrt ihn, wenn er sagt: Ich will andere Politik machen, ich will diese Geschichte sauberer halten oder so. Aber es sind halt noch einige Leichen im Keller, wo man nicht sagen kann, da sind keine Fingerabdrücke vom Stoiber drauf.«

## Der neue Strauß?

Stoiber hat sich nach Strauß' Tod von dessen Freundeskreis abgewendet, sein politisches Erbe aber setzt er fort. Stoibers ideologischer Überbau ist der von Strauß. Der Schüler hat die politischen Vorstellungen seines Lehrers übernommen und sich zugleich emanzipiert. Er ist sogar aus Strauß' Schatten herausgetreten. Stoiber hat sich der Zeit angepaßt und bemüht sich um ein positives Image: Strauß nannte sich gern einen modernen Konservativen, Stoiber versteht sich als progressiven Konservativen.

Der neue Strauß hat mit dem alten menschlich, beim Vergleich der Charaktere, noch nie viel zu tun gehabt. Stoiber fällt es schwer zu genießen, aber er hat es auch nicht nötig, Probleme mit Alkohol zu ertränken. Stoiber käme wahrscheinlich nie auf die Idee, einen Streit bei einem Glas Bier begraben zu wollen, wie Max Streibl das einmal seinen Parteifreunden empfahl. Außer dem Volkssport Fußball scheint Stoiber keinen Lastern zu frönen. Da dürfte man seinem Nachbarn nach einem Sieg um den Hals fallen, aber auch das hat Stoiber noch nie fertigbekommen. Diesen Mangel an Emotionalität und Nähe scheinen seine Berater bemerkt zu haben: Stoiber zeigt sich jetzt auf Plakaten zusammen mit seiner Frau. Und bleibt doch kalt. Egon Bahr sagte in seinen Memoiren (»Zu meiner Zeit«) Stoiber eine »brillante Kälte« nach. Er ist ein Technokrat. Ein Aktenfresser. Der Klassenprimus. Kein Sympathieträger. Seine Leitworte sind Gemeinsinn, Einsatzbereitschaft, Fleiß, Disziplin und Respekt. Monika Hohlmeier spöttelt, »der Papa hat sich im Urlaub zwei Wochen mit Jerry-Cotton-Heften an den Strand gelegt und von Politik nix hören wollen. Da würds den Edmund ja zerreißen.«

Jeder freut sich, wenn der Streber eine Sechs schreibt. Alle warten auf solch einen Tag. Schadenfreude wäre ihm heute auch aus der eigenen Partei sicher, wenn er nur stolperte. Stoibers außerordentlicher Fleiß – sein Einsatz beim Buhlen um Anerkennung, ja, Zuneigung – war die Basis für seinen Aufstieg, aber die trockene, rechthaberische Aktenstudiererei ist auch sein größtes Hindernis. Der Mann kann nicht abschalten, sucht durch sein

(Besser-)Wissen zu beeindrucken, nimmt sich und seine Funktion zu wichtig, ist in jeder Minute Parteipolitiker, fürchtet stets Fallstricke, Intrigen, Gegnerschaft. Ein grundlegendes Mißtrauen steht ihm auf die Stirn geschrieben. Deshalb muß er alles selbst machen, kann nicht delegieren. Renate Schmidt urteilt über ihren alten Gegner: »Stoiber ist immer leidenschaftlich, engagiert, aber er kann an keiner Stelle verlieren. Und indem er sich und den Freistaat eins setzt, verträgt er Kritik sehr schlecht. Diese Selbstüberhöhung hat ein wirklicher Landesvater, ein wirklicher Staatsmann nicht nötig. Zwar bringt er die Kompetenz für einen Bundeskanzler mit, aber nicht das Format: Es fehlt ihm an Gelassenheit.«

Seine Oberbayern aber, denen er im Laufe der Jahre entwachsen ist, setzen auf ihren Edmund, der es so weit gebracht hat. Toni Staudacher findet, Stoiber müßte 2002 kandidieren: »Es ist in der Union niemand da, der sein Profil hat. So denken 90 Prozent der CSU-Wähler.« Auch Studienfreund Peter Seißer ist fest überzeugt davon, daß Stoiber »bundespolitische Ambitionen« hat: »Er hat schon noch den Ehrgeiz, ein Treppchen höher zu gehen.«

Sogar die CDU-Basis in Ostdeutschland plädiert dafür, etwa der Barnimer Lokalpolitiker Dirk Weßlau. Der Zahnarzt warb schon 1990 für einen Zusammenschluß von DSU und CSU, trat dann aber zur CDU über. »Ich würde es begrüßen, wenn er sich 2002 als Kandidat der CDU/CSU aufstellen ließe. Die CDU hat ja kein Personal dafür.«

Stoiber würde sich für eine absehbare Niederlage nicht hergeben. Aber hat er nicht schon einmal aus einer verzwickten Situation einen grandiosen Sieg gelandet? Hat er nicht bewiesen, daß er Stimmungen in Kürze kippen kann, damals, 1994, als die CSU tief im Amigosumpf steckte und er die Partei binnen Wochen wieder auf mehr als 50 Prozent hievte? Und wenn's doch mit einer Niederlage endete, würde die ihm in Bayern schaden? Als Märtyrer von Berlin ließen sich in München noch immer Punkte machen.

Vielleicht aber muß Stoiber sich selbst in aussichtsloser Situation hergeben – weil er es selbst herbeiführt. Wie kein anderer in der Union hat sich Stoiber als Oppositionspolitiker profilieren können. Mehr noch, Stoiber wollte tonangebend sein; das ist sein Naturell, er kann nicht anders. Je mehr er sich als Weltpolitiker geriert, je mehr er sich als einziger Kämpfer gegen Schröder präsentiert, desto mehr schwächt er Merkel und Merz. Am Ende könnte nur noch ein repräsentabler Kandidat übrigbleiben. Was dann? Stoiber könnte sich dem Ruf nach Berlin nicht verweigern, ohne sein Image zu beschädigen. Stoiber hat sich selbst in die Kanzlerkandidatur hineingetrieben.

Der Maier Gerd glaubt allerdings nicht an ein gutes Ergebnis: »Na«, sagt er, »der Stoiber wird's ned.« Ja freilich, fügt er hinzu, er könnte es. Aber es gibt ein Hindernis, das habe schon der Strauß erkennen müssen: »Ein Bayer wird kein Kanzler.« Hätte sich Stoiber nur nicht so gewehrt gegen den Verdacht, ein halber Rheinländer zu sein.

## Personenregister

## Inhalt